高校入試 合格

GOUKAKU
BON!

SOCIAL STUDIES

社会

JN042000

Gakken

合格に近づくための
高校入試の勉強法
STUDY TIPS

まず何から始めればいいの?

スケジュールを立てよう!

入試本番までにやることは,

STEP ① **中1から中3までの復習**
STEP ② まだ中3の内容で習っていないことがあれば,その予習
STEP ③ 受験する学校の過去問対策

です。①から順に進めていきましょう。まず,この3つを,入試本番の日にちから逆算して,「10月までに中1・中2の復習を終わらせる」,「12月中に3年分の過去問を解く」などの**大まかなスケジュール**を立ててから,1日のスケジュールを立てます。

どういうふうに1日のスケジュールを作ればいいの?

学校がある日と休日で分けて,学校がある日は1日5時間,休日は1日10時間(休憩は除く)というように**勉強する時間を決めます**。曜日ごとに朝からのスケジュールを立てて,それを表にして部屋に貼り,その通りに行動できるようにがんばってみましょう! 部活を引退したり,入試が近づいてきたりして,状況が変わったときや,勉強時間を増やしたいときには**スケジュールを見直しましょう**。

60-90分
勉強したら、
10分
休憩しよう!

(例) 1日のスケジュール (部活引退後の場合)

	6:00	7:00	8:00	9:00	10:00	11:00	12:00	13:00	14:00	15:00	16:00	17:00	18:00	19:00	20:00	21:00	22:00	23:00
平日	起床朝食	勉強		学校								勉強	夕食休憩		塾		自由時間	睡眠
休日	睡眠	起床朝食		勉強			昼食休憩		勉強			夕食休憩		勉強			自由時間	睡眠

自分に合った勉強法がわからない…どうやればいいの?

勉強ができる人のマネをしよう!

成績が良い友達や先輩,きょうだいの勉強法を聞いて,マネしてみましょう。勉強法はたくさんあるので,一人だけではなくて,何人かに聞いてみるとよいですね。その中で,自分に一番合いそうな勉強法を続けてみましょう。例えば,

・間違えた問題のまとめノートを作る
・暗記したい用語を書いた紙をトイレに貼る
・毎朝10分,問題集を解く

などがあります。

◎鎌倉仏教

浄土宗 ──→ 法然

浄土真宗 ──→ 親鸞

(例) まとめノート

すぐ集中力が切れちゃう…

まずは15分間やってみよう!

集中力が無いまま，だらだら続けても意味がありません。**タイマーを用意しましょう。**まずは，15分でタイマーをセットして，その間は問題を解く。15分たったら5分間休憩。終わったらまた15分間…というように，短い時間から始めましょう。タイマーが鳴っても続けられそうだったら，少しずつ時間をのばして…と，どんどん集中する時間をのばしていってみましょう。60分間持続してできることを目標にがんばりましょう!

家だと集中できない…!!

勉強する環境を変えてみましょう。例えば，机の周りを片づけたり，図書館に行くなど場所を変えてみたり。睡眠時間が短い場合も集中できなくなるので，早く寝て，早く起きて勉強するのがオススメです。

勉強のモチベーションを上げるにはどうすればいいの?

1教科をとことんやってみよう!

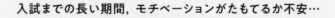

例えば，どれか1教科の勉強に週の勉強時間の半分を使って，とことんやってみましょう。その教科のテストの点数が上がって自信になれば，ほかの教科もがんばろうという気持ちになれます。

入試までの長い期間，モチベーションがたもてるか不安…

自分にごほうびをあげるのはどうでしょう?「次のテストで80点取れたら，好きなお菓子を買う」というように，目標達成のごほうびを決めると，やる気もわくはずです。また，合格した高校の制服を着た自分や，部活で活躍する自分をイメージすると，**受験に向けてのモチベーションアップ**につながります。

社会の攻略法

SOCIAL STUDIES

POINT
1

関連づけて覚える!

社会で暗記をするときには, 1つ1つの単語を覚えるのではなく, **いくつかのことを関連づけて覚える**ようにしましょう。見やすいように表に書くのがオススメです。例えば, 歴史では色々な時代ごとに, 幕府を作った人, 幕府を開いた土地, 有力者, その時代の特徴的な政策などをまとめてみましょう。関連づけて覚えることで, より知識が覚えやすくなります。

順番を問われる問題も多いので, 関連する事柄(文化や外交など)を年表にまとめながら流れをつかむのも大事です。

POINT
2

地図に書き込んでみる!

例 地図の書き込み方

地図に自分で書き込んで覚えるのもオススメです。例えば, 地理では主要な海・川・山脈を世界地図でまとめたり, 歴史では遺跡の位置を日本地図にまとめたりしてみましょう。ただ地図をながめているだけではなく, 自分で書き込むことで場所の把握もしやすくなります。この本に載っている地図を見ながら, 白地図に書き込むのがオススメです。

POINT
3

記述問題は難しく考えすぎない!

出来事⇔内容のどちらからでも答えられるようにしよう。

グラフや表から読み取る記述問題は, 一見難しく見えますが, 「何を示すグラフなのか」,「縦軸・横軸は何の数値なのか」など, 書いてあることを落ち着いて読めば, 難しくありません。問題で問われていることに注目して, グラフの特徴をおさえましょう。また, 出来事の内容や理由を問われる問題も多いので,「内容」から「出来事の名称」を答えるだけではなく,「出来事の名称」から「内容」も答えられるようにしておきましょう。

記述の練習は, 解き直しのときに解答を丸写しするのがよいです。解答は簡潔に記述がまとめられているので, 参考

になります。そのときに，丸写しした文のポイントになるところを○で囲むなど
して，次に同じ問題を解いたときに自分で書けるようにする工夫をしましょう。

POINT

4 　ニュースをチェックしよう!

社会の入試では，その年にあった出来事や，その出来事に関連した内容の問題が
出ることがあります。そのため，日頃から新聞やテレビでニュースを見るように
しましょう。また，ニュースを見ていて，「環境権ってなんだろう」など，疑問が
わいたり，知らない用語が出てきたりしたら調べるようにしましょう。世の中の
出来事に興味を持ち，調べてくわしく理解することが，社会を得意にする近道です。

出題傾向

過去の公立高校入試では，地図・グラフ・写真などが多く使われ，資料の読み取
りや自分の考えなどを述べる問題が次第に増加してきています。また，グラフや
分布図，地図の作図問題も増えてきているので，特に注意しましょう。

公民
24%

地理
33%

歴史
43%

出題内容の割合

対策

① 地図・グラフを
読み取る
　　正確に読み取り，読み取った内容を文章にしたり，比較
したりできるようにしておこう。

② 年表を読み取る
　　必要な出来事をとらえて，起きた順序を正しくおさえられ
るようにしよう。

③ 時事的な内容を
とらえる
　　ふだんからニュースに親しみ，わからないことは調べるよ
うにしよう。

[高校入試　合格BON!　社会] を使った勉強のやり方

夏から始める	【1周目】必ず出る!要点整理を読んで，基礎力チェック問題を解く。 【2周目】高校入試実戦力アップテストを解く。 【3周目】2周目で間違えた高校入試実戦力アップテストの問題をもう一度解く。
秋から始める	【1周目】必ず出る!要点整理を読んで，高校入試実戦力アップテストを解く。 【2周目】1周目で間違えた，高校入試実戦力アップテストの問題を解く。
直前から始める	社会が得意な人は苦手な単元，苦手な人は記述問題以外を中心に 高校入試実戦力アップテストを解く。

もくじ

高校入試問題の掲載について

●問題の出題意図を損なわない範囲で, 解答形式を変更したり, 問題や写真の一部を変更・省略したりしたところがあります。
●問題指示文, 表記, 記号などは全体の統一のため, 変更したところがあります。
●解答・解説は, 各都道府県発表の解答例をもとに, 編集部が作成したものです。

使い方

合格まで、完全サポート！

合格に近づくための 高校入試の勉強法

まず読んで，勉強の心構えを身につけましょう。

必ず出る！
要点整理

入試に出る要点がわかりやすくまとまっており，3年分の内容が総復習できます。重要！は必ずおさえましょう。

セットで
使おう！

基礎力チェック問題

要点の理解度を確かめる問題です。

高校入試実戦力
アップテスト

過去の入試問題から，実力のつく良問を集めています。

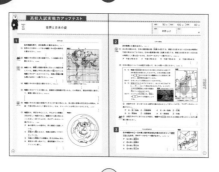

入試に頻出の問題
よく出る！

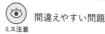
間違えやすい問題
ミス注意

特に難しい問題
ハイレベル

模擬学力検査問題

実際の入試の形式に近い問題です。入試準備の総仕上げのつもりで挑戦しましょう。

別冊

解答と解説

巻末から取り外して使います。くわしい解説やミス対策が書いてあります。間違えた問題は解説をよく読んで，確実に解けるようにしましょう。

直前チェック！
ミニブック

巻頭から，切り取って使えます。社会の重要なポイントがまとまっていて，試験直前の確認にも役立ちます。

PART 1 | 世界と日本の姿

必ず出る！要点整理

世界の姿

❶ 地球の姿

(1) **6大陸**…**ユーラシア大陸**, アフリカ大陸, 北ア
　　　　　○面積が世界最大の大陸
　　メリカ大陸, 南アメリカ大陸, **オーストラリア**
　　　　　　　　　　　　　　○面積が世界最小の大陸
　　大陸, 南極大陸。

(2) **3大洋**…**太平洋**, **大西洋**, インド洋。
　　　　　○陸地：海洋＝3：7

(3) **世界の地域区分**…アジア州, ヨーロッパ州, ア
　　　　　　　　　　○ユーラシア大陸を二つに区分
　　フリカ州, 北アメリカ州, 南アメリカ州, オセ
　　アニア州。

(4) **世界のさまざまな国**…190余りの国がある。

　　●**国境線**…地形を利用したもの, **人工的に引かれたもの**。
　　　　　　　○山脈や川　　　　　○緯線や経線を利用, アフリカ州に多い
　　●面積が最大の国は**ロシア**, 最小の国は**バチカン市国**。

▲ 6大陸と3海洋

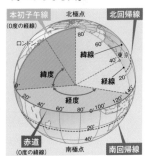

よく出る！

オセアニア州

オーストラリア大陸と太平洋の島々からなる州。

▲ 緯度と経度

❷ 緯度と経度, 地球儀と世界地図

重要！

(1) **緯度と経度**…地球上の位置を表す。

　　●**緯度**…赤道を0度として, 南北をそれぞれ**90度**ずつに分ける。
　　●**経度**…イギリスの**ロンドン**を通る本初子午線を0度として, 東
　　　　　　　　　　　　　　　　　　○ほんしょしごせん
　　西をそれぞれ**180度**ずつに分ける。

(2) **地球儀**…面積, 距離, 方位などのすべてをほぼ正確に表す。
　　　　　　　　　○きょり

(3) **さまざまな世界地図**…目的に応じて使い分ける。

　　●**緯線と経線が直角に交わる地図**…メルカトル図法。
　　　　　　　　　　　　　　　　　　○高緯度になるほど, 面積が大きく表される
　　●**中心からの距離と方位が正しい地図**…正距方位図法。
　　　　　　　　　　　　　　　　　　　○中心から離れるにつれて, 陸地の形がゆがむ
　　●**面積が正しい地図**…モルワイデ図法など。

参考

地球の大きさ

赤道の全周は, 約4万km。

基礎力チェック問題

(1) ヨーロッパ州とアジア州からなる, 面積が世界最大の大陸を何というか。 [　　　　　]

(2) 3大洋とは, 太平洋とインド洋とあと一つは何か。 [　　　　　]
　　　　　　○たいへいよう

(3) オーストラリア大陸と太平洋の島々からなる州を何というか。 [　　　　　]

(4) 0度の緯線を, とくに何というか。 [　　　　　]

(5) ロンドンを通る0度の経線を, とくに何というか。 [　　　　　]

POINT ☞

それぞれの地図の特性を理解しよう！
日本の最南端は沖ノ鳥島，最東端は南鳥島！

日本の姿

❶ 日本の位置と領域

重要！

(1) **日本の位置**…ユーラシア大陸の東，太平洋の北西部の島国。
　◉ 北緯約 20〜46 度，東経約 122〜154 度

(2) **時差のしくみ**

　●時差…場所による時刻のずれ。経度 15 度で 1 時間の時差。

　●**日本の標準時**…兵庫県明石市を通る東経 135 度の経線上の時刻。

(3) **国の領域**…領土，領海，領空からなる。

　●日本列島…北海道，本州，四国，九州とその周辺の島々からなる。

　●**日本の端**…北端は択捉島，南端は沖ノ鳥島，東端は南鳥島，西端は与那国島。
　　◉ 水没を防ぐために護岸工事が行われた

　●排他的経済水域…領海の外側で，海岸線から **200 海里**以内の水域。沿岸国に資源の権利。

(4) **領土をめぐる動き**

　●北方領土…択捉島，国後島，色丹島，歯舞群島。現在はロシアが不法に占拠。

　●**竹島**…島根県に属する。韓国が不法に占拠。

　●**尖閣諸島**…沖縄県に属する。日本が実効支配する固有の領土で，領土問題は存在しない。

❷ 日本の都道府県

(1) **日本の都道府県**…1 都 1 道 2 府 43 県の 47 都道府県からなる。

(2) **7 地方区分**…北海道地方，東北地方，関東地方，中部地方，近畿地方，中国・四国地方，九州地方。

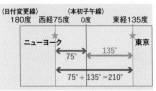

よく出る！

時差の求め方

（日付変更線）　　　（本初子午線）
180度　西経75度　0度　　東経135度

ニューヨーク		135°	東京
	75°		

75° ＋ 135° ＝210°

東京とニューヨークの経度を足し，その経度差を15で割って求める。

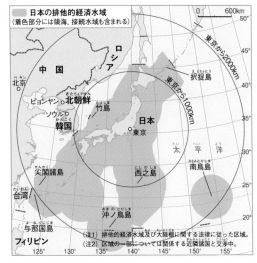

日本の排他的経済水域
（着色部分には領海，接続水域も含まれる）
　　　　　　　　　　　0　　600km

▲ 日本の領域と排他的経済水域

くわしく！

三重県は何地方？

7地方区分では近畿地方に含まれるが，産業や生活の結びつきが強い，中部地方の東海に区分されることがある。

解答はページ下 ✎

(6) 経度〔10 度　　15 度〕で 1 時間の時差が生じる。　　　　　〔　　　　　　〕

(7) 日本の東端の島は〔南鳥島　　沖ノ鳥島〕である。　　　　　〔　　　　　　〕

(8) 海岸線から 200 海里以内の領海を除く水域を何というか。　　〔　　　　　　〕

(9) 択捉島，国後島，色丹島，歯舞群島をまとめて何というか。　〔　　　　　　〕

(10) 日本の都道府県は，全部でいくつあるか。　　　　　　　　　〔　　　　　　〕

高校入試実戦力アップテスト

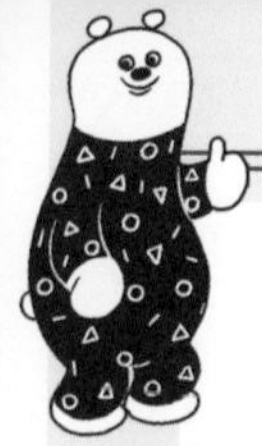

PART 1

世界と日本の姿

1

世界の姿

右の地図を見て，次の各問いに答えなさい。(9点×7)

(1) 世界の三大洋の一つである**地図Ⅰ**中の[X]の海洋名を書きなさい。[青森県]

[　　　　　　　]

よく出る！ (2) **地図Ⅰ**中の[Y]は0度の経線です。この経線の名を書きなさい。[北海道]

[　　　　　　　]

ミス注意 (3) **地図Ⅰ**は，緯線(いせん)と経線が直角に交わった地図を表している。緯線と平行に同じ長さで描(えが)かれている**地図Ⅰ**中の**ア〜エ**の**——**のうち，実際の距離(きょり)が**最も短いもの**を一つ選びなさい。[青森県]

[　　]

地図Ⅰ

※経線Pと経線Qは，それぞれA国とB国の首都における標準時子午線である。

(4) **地図Ⅰ**中の**A**の国名を書きなさい。[和歌山県]

[　　　　　　　]

(5) **地図Ⅰ**中のアフリカ大陸には，直線的な国境線が見られる。その理由を，歴史的背景に着目して，簡潔に書きなさい。[和歌山県]

[　　　　　　　　　　　　　　　　　　　　]

ハイレベル (6) **地図Ⅰ**中の**A**の国の首都が3月31日午前3時のとき，**B**の国の首都は何月何日の何時か，午前・午後を明らかにして書きなさい。なお，サマータイムは考えないものとする。[石川県]

[　　　　　　　　　　　　]

(7) **地図Ⅱ**は，東京を中心とした，中心からの距離と方位が正しい地図である。**地図Ⅱ**から読み取れることを正しく述べたものを，次の**ア〜エ**から一つ選びなさい。[三重県]

ア **あ**の都市と**い**の都市は，同じ緯度に位置している。

イ 赤道(せきどう)から離(はな)れるほど，実際の面積より大きくなっている。

ウ 北極(ほっきょく)から南極(なんきょく)までの距離は，約25,000kmある。

エ 東京から東へ向かうと，最短距離でブエノスアイレスに着く。

[　　]

地図Ⅱ

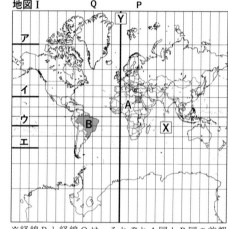

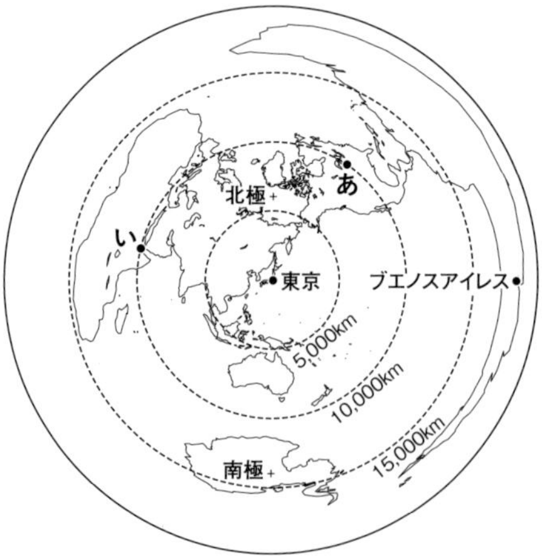

2 日本の領域

次の各問いに答えなさい。 (10点×3)

👁 ミス注意

(1) ある年の春分の日，日本の最西端の島（北緯24度27分，東経122度56分）の日の出の時刻は午前6時52分ごろである。日本の最東端の島（北緯24度17分，東経153度59分）の日の出の時刻として最も近いものを，次の**ア〜エ**から一つ選びなさい。[大阪府・改]

ア 午前4時48分　　**イ** 午前5時48分　　**ウ** 午前7時48分　　**エ** 午前8時48分

[　　　]

(2) 日本の国土についての会話文を読んで，あとの問いに答えなさい。[佐賀県・改]

先　生：**地図**の ▭ の部分は日本の領土の沿岸から最大で200海里の水域を示したものです。日本の南端に位置する **X** は小さな島ですが**資料**のように政府が工事を行い，維持管理を続けています。

あかり：なぜこのように管理されているのですか。

先　生：領海を守るためだけではなく，およそ40万km²の **Y** という理由があるからです。ところで，日本は近隣諸国との間で問題を抱えている島もあります。

あかり：ロシアとの北方領土や，韓国との **Z** をめぐる問題のことですね。

資料 (Natsuki Sakai / アフロ)

地図

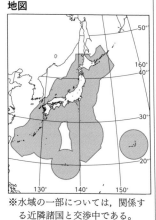

※水域の一部については，関係する近隣諸国と交渉中である。

① 会話中の **X・Z** に当てはまる語句の組み合わせとして正しいものを，下の**ア〜エ**から一つ選びなさい。

ア X－沖ノ鳥島　Z－尖閣諸島　　**イ** X－沖ノ鳥島　Z－竹島
ウ X－南鳥島　Z－尖閣諸島　　**エ** X－南鳥島　Z－竹島　　[　　　]

よく出る！ ② 会話文中の **Y** に当てはまる内容を，**地図**中の ▭ に含まれる水域名を明らかにしながら簡潔に書きなさい。

[　　　]

3 日本の都道府県

右の地図中の①〜④の県と県庁所在地名の組み合わせとして適切<u>でないもの</u>を，次の**ア〜エ**から一つ選びなさい。[山形県](7点)

ア ①の県と盛岡市

イ ②の県と前橋市

ウ ③の県と明石市

エ ④の県と松山市

[　　　]

地図

PART 2 さまざまな地域の暮らし

必ず出る！要点整理

世界のさまざまな気候

1 世界の気候

(1) **5つの気候区分**…熱帯，乾燥帯，温帯，冷帯（亜寒帯），寒帯。

● **熱帯**…熱帯雨林気候，サバナ気候。

● **乾燥帯**…砂漠気候，ステップ気候。

● **温帯**…温暖湿潤気候，西岸海洋性気候，地中海性気候。

● **冷帯（亜寒帯）** ▷北半球にのみ分布

● **寒帯**…ツンドラ気候，氷雪気候。

(2) **高山気候**…標高が高い地域の気候。

世界各地の人々の生活

1 さまざまな地域の暮らし

(1) **暑い地域**…熱帯。

● **太平洋の島々**…さんご礁の海，マングローブ。主食はタロいも。 ▷浅い海に発達する

● **赤道周辺地域**…床を高くして湿気を防ぐ高床の住居。

(2) **乾燥した地域**…乾燥帯。

● **サヘル**…焼畑農業，羊などの遊牧，日干しれんがの住居。 ▷アフリカ大陸北部のサハラ砂漠の南に接する地域

● **砂漠の地域**…オアシスでかんがい農業，らくだの遊牧。

● **モンゴルの草原**…羊や馬などの遊牧，移動しやすい組み立て式の**ゲル**と呼ばれる住居。

▶ モンゴルのゲル
（ピクスタ）

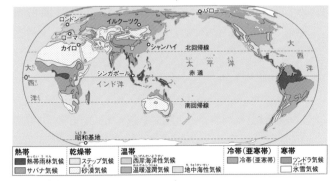

▲ 世界の気候帯

熱帯	乾燥帯	温帯	冷帯（亜寒帯）	寒帯
■熱帯雨林気候	□ステップ気候	□西岸海洋性気候	■冷帯（亜寒帯）	□ツンドラ気候
■サバナ気候	□砂漠気候	■温暖湿潤気候 □地中海性気候		□氷雪気候

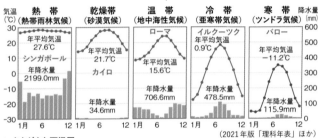

▲ さまざまな雨温図

（2021年版「理科年表」ほか）

熱帯（熱帯雨林気候） 年平均気温 27.6℃ シンガポール 年降水量 2199.0mm

乾燥帯（砂漠気候） 年平均気温 21.7℃ カイロ 年降水量 34.6mm

温帯（地中海性気候） ローマ 年平均気温 15.6℃ 年降水量 706.6mm

冷帯（亜寒帯気候） イルクーツク 年平均気温 0.9℃ 年降水量 478.5mm

寒帯（ツンドラ気候） バロー 年平均気温 −11.2℃ 年降水量 115.9mm

よく出る！

日干しれんがの家
（ピクスタ）

森林が育たない地域で，土を材料にした伝統的な住居。

Q. 基礎力チェック問題

(1) 赤道周辺には，［熱帯　乾燥帯］が広がる。　［　　　　］

(2) 北半球にのみ分布する気候帯は，［冷帯（亜寒帯）　寒帯］である。　［　　　　］

(3) 太平洋の島々の浅い海に見られる，石灰質の岩礁を何というか。　［　　　　］

(4) アフリカのサハラ砂漠の南に接する地域を何というか。　［　　　　］

(5) 温帯の中で，夏は降水量が少ない気候を何というか。　［　　　　］

POINT

雨温図から世界の気候帯の特徴をつかめ！
食事や生活と深く関わる宗教を押さえる！

学習日

地理

(3) **温暖な地域**…ヨーロッパの地中海沿岸のイタリアやスペイン。

●**地中海性気候**…夏は乾燥，冬に雨が多い。

●**農業**…夏にぶどう，オリーブ，トマト，冬に小麦を栽培。

●**伝統的な住居**…石造りの家，小さな窓，厚い壁。
◎夏の強い日差しをさえぎる工夫

(4) **寒い地域**…冷帯（亜寒帯）や寒帯。

●**シベリア**…永久凍土，針葉樹林（タイガ）が広がる。**コンクリートの高床の建物**，二重，三重の窓。
◎建物から出る熱で永久凍土がとけて，建物が傾くのを防ぐ工夫

●**北極圏**…カナダの先住民の**イヌイット**。あざらしやカリブー（トナカイ）の狩り。冬の狩りのときは，**イグルー**を利用。
◎氷でつくった住居

(5) **高い土地**…アンデス山脈の高地は高山気候。リャマやアルパカを放牧，じゃがいもの栽培，伝統的な衣服の**ポンチョ**を着用。

よく出る！

ポンチョを着たアンデスの先住民

(Cynet Photo)

アルパカの毛でつくられている。つばの広い帽子とマントで，寒さと強い日差しを防ぐ。

2 世界各地の衣食住，主な宗教

(1) **衣食住の材料**…気候に合った，手に入りやすい材料。

●**伝統的な民族衣装**…インドのサリー，朝鮮半島のチマ・チョゴリ。

●**世界の主食**…米，小麦，とうもろこし，いも類など。

(2) **宗教**…仏教，キリスト教，イスラム教が三大宗教。インドでは，民族宗教の**ヒンドゥー教**。
◎ガンジス川での沐浴（もくよく）

●**イスラム教徒の暮らし**…教典「**コーラン**」に基づく生活。1日5回の聖地メッカへの礼拝，断食，豚肉を食べない，酒を飲まないなど，日常生活におけるきまりがある。

▲ 世界の主な宗教の分布

凡例：キリスト教／仏教／イスラム教／ヒンドゥー教／その他／仏教・儒教・神道などが重なる地域

用語

ハラル（ハラル認証）

イスラムの教えで，食べることを許された食品を指す。

解答はページ下

(6) シベリアに広がる針葉樹林をカタカナで何というか。 [　　　　　]
(7) カナダ北部の北極圏で暮らす先住民をカタカナで何というか。 [　　　　　]
(8) イタリアやスペインで冬につくられる，パンなどの原料となる農作物は何か。 [　　　　　]
(9) インドの国民の大部分が信仰している宗教を何というか。 [　　　　　]
(10) イスラム教徒は，[豚肉　牛肉]を食べることを禁じている。 [　　　　　]

1 世界のさまざまな気候

右の地図を見て，次の各問いに答えなさい。 [福岡県]（10点×2）

(1) **資料**中の**w〜z**は，**地図**中の**A〜D**のいずれかの大陸を示している。**x**に当てはまる大陸を，一つ選びなさい。

資料　大陸別の気候区の割合(%)

気候＼大陸	w	x	y	z
熱帯	38	5	63	17
乾燥帯	47	14	14	57
温帯	15	14	21	26
冷帯	0	43	0	0
寒帯	0	24	2	0

（「データブック　オブ・ザ・ワールド」）

[　　]

地図

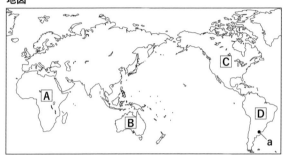

(2) **地図**中の**a**の都市の雨温図を，次の**ア〜エ**から一つ選びなさい。　[　　]

ミス注意

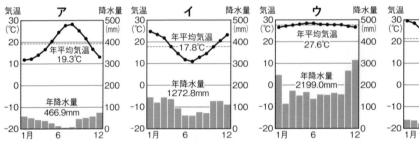
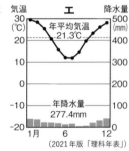

ア　年平均気温 19.3℃　年降水量 466.9mm

イ　年平均気温 -17.8℃　年降水量 1272.8mm

ウ　年平均気温 27.6℃　年降水量 2199.0mm

エ　年平均気温 21.3℃　年降水量 277.4mm

（2021年版「理科年表」）

2 世界各地の人々の生活

世界各地の人々の暮らしについて，次の各問いに答えなさい。（8点×10）

(1) **地図Ⅰ**中の**①〜③**の地域について，特色ある衣服とそれに合う説明文を，衣服は**ア〜ウ**から，説明文は**A〜C**からそれぞれ一つずつ選びなさい。[富山県]

地図Ⅰ

ア　イ　ウ

（3点とも Cynet Photo）

A	日中の強い日ざしや砂ぼこりから身を守るため，長そで丈の長い服を着る。
B	アルパカの毛で衣服やつばのついた帽子をつくり，高地の強い紫外線や寒さを防いでいる。
C	冬になると厚いコートや毛皮でつくった防寒着，帽子を身につける。

① 衣服[　　]　説明文[　　]

② 衣服[　　]　説明文[　　]

③ 衣服[　　]　説明文[　　]

(2) **資料Ⅰ**中の**a～c**はそれぞれ，**地図Ⅱ**中の**ぁ～ぅ**のいずれかの国の主食となる作物と結びついた特色ある食べ物である。**資料Ⅰ**中の**a～c**と**地図Ⅱ**中の**ぁ～ぅ**の国の組み合わせとして正しいものを，下の**ア～エ**から一つ選びなさい。［高知県・改］

地図Ⅱ

資料Ⅰ

a　タコス

とうもろこしの粉を練って焼いたトルティーヤに肉や野菜をはさんだもの。

b　バゲット

小麦粉を練って生地をつくり，丸めて焼いたもの。

c　フォー

米の粉からつくっためんをスープに入れたもの。

ア　a－ぁ　b－ぅ　c－ぃ　　**イ**　a－ぃ　b－ぁ　c－ぅ
ウ　a－ぅ　b－ぁ　c－ぃ　　**エ**　a－ぅ　b－ぃ　c－ぁ

［　　　　］

(3) **資料Ⅱ**の建物は，シベリアの地域に見られる。この建物が高床式になっている理由を，「**永久凍土**」という語句を用いて，解答欄の書き出しに合わせて，簡潔に書きなさい。［沖縄県］

［建物から
　　　　　　　　　　　　　建物が傾くのを防ぐため］

資料Ⅱ

(Spectrum / Cynet Photo)

(4) 次の文章中の**X・Y**に当てはまる語句の組み合わせとして正しいものを，下の**ア～エ**から一つ選びなさい。［千葉県・改］

［　　　　］

　　インドでは，最も多くの人々が　**X**　を信仰しています。また，水で身体をきよめる　**Y**　とよばれる儀式が重視されています。

ア　X－ヒンドゥー教　Y－断食　　**イ**　X－ヒンドゥー教　Y－沐浴
ウ　X－仏教　　　　　Y－断食　　**エ**　X－仏教　　　　　Y－沐浴

(5) 次の**資料Ⅲ**は，ハラルについて調べたことをまとめたものである。**Z**に当てはまる内容を，簡潔に書きなさい。［大分県］

資料Ⅲ

【ハラルについて】
　ハラルと関係の深い国についてまとめると**図Ⅲ**のようになり，　**Z**　が多いという共通点があることがわかります。
　ハラルとは，「食べることが許されている」という意味であり，　**Z**　は，ハラルではない食べ物を口にすることが禁じられています。そのため，間違って口にしてしまうことを防ぐために，店頭や製品にハラルであることを認証するマークが使われています。

認証マークの例

図Ⅲ

ハラルと関係の深い国

［　　　　　　　　　　　　　　　　　　　　　　］

PART 3 アジア州・ヨーロッパ州

必ず出る！要点整理

アジア州

❶ 自然環境と文化

(1) **地形**…ヒマラヤ山脈，長江（チャンチヤン），メコン川，ガンジス川。

(2) **気候**…熱帯から寒帯までさまざまな気候。

 重要！

　●**季節風（モンスーン）**…東アジアの沿海部，東南アジア，南
　▶夏は海洋から大陸，冬は大陸から海洋へ吹く
　アジアなどを**雨季**と**乾季**に分ける。

(3) **宗教**…仏教は東アジア，**ヒンドゥー教**はインド，**キリスト教**は
　フィリピンなど，**イスラム教**は西アジア，中央アジア，東南アジ
　アで広く信仰。

❷ アジア州の国々

(1) **中国**…14億人を超える人口，かつては**一人っ子政策**で人口抑制。
　●**経済発展**…沿海部に**経済特区**を設け外国企業を誘致→世界中に
　▶2015年に廃止
　工業製品を輸出し「**世界の工場**」に。都市部と農村部の経済格差。

(2) **韓国**…**ハングル**を使用。先端技術（ハイテク）産業に転換。
　●**アジアNIES**…韓国，ホンコン（香港），台湾，シンガポール。
　▶新興工業経済地域

(3) **東南アジア**…**プランテーション**（大農園）で天然ゴム，バナナ，
　油やしの栽培。工業化が進み都市部に人口が集中→**スラム**を形成。
　●**ASEAN**…東南アジアの10か国が加盟。**関税の廃止**など。
　▶東南アジア諸国連合

(4) **インド**…2020年代には中国をぬいて人口が世界一に。
　●**情報通信技術（ICT）**関連産業…**ベンガルール**に欧米企業が進出。
　▶バンガロール，ベルガロールともいう

(5) **西アジア・中央アジア**…イスラム教徒が多い。**ペルシャ湾岸**は，
　世界最大の**石油（原油）**の産出地→**OPEC**を結成。中央アジア
　▶石油輸出国機構
　では，天然ガスや**レアメタル**を産出。
　▶希少金属ともいう

 基礎力チェック問題

(1) 夏と冬で風向きが変わる風を何というか。 [　　　　　]

(2) 中国の沿海部に設置した外国企業を誘致した地区を何というか。 [　　　　　]

(3) 東南アジア諸国連合のアルファベットの略称を何というか。 [　　　　　]

(4) インドのシリコンバレーと呼ばれるICT関連産業がさかんな都市はどこか。 [　　　　　]

(5) 湾岸地域で石油（原油）の埋蔵量が多い，西アジアの湾はどこか。 [　　　　　]

 よく出る！

マレーシアの輸出品の変化

	天然ゴム		木材		パーム油
1980年 129.4億ドル	石油 23.8%	機械類 16.4	木材 9.3		その他 30.9

天然ゴム 10.7　木材 8.9　パーム油

石油製品 7.0　精密機械 3.8

2019年 2380.9億ドル	機械類 42.0%			その他 39.5

液化天然ガス 4.2　パーム油 3.5

（2021/22年版「日本国勢図会」ほか）

パーム油は油やしからつくる。

 くわしく！

インドでICT産業が発達した背景

・英語が準公用語。
・数学の教育水準が高い。
・新しい産業なので，身分制度（カースト）の影響を受けない。
・アメリカのシリコンバレーと約半日の時差→業務の引き継ぎが可能。

📋 参考

RCEP（アールセップ）

地域的な包括的経済連携。日本，中国，韓国，ASEAN，ニュージーランド，オーストラリアの15か国が参加する自由貿易の協定。

ヨーロッパ州

❶ 自然環境と文化

(1) **地形**…南部に**アルプス山脈**，北部に**フィヨルド**。
　　　　　　◐氷河に削られた谷に海水が入りこんだ湾

(2) **気候**…西部は，**北大西洋海流**と**偏西風**の影響で，高緯度の割に温暖。南部は**地中海性気候**。

(3) **言語と宗教**…北部，北西部→**ゲルマン系言語**，南部→**ラテン系言語**，東部→**スラブ系言語**が分布。
　　●**宗教**…キリスト教の宗派→**プロテスタント**，**カトリック**，**正教会**。イスラム教徒も増加。

❷ ヨーロッパ連合（EU）の影響と課題

(1) **ヨーロッパ連合（EU）の成り立ち**…国の枠組みを
　　◐2021年の加盟国は27か国。
　　越えて，ヨーロッパを政治的・経済的に統合するために設立。

　　●**政策**…人，もの，お金（資本）の移動の自由。**国境の移動の自由**，**関税の撤廃**，**共通通貨ユーロの導入**。
　　　　　　　　　　　　　　　◐多くの国でパスポートの提示なく国境を通過できる

(2) **EUの課題**…西ヨーロッパ諸国と東ヨーロッパ諸国との**経済格差**，拠出金の負担，**外国人労働者**の増加，難民の受け入れなど。

(3) **EUの産業**
　　●**農業**…北部と中部で**混合農業**や**酪農**，南部で地中海式農業。
　　●**工業**…早くから鉄鋼業や機械工業の近代的な工業が発展→ドイツの**ルール工業地域**や臨海部。現在は，航空機の国際分業。EU加盟国間で，地価や賃金の安い東ヨーロッパへ工場を移転。

(4) **環境問題**…酸性雨や地球温暖化。持続可能な社会を目指し，パークアンドライドの取り組みや，**再生可能エネルギー**の推進。
　　　　　　　　◐ドイツは2022年に原子力発電を廃止

□ EU加盟国
■ EU加盟国・ユーロ導入国（2021年現在）

※ギリシャ系住民が主流の南部のキプロス共和国のみ

フィンランド
スウェーデン
ノルウェー
エストニア
ラトビア
リトアニア
デンマーク
オランダ
アイルランド
ポーランド
オーストリア
スロバキア
ハンガリー
ブリュッセル（EU本部所在地）
ドイツ
チェコ
ベルギー
ルクセンブルク
ルーマニア
ブルガリア
フランス
イタリア
ポルトガル
スペイン
スロベニア
クロアチア
ギリシャ
※キプロス
マルタ

▲ EU加盟国

📋 参考

EUの歩み

年	できごと
1967	6か国でEC結成
1993	EUへ発展
2004	東ヨーロッパの10か国が加盟
2013	加盟国28か国に
2020	イギリスが離脱

🐾 よく出る！

地中海式農業

夏は高温乾燥に強い果樹（オリーブ，ぶどう）を栽培し，降水量のある冬に小麦を栽培する農業。

解答はページ下 ✏

(6) ノルウェー沿岸部にみられる氷河に削られた海岸地形を何というか。　　　[　　　　　　]

(7) 英語やドイツ語は，［ラテン　　ゲルマン］系言語である。　　　　　　[　　　　　　]

(8) EUの多くの国で導入されている共通通貨を何というか。　　　　　　　　[　　　　　　]

(9) 小麦などの栽培と，豚や牛などの飼育を組み合わせた農業を何というか。　[　　　　　　]

(10) 郊外に自動車を駐車し，中心部へは電車などを利用するしくみを何というか。[　　　　　　]

PART **3** **アジア州・ヨーロッパ州**

1

アジア州

右の地図を見て，次の各問いに答えなさい。 [兵庫県・改]（10点×4）

よく出る! (1) 次の文中の **i・ii** に当てはまる語句の組み合わせとして正しいものを，下の**ア～エ**から一つ選びなさい。

> 船でアフリカ東岸から南アジアへ向かう場合，　**i**　頃であれば追い風を受けて航海することができる。
> 　この地域の風は，夏と冬で向きを変える特徴があり，この風を　**ii**　という。

地図
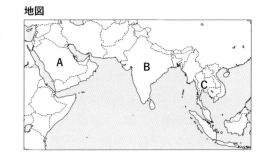

ア **i**－1月　**ii**－モンスーン　　**イ** **i**－7月　**ii**－モンスーン

ウ **i**－1月　**ii**－ハリケーン　　**エ** **i**－7月　**ii**－ハリケーン　　[　　　]

ミス注意 (2) **資料Ⅰ**は，**地図**中の**A～C**のいずれかの国の宗教別人口構成を表している。**A，B**の組み合わせとして正しいものを，次の**ア～カ**から一つ選びなさい。

ア A－X B－Y　　**イ** A－X B－Z

ウ A－Y B－X　　**エ** A－Y B－Z

オ A－Z B－X　　**カ** A－Z B－Y　　[　　　]

資料Ⅰ

| | 0 | 20 | 40 | 60 | 80 | 100(%) |

X
Y
Z

□ イスラム教　▨ ヒンドゥー教　▨ 仏教
▨ キリスト教　□ その他

（「データブック・オブ・ザ・ワールド」）

よく出る! (3) 　**地図**中の**B**の産業について説明した次の文の正誤の組み合わせとして正しいものを，下の**ア～エ**から一つ選びなさい。

> ① 理数教育の水準の高さなどを背景とし，ベンガルール(バンガロール)を中心にICT産業が発展している。
> ② 自動車産業の分野では，日本をはじめとする外国の企業が進出している。

ア ①－正 ②－正　　**イ** ①－正 ②－誤

ウ ①－誤 ②－正　　**エ** ①－誤 ②－誤　　[　　　]

(4) **資料Ⅱ**は，**地図**中の**C**とベトナムの輸出品目について，輸出額が上位の品目と輸出総額に占める割合の変化を表している。**あ，い**に当てはまる品目の組み合わせとして正しいものを，次の**ア～エ**から一つ選びなさい。

資料Ⅱ

	C				ベトナム		
	2001年	(%)	2019年	(%)		2001年	(%)	2019年	(%)
1位	あ	42.0	あ	29.1	1位	原油	20.8	あ	41.7
2位	い	6.2	自動車	11.2	2位	衣類	12.0	衣類	11.7
3位	衣類	5.6	プラスチック	4.6	3位	い	12.0	はきもの	7.2
4位	せんい品	2.9	金(非貨幣用)	3.4	4位	はきもの	10.8	せんい品	3.4
5位	プラスチック	2.9	ゴム製品	3.4	5位	あ	5.5	家具	3.4
6位	米	2.4	石油製品	3.2	6位	米	4.2	い	3.2

（2021/22年版「日本国勢図会」ほか）

ア **あ**－機械類 **い**－魚介類　　**イ** **あ**－機械類 **い**－鉄鋼

ウ **あ**－果実類 **い**－魚介類　　**エ** **あ**－果実類 **い**－鉄鋼　　[　　　]

| 時間: | 30 分 | 配点: | 100 点 | 目標: | 80 点 |

解答: 別冊 p.3

得点: 　　　　点

2

右の地図を見て，次の各問いに答えなさい。 (12点×5)

よく出る！ (1) 地図中の **X** では，氷河によって削られた谷に海水が入りこんでできた奥行きの長い湾が見られる。この地形を何というか，書きなさい。[鹿児島県]

[　　　　　　　　　　]

地図

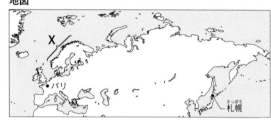

ミス注意 (2) 次の文中の ▢ に当てはまる内容として正しいものを，下の**ア〜エ**から一つ選びなさい。[佐賀県・改]

> パリは札幌より高緯度に位置しているが，**資料Ⅰ**から冬季の気温はパリの方が高いことがわかる。ヨーロッパの大西洋側が冬季でも比較的温暖なのは，**資料Ⅱ**の ▢ からである。

資料Ⅰ　パリと札幌の気温　　資料Ⅱ

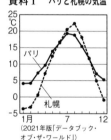

(2021年版「データブック・オブ・ザ・ワールド」)

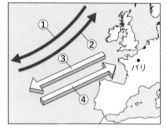

ア ①の方向に流れる北大西洋海流と，③の方向にふく偏西風の影響を受けている

イ ①の方向に流れる北大西洋海流と，④の方向にふく偏西風の影響を受けている

ウ ②の方向に流れる北大西洋海流と，③の方向にふく偏西風の影響を受けている

エ ②の方向に流れる北大西洋海流と，④の方向にふく偏西風の影響を受けている　[　　　]

よく出る！ (3) ヨーロッパ北西部や東部で行われてきた，小麦やライ麦といった穀物栽培と豚や牛を中心とした家畜の飼育を組み合わせた農業を何というか，書きなさい。[富山県]　[　　　　　　　]

(4) 現在，ヨーロッパで広く信仰されているキリスト教には，プロテスタント，カトリック，正教会という宗派の違いがある。ノルウェー，イギリス，フランス，ハンガリーのそれぞれの国で最も多く信仰されているキリスト教の宗派を，次の**ア〜エ**から一つ選びなさい。[岩手県・改]

	ノルウェーとイギリス	フランスとハンガリー
ア	正教会	カトリック
イ	カトリック	正教会
ウ	プロテスタント	正教会
エ	プロテスタント	カトリック

資料Ⅲ

[　　　]

よく出る！ (5) **資料Ⅲ**中ので表した国は，EU加盟国の中で共通の通貨が用いられている国である。（2021年現在）EU加盟国の共通通貨の名称を書いたうえで，共通通貨の導入が人々の移動にどのような影響をあたえたか，簡潔に書きなさい。[高知県]

(注) 2021年現在。(外務省資料)

[　　　　　　　　　　　　　　　　　　　　　　　　　　　　　　　　　]

TEST

PART 4 │ アフリカ州・北アメリカ州

必ず出る！要点整理

アフリカ州

❶ 自然環境と歩み

(1) **地形**…世界最大の**サハラ砂漠**，世界最長の**ナイル川**。
▶サヘルで砂漠化が進行　　　▶古代にエジプト文明が栄えた

(2) **気候**…赤道付近は**熱帯**，南北に行くにつれ**乾燥帯**，**温帯**へ変化。

(3) **歩み**…16世紀以降，アフリカの人々が**奴隷**として南北アメリカ
大陸へ。その後，大部分がヨーロッパ諸国の**植民地**として分割さ
れ，第二次世界大戦後に独立。1960年は「**アフリカの年**」。
▶17か国が独立
● **植民地の影響**…直線的な国境線。かつて植民地支配を受けてい
た国の言語が**公用語**に。紛争や難民などが発生。
▶経線線を利用
● **南アフリカ共和国**…**アパルトヘイト**廃止後も貧富の差が残る。
▶人種隔離政策

❷ アフリカ州の産業と課題

(1) **農業**…プランテーション（大農園）で輸出用作物を栽培。
● **プランテーション農業**…ギニア湾岸で**カカオ**。**コーヒー**，茶。
▶チョコレートの原料
● 伝統的な**焼畑農業**や**牧畜**のほかに，稲作の普及が進んでいる。

(2) **豊富な鉱産資源**…南アフリカ共和国で**金**，**ダイヤモンド**。ナイ
ジェリアで**石油**。近年は，**レアメタル**の産出が注目されている。
▶希少金属ともいう

(3) **モノカルチャー経済**…特定の農作物や鉱産資源の輸出に頼る経
済。天候や国際価格の下落の影響を受けやすく，不安定。

(4) **アフリカの課題**…貧困，飢餓などの課題を抱えている。
● **人口増加と食料不足**…食料生産が人口の増加に追いつかない。
● **都市へ人口集中**…職を求めて農村から都市へ→スラムの形成。
● **取り組み**…アフリカ連合（AU）の結成，非政府組織（NGO）
の技術協力，農産物や工芸品で**フェアトレード**の取り組み。

▲ 植民地化されたアフリカ（1904年）

| 独立国 |
| イギリス領 |
| フランス領 |
| ドイツ領 |
| その他の領土 |

📇 用語

レアメタル（希少金属）

埋蔵量が少なかったり，加工
する技術が難しかったりする
ことから，流通量が少ない貴
重な金属。

フェアトレード

現地でつくった商品を生産者
の労働に見合う，適正な価格
で取り引きすること。生産者
の生活と自立を支えるしく
み。

基礎力チェック問題

(1) アフリカ大陸北部に広がる世界最大の砂漠を何というか。 [　　　　　]

(2) かつてアパルトヘイトという政策をとっていた国はどこか。 [　　　　　]

(3) ギニア湾岸では［コーヒー　　カカオ］の栽培がさかんである。 [　　　　　]

(4) 埋蔵量が少ない希少な金属をカタカナで何というか。 [　　　　　]

(5) 特定の農作物や鉱産資源の輸出に頼る経済を何というか。 [　　　　　]

北アメリカ州

❶ 自然環境と文化

(1) **地形**…**ロッキー山脈**，**ミシシッピ川**，**五大湖**。
　●**平原**…**グレートプレーンズ**，**プレーリー**，中央平原が広がる。
　　　　○ ロッキー山脈とプレーリーの間に広がる
(2) **気候**…北緯40度以南→**西経100度**を境に東は**温帯**，西は**乾燥帯**。
　　ほくい
(3) **移民の歴史**…先住民の**ネイティブアメリカン**→ヨーロッパからの
　　移民。アフリカ系の人々が**奴隷**として連れてこられた。近年は，
　　アジア系，**ヒスパニック**と呼ばれる人々が増加。
(4) **文化**…キリスト教，ジャズ，ハリウッド映画，野球など。

❷ アメリカ合衆国の産業
　　　がっしゅうこく

(1) **農業**…企業的な農業→広大な農地を大型機械で耕作。農業関連の
　　きぎょう
　　産業→**アグリビジネス**。**穀物メジャー**が世界の穀物価格を左右。
　　●**適地適作**…気候や土壌などの自然環境や，都市からの距離に合
　　　　　どじょう
　　わせた農作物を生産。グレートプレーンズやプレーリーで**小麦**や
　　とうもろこし，西経100度から西で**放牧**。
　　　　　　　　　　　　　　　　　　○ フィードロット（大規模肥育場）
(2) **工業の変化**…鉄鋼業→自動車工業→**先端技術産業**。
　　　　　　　　　　　　　　せんたん

　　●**サンベルト**…北緯37度より南の地域。工業
　　の中心地。サンフランシスコ近郊のシリコンバ
　　　　　　　　　　　　　きんこう
　　レーには**情報通信技術（ICT）**関連企業が集中。

(3) **アメリカ合衆国，カナダ，メキシコの結びつき**…
　　協定を結び，貿易の活発化を進めている。
　　○ NAFTAに代わって，2020年に新しい協定が結ばれた
(4) **生活と課題**…多国籍企業の世界進出。**車社会，大量生産・大量消**
　　　　　　たこくせき
　　費の生活→持続可能な社会のための取り組みを進める。
　　　　　○ 食品ロスの削減，リサイクルの推進など

大型機械を使ったアメリカ合衆国の農業

(Cynet Photo)

▲ アメリカ合衆国の鉱産資源の分布とさかんな工業
(2010年版「グーズ世界地図」ほか)

解答はページ下 ✏

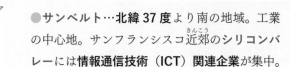

(6) 北アメリカ大陸の西部には［アルプス　ロッキー］山脈が南北に連なる。　［　　　　　　　］
(7) ヒスパニックは，日常語として［スペイン　フランス］語を話す人々である。　［　　　　　　　］
(8) 環境に適した農作物を栽培する農業を何というか。　［　　　　　　　］
(9) アメリカ合衆国の北緯37度から南に広がる工業地域を何というか。　［　　　　　　　］
(10) サンフランシスコ郊外にあるICT関連企業が集中する地域を何というか。　［　　　　　　　］

1　アフリカ州

右の地図を見て，次の各問いに答えなさい。（(2)③, (3)各10点, 他9点×4）

(1) **地図Ⅰ**を見て，次の各問いに答えなさい。[群馬県]

よく出る! ① 赤道にあたるものを，**地図Ⅰ**中の**ア〜エ**から一つ選びなさい。　　　[　　]

ミス注意 ② **地図Ⅰ**中の**A**には，近年，スマートフォンなどの電子機器に多く使われている金属の総称が当てはまる。**A**に当てはまる語句を書きなさい。　　　[　　]

（アドバイス）☞ 南アフリカ共和国を中心に採掘が進んでいる。

地図Ⅰ
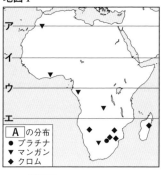

(2) **地図Ⅱ**を見て，次の各問いに答えなさい。[青森県]

① **地図Ⅱ**中の▨▨の国々は，石油の価格の安定を確保することなどを目的としている組織に加盟することを通して，結びついている。この組織を何というか，書きなさい。

[　　　　　　　]

② アフリカ北部や西アジアの一部の地域では，水や草を求めて季節的に移動し，牛やラクダなどを飼育する牧畜が行われている。このような牧畜を何というか，書きなさい。

[　　　　　　　]

地図Ⅱ

よく出る! ③ **資料Ⅰ**は，**地図Ⅱ**中のモザンビーク，ガーナ，マリの公用語を表している。この3か国のように，アフリカ州の多くの国々で，独自の言語を持ちながらポルトガル語，英語，フランス語などが公用語として使われている理由を，簡潔に書きなさい。

[　　　　　　　　　　　　　　　　　　　　　　　　　　]

資料Ⅰ

国　名	公用語
モザンビーク	ポルトガル語
ガーナ	英語
マリ	フランス語

（2021年版「データブック　オブ・ザ・ワールド」）

ハイレベル (3) 次の文は，アフリカ州にあるコートジボワールの輸出と国の収入の関係についてまとめたものである。文中の［　　　］に当てはまる内容を，**資料Ⅱ**，**資料Ⅲ**と関連付けて，「**割合**」，「**価格**」という語句を用いて，簡潔に書きなさい。[山梨県]

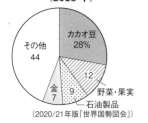

コートジボワールは，［　　　　　］ため，国の収入が安定しない。

資料Ⅱ　コートジボワールの輸出品目の割合（2018年）

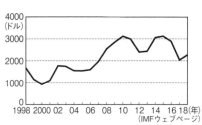

資料Ⅲ　カカオ豆1トンあたりの国際価格の推移

その他44　カカオ豆28%　金7　9　12　野菜・果実　石油製品
（2020/21年版「世界国勢図会」）

（IMFウェブページ）

[　　　　　　　　　　　　　　　　　　　　　　　　]

解答：		得点：	
別冊 p.3			点

2 北アメリカ州

右の地図を見て，次の各問いに答えなさい。 （(2)，(5)各10点，他8点×3）

(1) 地図中の **X ～ Z** に当てはまる語句の組み合わせとして正しいものを，次の**ア～エ**から一つ選びなさい。［滋賀県］

地図

ア　**X** −グレートプレーンズ　**Y** −プレーリー
　　Z −中央平原

イ　**X** −プレーリー　　　　　**Y** −グレートプレーンズ
　　Z −中央平原

ウ　**X** −グレートプレーンズ　**Y** −中央平原　　**Z** −プレーリー

エ　**X** −プレーリー　　　　　**Y** −中央平原　　**Z** −グレートプレーンズ

[　　　]

(2) **資料 I** はアメリカ合衆国と日本の農業経営の比較で，**資料 II** はアメリカ合衆国の小麦の収穫の様子である。アメリカ合衆国の農業の特徴について，**資料 I** からわかることと**資料 II** に見られる農業経営の方法を用いて，簡潔に書きなさい。［高知県・改］

資料 I　　　　　　　　　　　　　　　　（2017 年）

	農地面積 （千 ha）	農地 100ha あたりの農業 就業人口（人）
アメリカ 合衆国	160437	1.4
日本	3843	58.9

（注）農地は耕地・樹園地の合計。
　　　農業就業人口には林業・水産業就業人口をふくむ。
（2019/20，2020/21 版「世界国勢図会」）

資料 II

(Cynet Photo)

[
　　　　　　　　　　　　　　　　　　　　　　　　　　　　　　　　　　　　]

(3) アメリカ合衆国の工業について，次の**ア～ウ**を，おこった順に並べなさい。［徳島県・改］

ア　サンフランシスコ郊外に ICT 関連の大学や研究機関，企業が集中した。

イ　五大湖周辺の石炭や鉄鉱石などを利用し，ピッツバーグで鉄鋼がつくられるようになった。

ウ　自動車の生産がデトロイトで始まり，大量生産方式による自動車工業が成長した。

[　　　→　　　→　　　]

(4) アメリカ合衆国では，メキシコや西インド諸島などから移住し，スペイン語を日常的に話す人々がいる。この人々を何というか。［長崎県・改］　　　　　　　　[　　　　　　　]

(5) **資料 III** は，カナダ，アメリカ合衆国，メキシコの貿易相手国を表している。この 3 か国の関係について，**資料 III** を参考に，「カナダ，アメリカ合衆国，メキシコの 3 か国は，」に続けて，「**貿易協定**」，「**経済**」の語句を用いて簡潔に書きなさい。［青森県・改］

資料 III　カナダ　輸出入合計 8531億ドル

アメリカ　輸出入合計 3兆9511億ドル

メキシコ　輸出入合計 8298億ドル

（「国際連合貿易統計年鑑　2017年版」）

[カナダ，アメリカ合衆国，メキシコの 3 か国は，

　　　　　　　　　　　　　　　　　　　　　　　　　　　　　　　　　　　　]

PART 5

南アメリカ州・オセアニア州

必ず出る！要点整理

南アメリカ州

① 自然環境と文化

(1) **地形と気候**…高山気候→**アンデス山脈**の高地。**熱帯**→アマゾン川流域に熱帯雨林（熱帯林）。**温帯**→ラプラタ川河口にパンパ。
　　　　　　　　　　　　　　　　　　　　　　　　　◎大草原

(2) **歩み**…先住民の**インカ帝国**。スペインやポルトガルの植民地に。
　　　◎マチュピチュ遺跡
　●**多様な民族**…先住民，ヨーロッパ系，**奴隷**として連れてこられたアフリカ系の人々などの混血が進む。20世紀には日本からの移民→**日系人**が活躍。
　　　　◎ヨーロッパ系と先住民の間に生まれたメスチソ（メスチーソ）

(3) **先住民の暮らし**…アマゾン川流域で，漁業や**焼畑農業**を行い，自然環境と共生する生活を送ってきた。
　　　　　　　　　　　◎森林を焼き，その灰を肥料にする

② 南アメリカ州の産業と課題

(1) **農業**…植民地時代に開かれた**大農園**での農業→多角化が進む。
　●**ブラジル**…コーヒー，さとうきび，大豆，鶏肉，牛肉。
　●**アルゼンチン**…パンパで小麦や大豆，肉牛の放牧。

(2) **鉱工業**…豊富な鉱産資源の輸出が，国の経済を支えている。
　●**鉱産資源**…ブラジルの**鉄鉱石**，チリの**銅**，ベネズエラやエクアドルの**石油**。レアメタルも産出。
　　　　　　　　◎石油輸出国機構（OPEC）加盟国
　●**工業化**…ブラジル，アルゼンチンは外国企業を誘致し工業化。

(3) **開発や産業の発展による課題**…熱帯林を伐採して道路や農地の拡大→熱帯林の減少。職を失った人が都市へ→**スラム**。
　　　　　　　　　　　　　　　　　◎農業の機械化などが原因

(4) **環境保全と課題**…持続可能な開発に向けての取り組み。

〔重要！〕

　●**再生可能エネルギー**…さとうきびを原料とする**バイオ燃料（バイオエタノール）**の使用→畑の拡大で熱帯林減少のおそれ。

よく出る！

主な農作物の生産量の割合

コーヒー豆　計1004万t（2019年）

| ブラジル 30.0% | ベトナム 16.8 | 8.8 | 7.6 | その他 36.8 |

コロンビア　インドネシア

さとうきび　計19.1億t（2018年）

| ブラジル 39.2% | インド 19.8 | | その他 29.8 |

中国 5.7　タイ 5.5

大豆　計3.3億t（2019年）

| ブラジル 34.2% | アメリカ合衆国 29.0 | 16.6 | その他 20.2 |

アルゼンチン

（2021/22年版「日本国勢図会」ほか）

参考

カーボンニュートラル

二酸化炭素の排出と吸収がプラスマイナスゼロになるエネルギーの利用のあり方。

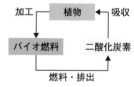

基礎力チェック問題

(1) 南アメリカ大陸の西部には［ロッキー　アンデス］山脈が南北に連なる。　［　　　　　］

(2) 森林を焼いて，その灰を肥料として作物を栽培する農業を何というか。　［　　　　　］

(3) ブラジルでは［コーヒー　茶］の栽培がさかんである。　［　　　　　］

(4) 上下水道などが設備されておらず，居住環境の悪い地域を何というか。　［　　　　　］

(5) 植物など生物由来のものを原料としてつくられる燃料を何というか。　［　　　　　］

南アメリカ州の開発と環境保全の課題に着目!
オセアニア州の他地域との結びつきの変化をつかもう!

オセアニア州

❶ 自然環境と文化

(1) **地域区分と自然**…オーストラリア大陸と多くの島々→**メラネシア，
ミクロネシア，ポリネシア**。太平洋には，**さんご礁**の島々。

(2) **気候**…オーストラリア大陸の大部分は**乾燥帯**，ニュージーランド
は**温帯**の**西岸海洋性気候**，太平洋の島々は**熱帯**。

(3) **歩み**…オーストラリアの先住民は**アボリジニ**，ニュージーランド
の先住民は**マオリ**。18世紀以降に欧米諸国の**植民地**に。

重要!

●**オーストラリア**…かつては，**イギリス**の植民地。1970年代
に**白豪主義**を廃止して以降，**アジア**を中心にヨーロッパ以外の
◆ヨーロッパ系以外の移民を制限
移民が増加。現在は，先住民の伝統文化を尊重し，多様な文化
が共存する**多文化社会**の実現を目指している。

❷ オセアニア州の産業，他地域との結びつき

(1) **農業**…オーストラリアやニュージーランドでは羊の飼育がさかん。
●**オーストラリア**…南東部や南西部で羊の飼育や**小麦**の栽培。南
東部ではフィードロットで**肉牛**の飼育，内陸で放牧。

(2) **鉱産資源**…オーストラリアの北西部で**鉄鉱石**，北東部と南東部で
石炭を産出→**露天掘り**による採掘→日本や中国へ輸出。

(3) **貿易の変化**…輸出相手国→**イギリス**から，アメリカ合衆国や**アジ
ア**の国々へ。貿易品→羊毛から**鉱産資源や農産物**へ。

(4) **結びつき**…オーストラリアやニュージーランドは，**アジア太平洋
経済協力会議（APEC）**に加盟し，距離の近いアジア諸国との結
びつきを強めている。

**オーストラリアに暮らす移民
の出身地の推移**

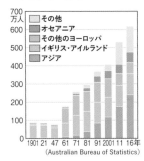

1970年代以降，アジアなど
からの移民が増加。

オーストラリアの輸出品の変化

1960年 19 億ドル	羊毛 40.5%		その他 44.6
	小麦 7.7		肉類 7.2

2019年 2664 億ドル	鉄鉱石 25.0%	石炭 16.6	その他 48.0

金（非貨幣用）6.1 ┘ └ 肉類 4.3
(2021/22年版「日本国勢図会」ほか)

解答はページ下 ✏

(6) 太平洋には，[フィヨルド　さんご礁]に取り囲まれた島々が点在する。　[　　　　]

(7) オーストラリアの南東にある，二つの島を中心とした島国を何というか。　[　　　　]

(8) オーストラリアの先住民を何というか。　[　　　　]

(9) 多様な人々が共存し，それぞれの文化を尊重する社会を何というか。　[　　　　]

(10) オーストラリアの北東部と南東部には[石油　石炭]が分布する。　[　　　　]

1 南アメリカ州

右の地図を見て，次の各問いに答えなさい。 (2)，(3)Z，(4)a各10点，他8点×3)

(1) 次の文は，**地図中のX**で表した河川の流域について説明したものである。この河川名を書きなさい。[長崎県・改]

> この河川の流域では，道路の建設や農地の開発などが進められている一方，これらの開発が，森林伐採などの環境破壊を引き起こしている。

[　　　　　川]

地図

(2) (1)流域で昔から行われてきた焼畑農業は，木を切りたおして燃やし，作物を栽培する農業である。木を燃やすのは何のためか，その理由を簡潔に書きなさい。[青森県・改] [　　　　　　　]

(3) **資料Ⅰ**は，**地図中の▨**について調べたレポートの一部である。**資料ⅠのY**にあてはまる語句，**Z**には「**吸収**」という語句を用いて，当てはまる内容を補い，文を完成させなさい。[鹿児島県]

資料Ⅰ

エタノール　ガソリン

(時事)

　写真は，この国のガソリンスタンドの様子です。ガソリンとエタノールのどちらも燃料として使える車が普及しているそうです。この国のエタノール生産の主な原料は　**Y**　です。このような植物を原料としてつくられる燃料をバイオエタノールといいます。これはバイオ燃料の一種です。

【バイオエタノールの生産と利用】

原料になる植物　吸収
二酸化炭素
排出
エタノール生産工場　燃焼
バイオエタノール　ガソリンスタンド

【バイオ燃料の良い点】
① 化石燃料とちがい，枯渇の心配がなく再生可能である。
② 右の図のようにバイオ燃料は，燃やしても，　**Z**　と考えられており，地球温暖化対策になる燃料として注目されている。

【バイオ燃料の課題点】
① 栽培面積の拡大により，環境を破壊してしまう恐れがある。
② 過度に増産すると，食料用の農作物の供給が減って食料用の農作物の価格が高騰する恐れがある。

(アドバイス) ☞ 温室効果ガスの一種である二酸化炭素の動きに注目しよう。

Y[　　　　　]Z[　　　　　　　　　　]

(4) **地図中の▨**について述べた次の文中の，**a**に当てはまる内容と，**b**に当てはまる語句を書きなさい。[佐賀県・改]

> この国の都市では，　**a**　ことを主な目的として，多くは農村から移住してきた経済的に貧しい人々が集まり，**資料Ⅱ**のような　**b**　と呼ばれる居住環境の悪い地域が形成されることがある。

資料Ⅱ　(Cynet Photo)

a[　　　　　　　　　　]b[　　　　　]

2　　オセアニア州

右の地図を見て，次の各問いに答えなさい。((5)11点, 他7点×5)

(1) オーストラリアの首都であるキャンベラの位置を，**地図中のア～エ**から一つ選びなさい。[群馬県・改]　　[　　]

地図

(2) **地図中のX－Yの断面の模式図として正しいものを，次のア～エ**から一つ選びなさい。[群馬県・改]

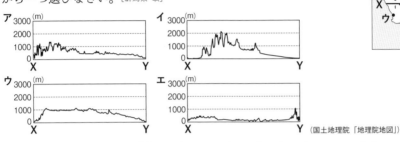

(国土地理院「地理院地図」)　　[　　]

(3) ニュージーランドについて述べた文として正しいものを，次の**ア～エ**から一つ選びなさい。[富山県]

ア 南北に細長い国で，南の方が暖かく，北の方が寒い。

イ 南半球にある国で，首都のウェリントンは地球上では東京のほぼ正反対にある地点（対せき点）にある。

ウ オーストラリア大陸の南東に位置する国で，島国（海洋国）である。

エ アルプス・ヒマラヤ造山帯に属する国で，地震の多い国である。　　[　　]

(4) **資料Ⅰ**は，オーストラリアの輸出額の品目別の割合の変化を表したものである。**資料Ⅰ中のa，b**に当てはまる品目を，次の**ア～エ**からそれぞれ一つずつ選びなさい。[山口県・改]

ア 石炭　　　**イ** 石油
ウ 羊毛　　　**エ** コーヒー

a[　　]b[　　]

資料Ⅰ
◆1963年

| a 35.0% | 小麦 11.7 | 肉類 9.3 | その他 35.9 |

砂糖 5.7 ― バター 2.4

◆2019年

| 鉄鉱石 25.0% | b 16.6 | 金 6.1 | その他 44.9 |

肉類 4.3 ― 機械類 3.1
(2021/22年版「日本国勢図会」ほか)

(5) **資料Ⅱ，資料Ⅲ**は，それぞれの年の外国生まれのオーストラリア人の出身国の上位5か国とその他の割合を表している。オーストラリアでは，1970年代にある政策が廃止されたことで，外国生まれのオーストラリア人の出身国の割合に変化が見られるようになった。**資料Ⅱ，資料Ⅲ**から読み取れる変化を，1970年代に廃止されたオーストラリアの政策の**内容**を明らかにして，簡潔に書きなさい。[岩手県・改]

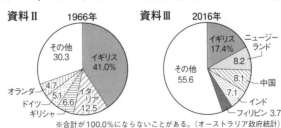

※合計が100.0％にならないことがある。(オーストラリア政府統計)

[　　]

PART 6 地域の調査と日本の自然環境

必ず出る！要点整理

地域の調査

❶ 地域調査の進め方

(1) **調査の流れ**…調査テーマの決定→仮説を立てる→調査計画の立案→調査の実行→資料の整理（分析・考察）→調査結果の発表。

● **仮説を立てる**…テーマに対する予想。「～だから～だろう」。

(2) **調査方法**

● **野外観察**…実際に現地で調査を行う。**ルートマップ**などを準備。
　❶ フィールドワークともいう　❷ 地図に調査で調べる場所や順番をかきこむ

● **聞き取り調査**…詳しい人に話をうかがう。

● **文献調査**…統計資料などを使って，詳しい情報を集める。

(3) **調査結果の発表**…レポートの提出，口頭発表など。

❷ 地形図の使い方

(1) **地形図**…**国土地理院**が発行。2万5千分の1地形図，5万分の1地形図など。

重要！ (2) **縮尺**…実際の距離を縮めた割合。

● **実際の距離**…地図上の長さ×縮尺の分母で求める。

(3) **方位**…とくにことわりがない場合，上が北を示す。

(4) **等高線**…高さ（標高）が同じところを結んだ線。

● **高さ**…計曲線，主曲線からわかる。
　❶ 2万5千分の1地形図では，計曲線は50mごと，主曲線は10mごと

● **傾斜**…間隔が狭いところは傾斜が急，広いところは緩やか。

● **尾根と谷**…山頂からふもとに向かって等高線が張り出しているところが**尾根**，くいこんでいるところが**谷**。

(5) **地図記号**…土地利用や建物・施設，道路・鉄道・境界などをわかりやすい記号で表したもの。

よく出る！

地図記号

土地利用			
‖‖ ‖‖	田	∨ ∨ ∨	畑
ᦔ ᦔ ᦔ	果樹園	∴∴∴	茶畑
Ύ Ύ Ύ	くわ畑	⊥ ⊥	竹林
Q Q Q	広葉樹林	↑ ↑	笹地
∧ ∧ ∧	針葉樹林	⊥⊥	荒地

建物・施設			
◎	市役所（東京都の区役所）	⊕	病院
○	町・村役場（指定都市の区役所）	开	神社
⚲	官公署	卍	寺院
⊗	警察署	∩	城跡
Y	消防署	△	三角点
⊕	郵便局	□	水準点
⚙	発電所・変電所	⊞	図書館
文	小・中学校	⛫	博物館・美術館
⊗	高等学校	⋔	老人ホーム
		⊞	風車

（2万5千分の1地形図−平成25年図式）

📘 参考

地理院地図

国土地理院の Web サイト「地理院地図（電子国土 Web）」で，デジタル地図が公開されており，空中写真（航空写真）も閲覧できる。

基礎力チェック問題

(1) フィールドワークと呼ばれる調査を何というか。　[　　　　　]

(2) (1)で使用する，移動順序をかきこんだ地図を何というか。　[　　　　　]

(3) 2万5千分の1地形図で4cmの長さは，実際の距離では何mになるか。　[　　　　　]

(4) 等高線の間隔が広いところは，傾斜が［急　　緩やか］である。　[　　　　　]

(5) ◎の地図記号は何を表しているか。　[　　　　　]

POINT

地形図の基本を押さえて読み取ろう!
日本の気候区分と,季節風や海流の関係を押さえよう!

地理

日本の自然環境

❶ 日本の地形

(1) 造山帯（変動帯）…地震の震源が多く,火山が連なる地域。**環太平洋造山帯,アルプス・ヒマラヤ造山帯。**

(2) **日本の山地**…約4分の3が山地・丘陵地。

●**日本アルプス**…木曽山脈,飛騨山脈,赤石山脈。

(3) **日本の川**…世界の川と比べて短くて急流,**流域面積が狭い。**

(4) **日本の平地**…海に面した**平野**,山に囲まれた**盆地。**
●**扇状地**…扇形の緩やかな傾斜地。果樹園などに利用。
▷甲府盆地など
●**三角州**…川の河口に形成。三角形に似た平らな土地。

(5) **日本の海岸**…岩石海岸,砂浜海岸,**リアス海岸**など。
▷入り江と岬が入り組んだ海岸地形

(6) **周辺の海流**…暖流→黒潮（日本海流）,対馬海流。寒流→親潮（千島海流）,リマン海流。**潮境（潮目）。**
▷寒流と暖流がぶつかる海域,三陸沖

❷ 日本の気候

(1) **日本の気候**…大部分が温帯,**四季**の変化,**梅雨**や**台風。**

●**季節風（モンスーン）**…夏は南東から吹き,太平洋側に雨を降らせる。冬は北西から吹き,日本海側に雨や雪を降らせる。

●**気候区分**…北海道の気候,日本海側の気候,中央高地（内陸〔性〕）の気候,太平洋側の気候,瀬戸内の気候,南西諸島の気候。
▷冷帯（亜寒帯）　▷亜熱帯の気候

(2) **自然災害**…地震,津波,火山の噴火,洪水,土砂くずれ,冷害。
●**災害への対応**…防災・**減災**の取り組み→**ハザードマップ**の作成。
▷被害を最小限に抑える
公助,自助,共助。
▷地域住民どうしの助け合い

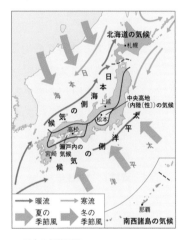
▲ 日本の気候区分

くわしく!

自助の取り組み

防災グッズ,食料や飲料の備蓄の用意,家具の置き方の点検,家族との安否確認の方法,避難所へのルート確認など。

解答はページ下

(6) 木曽山脈,飛騨山脈,赤石山脈は,まとめて何と呼ばれているか。　[　　　　　]

(7) 小さな岬と湾が入り組んだ海岸を何というか。　[　　　　　]

(8) 日本の太平洋側を北上する日本海流の別名を何というか。　[　　　　　]

(9) 日本海側の気候は,[北西　南西]の季節風の影響で冬に降水量が多い。　[　　　　　]

(10) 自分自身や家族は,自分たちで守るという防災の考えを何というか。　[　　　　　]

A. (1)環太平洋造 (2)アルプス (3)1000 m (4)緩やか (5)岩石海岸 (6)日本アルプス (7)リアス海岸 (8)黒潮 (9)北西 (10)自助

1 地域の調査

次の各問いに答えなさい。（(1)10点, (2)各15点）

(1) 地域調査を実施して情報をまとめる際，統計資料をグラフで表現するとわかりやすい。例えばある年に沖縄を訪れた外国人旅行者の国・地域別の割合を表すとする。そのときに最も有効なグラフを，次の**ア～ウ**から一つ選びなさい。[沖縄県・改]

 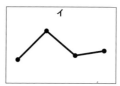 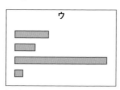

[　　　]

(2) **資料Ⅰ**と**資料Ⅱ**の地形図は，千葉県八千代市の1983年と2009年の「国土地理院2万5千分の1地形図（習志野）」の一部である。**資料Ⅲ**の略年表は，1980年から1996年までの，八千代市（萱田）に関する主なできごとについてまとめたものである。**資料Ⅰ**と**資料Ⅱ**の地形図を比較して読み取れる，◯で示した地域の変容について，宅地に着目して，簡潔に書きなさい。また，**資料Ⅰ～Ⅲ**から読み取れる，◯で示した地域の変容を支えた要因について，八千代中央駅と東京都（大手町）までの所要時間に着目して，簡潔に書きなさい。[21・東京都]

資料Ⅰ　1983年

資料Ⅱ　2009年

資料Ⅲ

西暦	八千代市（萱田）に関する主なできごと
1980	●萱田の土地区画整理事業が始まった。
1985	●東葉高速鉄道建設工事が始まった。
1996	●東葉高速鉄道が開通した。 ●八千代中央駅が開業した。 ●東京都（大手町）までの所要時間は60分から46分に，乗換回数は3回から0回になった。

（注）所要時間に乗換時間は含まない。

（「八千代市統計書」など）

アドバイス ☞ 1983年と2009年の間にあったできごとに注目しよう。

地域の変容 [　　　　　　　　　　　　　　　　　　　　　　　　　　]

要因 [　　　　　　　　　　　　　　　　　　　　　　　　　　　　]

2　日本の自然環境

次の各問いに答えなさい。（(4)各15点，他10点×3）

(1) 次の**ア〜エ**の地図において，主な火山の分布を▲で表したものとして正しいものを，一つ選びなさい。［香川県・改］　[　　　]

ミス注意

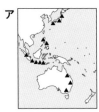 ア　 イ　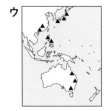 ウ　 エ

(2) 次の**ア〜エ**のグラフは，**地図**中の**W〜Z**のいずれかの地点における月別平均気温と月降水量を表したものである。**Y**の地点のグラフとして正しいものを一つ選びなさい。［千葉県・改］　[　　　]

よく出る！

地図

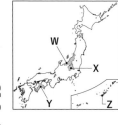

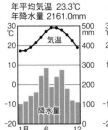 ア
年平均気温 23.3℃
年降水量 2161.0mm

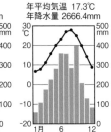 イ
年平均気温 17.3℃
年降水量 2666.4mm

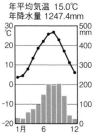 ウ
年平均気温 15.0℃
年降水量 1247.4mm

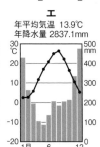 エ
年平均気温 13.9℃
年降水量 2837.1mm

（注）グラフ中のデータは1991年から2020年までの平年値を示す。
（気象庁）

(3) **資料**は，河川水系の模式図を表したものである。模式図の地点**A〜H**における災害や防災について述べた文として正しいものを，次の**ア〜エ**から一つ選びなさい。なお，模式図以外の条件は考えないものとする。［大分県］

ハイレベル

資料

ア　**A**よりも**B**の方が，同じ規模のダムを建設した際に，河口部の洪水を防ぐ効果が高い。

イ　**C**よりも**D**の方が，同じ面積の森林を伐採（ばっさい）した際に，河口部で洪水の危険性が高くなる。

ウ　**E**よりも**F**の方が，堤防（ていぼう）で囲まれた輪中（わじゅう）が形成されやすい。

エ　**G**よりも**H**の方が，津波（つなみ）の被害（ひがい）が大きくなる可能性が高い。　[　　　]

(4) 防災・減災（げんさい）のためにできる「自助（じじょ）」の具体例を，条件に従って二つ書きなさい。［大分県］

よく出る！

条件
1. 想定する災害は**地震**とし，災害発生より前にできる「自助」の具体例を書くこと。
2. 同じ種類の具体例を二つ書いてはならない。

[　　　　　　　　　　] [　　　　　　　　　　]

PART 7 | 日本の人口・産業，交通・通信網

必ず出る！要点整理

日本の人口

▶ 日本の人口の変化

(1) **人口ピラミッド**…少子高齢化が進み，富士山型→つりがね型→つぼ型へ変化。

(2) **人口分布**

● **過密地域**…三大都市圏や地方中枢都市に人口が集中。地価の上昇で**ドーナツ化現象**，都心の**再開発**で**都心回帰**の現象がみられる。

● **過疎地域**…農村部や山間部，離島。若者が都市部へ流出。人口減少と高齢化。**I ターン**や**U ターン**などの移住を誘致。
◉ 都市部へ移住した者が再び故郷にもどる

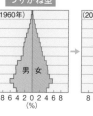

富士山型	つりがね型	つぼ型
(1935年)	(1960年)	(2020年)

▲ 日本の人口ピラミッドの変化

老年人口（65歳以上）
生産年齢人口（15〜64歳）
年少人口（0〜14歳）

(2021/22 年版「日本国勢図会」ほか)

✈ くわしく！

ドーナツ化現象

都市の中心部の人口が減り，周辺の郊外の人口が増加する現象。

日本の資源・エネルギーと電力

▶ 資源・エネルギーと電力をめぐる問題

(1) **世界の鉱産資源**…石炭，**石油（ペルシャ湾沿岸）**，液化天然ガスなど。
◉ ペルシア湾

(2) **日本の輸入先**…石油はサウジアラビアなどの西アジアの国々から，石炭や鉄鉱石，液化天然ガスは**オーストラリア**から輸入。

(3) **日本の電力**…火力発電が中心→地球温暖化の原因となる二酸化炭素を排出。原子力発電→発電所の事故，放射性廃棄物の問題。

重要！ (4) **再生可能エネルギー**…持続可能な社会の実現のために，日本の電力量に占める再生可能エネルギーの割合を増やす政策が進む。
◉ 2030 年や 2050 年に向けた数値目標が出されている

● **主な発電方法**…太陽光，風力，地熱，バイオマスなど。

🐶 よく出る！

日本の主な資源の輸入先

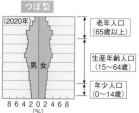

石炭　計 1.7億t（2020年）
| オーストラリア 59.6% | インドネシア 15.9 | 12.5 | 12.0 |
ロシア／その他

石油　計 1.5億kL（2020年）
| サウジアラビア 40.1% | アラブ首長国連邦 31.5 | 9.0 | その他 19.4 |
クウェート

液化天然ガス　計 7446万t（2020年）
| オーストラリア 39.1% | マレーシア 14.2 | 11.7 | 8.2 | その他 26.8 |
カタール／ロシア

(2021/22 年版「日本国勢図会」)

再生可能エネルギーの課題

発電量が不安定，発電コストや立地条件などに課題がある。

基礎力チェック問題

(1) 子どもが多く高齢者の割合が少ない人口ピラミッドの型を何というか。　［　　　　　］

(2) 都市の中心部の人口が減少し，郊外の人口が増える現象を何というか。　［　　　　　］

(3) 農村部や山間部，離島は［過密　過疎］化が進んでいる。　［　　　　　］

(4) ［石炭　石油］は，ペルシャ湾岸に埋蔵量が多い。　［　　　　　］

(5) 風力や地熱など自然を利用したエネルギーを何というか。　［　　　　　］

日本の人口ピラミッドは，富士山型からつぼ型へ変化！
日本の工業地域は，内陸型と臨海型を要チェック！

日本の産業，交通・通信網

❶ 日本の第一次産業，第二次産業，第三次産業

(1) **第一次産業**…農業，林業，漁業。貿易の自由化で**食料自給率が低下**。
●**農業**…稲作。大都市周辺で**近郊農業**，出荷時期を調整する**促成栽培**や**抑制栽培**，北海道や九州地方で**畜産**がさかん。
●**林業**…すぎやひのきの**人工林**。近年，国産材の生産量は増加。
●**漁業**…**排他的経済水域**の設定で**遠洋漁業**が衰退。育てる漁業へ
→**養殖業や栽培漁業**。
　● 海岸線から200海里以内（領海を除く）

(2) **第二次産業**…軽工業から重化学工業へ，現在は**先端技術産業**。
●**工業地域の拡大**…臨海部に太平洋ベルト，内陸に工業団地。
●**工業の変化**…企業の海外進出，現地生産→製品の輸入が増加→
国内産業が衰退する**産業の空洞化**。

(3) **第三次産業**……働く人の約7割。**商業**や**サービス業**など。
●**産業の変化や成長**…情報通信技術（**ICT**）の発達で，オンラインショッピングなどの多様化，**コンテンツ産業**の成長など。

❷ 日本の交通・通信網

(重要!)

(1) **貨物輸送の特色**
●**海上輸送**…原油，石炭などの燃料，自動車などの**重い製品**。
●**航空輸送**…**軽くて高価**な電子部品，新鮮さが必要な食料品など。

(2) **高速交通網の整備**…高度経済成長以降，新幹線，高速道路，航空路線の整備が進む。

(3) **情報通信網の発達**…海底通信ケーブルや通信衛星の整備で，**インターネット**が普及。一方，**情報格差**も発生。
　● ICTを利用できる人とできない人で生じる格差（デジタル・ディバイド）

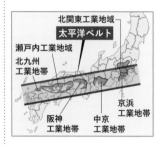
▲ 太平洋ベルト

くわしく！
内陸型の工業地域

(Cynet Photo)
高速道路のインターチェンジ付近に工業団地を誘致し，組み立て型の工場が進出。

解答はページ下 ✏

(6) 温暖な気候をいかして出荷時期を早める栽培方法を何というか。　[　　　]
(7) 養殖業や栽培漁業は［とる　　育てる］漁業である。　[　　　]
(8) 人口が集中し，工業地域・地帯が連なる帯状の地域を何というか。　[　　　]
(9) 情報通信技術は，［IC　　ICT］産業ともいう。　[　　　]
(10) 半導体などの電子部品の輸送は，［海上　　航空］輸送が適している。　[　　　]

1 日本の人口

次の各問いに答えなさい。((2)10点，他8点×2)

よく出る！ (1) 次の**ア～ウ**は，1920年・1980年・2020年のいずれかの日本の人口ピラミッドを表したものである。**ア～ウ**を，年代の古い順に並べなさい。[沖縄県・改]

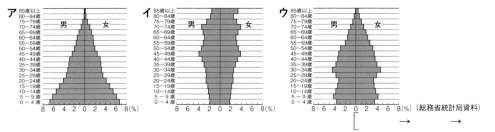

[　　　→　　　→　　　]

(2) 次の文は，世界の人口の変化について述べたものである。文中の　　　　　に当てはまる内容を，「**医療**」，「**死亡率**」，「**出生率**」という語句を用いて，簡潔に書きなさい。[愛媛県・改]

> 世界の人口は，1950年に約25億人であったが，その後，急増し，2020年には，約78億人になった。世界の人口が急増したのは，1950年代以降，主にアジア，アフリカにおいて，　　　　　からである。

[　　　　　　　　　　　　　　　　　　　　]

(3) 地方への移住のうち，生活する場所を都市部から生まれ故郷の地方へもどすことを何というか，書きなさい。[徳島県]　　　[　　　　　　　]

2 日本の産業，交通・通信網

次の各問いに答えなさい。((5)，(6)各10点，他9点×6)

ミス注意 (1) **資料Ⅰ**は，日本における資源の輸入相手上位5か国を表している。①～③は石炭，石油，液化天然ガスのいずれかであり，**あ**は**地図**の**A～C**のいずれかの国である。③と**あ**の組み合わせとして正しいものを，次の**ア～カ**から一つ選びなさい。[兵庫県・改]

地図

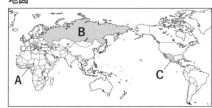

	③	あ
ア	石炭	A
イ	石炭	B
ウ	石油	C
エ	石油	A
オ	液化天然ガス	B
カ	液化天然ガス	C

[　　　]

資料Ⅰ

①	②	③
サウジアラビア	オーストラリア	オーストラリア
アラブ首長国連邦	インドネシア	マレーシア
クウェート	あ	カタール
カタール	アメリカ合衆国	あ
あ	カナダ	アメリカ合衆国

(2020年)（2021/22年版「日本国勢図会」）

アドバイス ☞ **あ**は石炭，石油，液化天然ガスのすべてにおいて上位5か国に入っている。

(2) **資料Ⅱ**は，日本の水力発電，火力発電，原子力発電，太陽光発電の発電電力量の推移を表している。原子力発電と太陽光発電に当てはまるものを，**資料Ⅱ**中の**ア～エ**からそれぞれ一つずつ選びなさい。［香川県］

原子力発電［　　］　太陽光発電［　　］

資料Ⅱ

	発電電力量（百万 kWh）		
	2008 年	2013 年	2019 年
ア	798930	987345	792810
イ	258128	9303	61035
ウ	83504	84885	86314
エ	11	1152	21414

（2021/22 年版「日本国勢図会」ほか）

(3) 日本の農業について，次の文中の**a～c**に当てはまる語句の組み合わせとして正しいものを，下の**ア～エ**から一つ選びなさい。［沖縄県・改］

・宮崎県や高知県では，温暖な気候を利用して　**a**　が行われ，きゅうりの生産がさかんである。
・千葉県では，大消費地の近くという利点をいかして　**b**　が行われ，野菜の生産がさかんである。
・愛知県では，夜間に電灯の光をあてて生長を調整する　**c**　が行われ，菊の生産がさかんである。

ア　a－近郊農業　b－促成栽培　c－抑制栽培
イ　a－促成栽培　b－近郊農業　c－抑制栽培
ウ　a－促成栽培　b－抑制栽培　c－近郊農業
エ　a－抑制栽培　b－近郊農業　c－促成栽培

［　　］

(4) 日本の製鉄所の立地について，次の文中の**X・Y**に当てはまる語句を，**X**は**i 群**の**ア～エ**から，**Y**は**ii 群**の**カ～ク**から，それぞれ一つずつ選びなさい。［京都府］

　日本の製鉄所が臨海部に集中しているのは，　**X**　に適していることが主な理由である。同様の理由で臨海部に集中しているものには，　**Y**　などがある。

i 群　**ア**　製品に使用する原材料の採掘　　**イ**　外国との貿易をめぐる対立の回避
　　　　ウ　政治や経済に関する情報の収集　　**エ**　重量の大きい原料や製品の大量輸送
ii 群　**カ**　IC（集積回路）工場　　**キ**　印刷工場　　**ク**　石油化学コンビナート

X［　　］　Y［　　］

(5) 「六次産業化」とは，第一次産業，第二次産業，第三次産業を組み合わせてつくられた言葉である。この取り組みを，各産業の意味をふまえて，「**地域ブランド**」という語句を用いて，簡潔に書きなさい。［徳島県］［　　　　　　　　　　　　　　　　　　　　　　　　　　　　］

(6) **資料Ⅲ**は，成田国際空港と横浜港で扱った輸出品の，重量と金額を表している。比べると，それぞれで扱う輸出品の傾向には違いがあると考えられる。**資料Ⅲ**から読み取れる，成田国際空港で扱う輸出品の重量と金額の関係を，横浜港との違いに着目して，簡潔に書きなさい。［静岡県］

資料Ⅲ

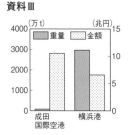

（2019年）（東京税関資料ほか）

PART

8 九州地方，中国・四国地方

必ず出る！要点整理

九州地方

❶ 自然環境と生活

(1) **位置**…日本列島の南西部，**東アジアとの結びつきが強い**。
　●**福岡市**…九州地方の**地方中枢都市**で，交通網の拠点。
　　　　　　　　　▷古代には大宰府が置かれ，大陸との交流の窓口に

(2) **地形**…阿蘇山に巨大な**カルデラ**，桜島（御岳）など**火山**が多い。
　●**火山と暮らし**…周辺は温泉も多く観光地，**地熱発電**に利用。

(3) **気候**…暖流の黒潮（**日本海流**）と**対馬海流**の影響で温暖。南西諸島は亜熱帯の気候。梅雨の**集中豪雨**や台風と**土砂災害**が多い。
　　　　　　　　　　　　　　　　　　　　　　　▷砂防ダムを建設

(4) **南西諸島の自然や生活**…**さんご礁**が広がる。さとうきび，菊など
　　▷奄美大島，徳之島，沖縄島北部及び西表島は世界遺産（自然遺産）に登録
　の栽培。**琉球王国**の歴史，アメリカ軍基地。**エコツーリズム**。
　　　　　　　　　　　　　　　　　　　▷エコツアー，環境保全を意識した観光

❷ 産業と環境保全

重要！

(1) **農業**
　●**北部**…**筑紫平野**は稲作の中心地，**二毛作**，園芸農業。
　　　　　　　　　　　▷稲作のあとに小麦や大麦を栽培
　●**南部**…**シラス台地**で野菜や茶の栽培。**畜産**がさかん。**宮崎平**
　　　　　　▷火山の噴出物の層
　野できゅうりやピーマンの**促成栽培**。

(2) **工業の発展と環境保全**
　●**北九州工業地帯（域）**…**八幡製鉄所**で鉄鋼業が発達→大気汚染
　や水質汚濁などの公害が発生。**エネルギー革命**→機械工業へ転換。
　公害を克服して，**エコタウン**事業を展開。
　●**工業の変化**…空港や高速道路のインターチェンジ付近に**IC（集**
　積回路）工場，臨海部に自動車工場が進出。
　●**水俣市**…四大公害病の**水俣病**→環境に配慮したまちづくりへ。
　●**持続可能な社会**…環境モデル都市，SDGs未来都市に指定。

(1) 阿蘇山にみられる火山の噴火でできたくぼ地のことを何というか。　［　　　　　　］

(2) 九州地方は火山が多いので，［水力　　地熱］発電所が多い。　［　　　　　　］

(3) 九州地方南部に広がる，火山灰が積もってできた台地を何というか。　［　　　　　　］

(4) 鹿児島県や宮崎県は，［乳牛　　豚］の飼育がさかんである。　［　　　　　　］

(5) 熊本県・鹿児島県で発生した四大公害病の一つを何というか。　［　　　　　　］

📖 **用語**

カルデラ

火山の噴火により，落ちこむなどしてできたくぼ地。カルデラに水がたまってできた湖をカルデラ湖という。

▲ 九州地方の主な火山・温泉・地熱発電所の分布

🐻 **よく出る！**

主な家畜の飼育頭（羽）数

豚　計915.6万頭（2019年）

鹿児島 13.9%	宮崎 9.1	群馬 6.9	千葉 6.6	その他 55.9

北海道 7.6

肉牛　計255.5万頭（2020年）

北海道 20.5%	鹿児島 13.3	宮崎 9.6	その他 47.8

熊本 5.2 ┘└岩手 3.6

肉用若鶏　計1.4億羽（2019年）

宮崎 20.4%	鹿児島 20.2	岩手 15.7	その他 35.1

青森 5.0 ┘└北海道 3.6

（2021/22年版「日本国勢図会」）

九州地方の自然環境と，人々の生活や産業を確認しよう！
中国・四国地方の交通網の整備による変化に注目！

地理

中国・四国地方

❶ 自然環境と交通網の整備

重要！

(1) **地域区分**…山陰，瀬戸内，南四国。
　▶中国山地の北側

(2) **気候**…日本海側の気候，瀬戸内の気候，太平洋側の気候。

(3) **広島市**…**政令指定都市**，中国・四国地方の**地方中枢都市**。1945年に原爆投下→現在は**平和記念都市**。

(4) **交通網の整備**…新幹線や高速道路。
　●**本州四国連絡橋**…児島・坂出ルートの**瀬戸大橋**，神戸・鳴門ルート，尾道・今治ルート。
　●**生活の変化**…観光や買い物で行き来する人の増加→**ストロー現象**で四国地方の商業が落ちこむ。

❷ 交通網が支える産業・過疎化の課題

(1) **農業・水産業**…果物や野菜の栽培，瀬戸内海では**魚介類の養殖**がさかん。高速道路の整備や保冷トラックの普及で遠い市場へも出荷。
　▶広島県でかき，愛媛県でまだい
　●**高知平野の促成栽培**…ビニールハウスを利用して，**なすやピーマンを栽培**→ほかの産地の出荷が少ない冬から春に出荷。
　▶高い値段で取り引きができる

(2) **瀬戸内工業地域**…**石油化学コンビナート**を形成。原料や燃料の輸入，製品の輸出に便利な海上輸送。**鉄鋼業**や**石油化学工業**が発達。

(3) **過疎化**…中国山地や四国山地の山間部や瀬戸内海の離島の多くで，若い世代が都市へ流出し，人口減少，**高齢化**が進む。
　●**地域おこし**…**町おこし**・**村おこし**。特産品のブランド化，**地産地消**，**六次産業化**など。交通網の整備で観光客の呼びこみ，通信網を活用した企業誘致や，高齢者も働ける取り組みが進む。
　▶生産（第一次）×加工（第二次）×販売（第三次）

解答はページ下

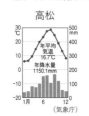

よく出る！

瀬戸内の気候の雨温図

高松

瀬戸内の地域は，二つの山地が季節風をさえぎるため，年間降水量が少ない。

→湿った空気　→乾いた空気

▲ 中国・四国地方の季節風の様子

よく出る！

瀬戸内工業地域の工業生産額

せんい 2.0
その他 13.8
金属 18.8%
食料品 7.6
化学 23.1
計 32.3兆円 (2018年)
機械 34.7

(2021/22 年版「日本国勢図会」)

---

(6) 中国山地より北の地域を何というか。　［　　　　　　］

(7) 中国・四国地方の地方中枢都市はどこか。　［　　　　　　］

(8) 本州と四国を結ぶ3つのルートをまとめて何というか。　［　　　　　　］

(9) 瀬戸内工業地域は，石油化学［コンビナート　　ベルト］が形成されている。　［　　　　　　］

(10) 地元で生産されたものを地元で消費する取り組みのことを何というか。　［　　　　　　］

A。(1)リアス海岸 (2)暖流 (3)シラス台地 (4)干潟 (5)水俣病 (6)山陰 (7)広島市 (8)本州四国連絡橋 (9)コンビナート (10)地産地消

37

1 九州地方

右の地図を見て，次の各問いに答えなさい。(1)③11点, 他8点×5)

(1) **地図**を見て，次の各問いに答えなさい。[静岡県・改]

① **地図**中の**X**は，九州と南西諸島，中国南部，台湾，朝鮮半島に囲まれた海である。**X**の名称を書きなさい。

[　　　　　　　]

② **A**県の八丁原発電所では，火山活動を利用した発電が行われている。この発電方法を，次の**ア～エ**から一つ選びなさい。

ア 原子力 　**イ** 火力 　**ウ** 水力 　**エ** 地熱 [　]

③ **B**県は促成栽培がさかんである。**資料Ⅰ**は，東京の市場における，ピーマンの月別入荷量と平均価格を表している。促成栽培を行う利点を，**資料Ⅰ**から読み取れる，入荷量と価格に関連づけて，簡潔に書きなさい。

[　　　　　　　　　　　　　　　　　]

④ **地図**中の北九州市は，北九州工業地域の中心的な都市である。**資料Ⅱ**は，福岡県の工業の変化を表している。**資料Ⅲ**は，北九州市周辺の工場の分布である。**資料Ⅱ**の**a～c**，**資料Ⅲ**の**d～f**は，機械工業，金属工業，化学工業のいずれかを表している。**資料Ⅱ**，**Ⅲ**の中から，機械工業に当てはまるものを，それぞれ一つずつ選びなさい。

地図

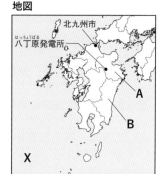

資料Ⅰ

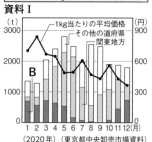

(2020年)（東京都中央卸売市場資料）

資料Ⅱ 福岡県の工業出荷額の変化

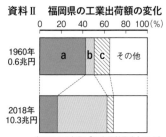

（2021/22年版「日本国勢図会」ほか）

資料Ⅲ 北九州市周辺の工場

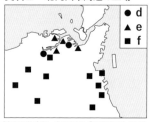

（令和2年度版 福岡県の「工業団地」ほか）

資料Ⅱ[　] **資料Ⅲ**[　]

(2) **資料Ⅳ**中の①～④は，福岡県，佐賀県，宮崎県，沖縄県が当てはまる。福岡県と宮崎県に当てはまる組み合わせとして正しいものを，下の**ア～エ**から一つ選びなさい。[佐賀県・改]

資料Ⅳ

県＼産業等	大豆の収穫量（t）(2019年)	ブロイラー（食用鶏）の産出額（億円）(2018年)	金属製品の出荷額等（億円）(2018年)	宿泊旅行者数（千人）(2019年)	
				出張・業務	観光・レクリエーション
①	6260	95	1064	586	683
②	0	14	562	662	5446
③	8830	28	5700	3033	3682
④	344	696	426	603	887

（2021年版「データでみる県勢」）

ア 福岡県－① 宮崎県－② 　**イ** 福岡県－③ 宮崎県－④

ウ 福岡県－① 宮崎県－③ 　**エ** 福岡県－② 宮崎県－④

[　]

2 中国・四国地方

右の地図を見て，次の各問いに答えなさい。（7点×7）

(1) **地図**を見て，次の各問いに答えなさい。［長野県・改］

地図

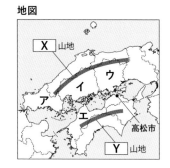

① 広島県と愛媛県の位置を，**地図**中の**ア～エ**から，それぞれ一つずつ選びなさい。

広島県［　　　　］ 愛媛県［　　　　］

② **地図**中の**X・Y**に当てはまる山地名をそれぞれ書きなさい。

X［　　　　　山地］ Y［　　　　　山地］

（ミス注意）③ **地図**中の高松市の気温と降水量を表す雨温図として正しいものを，次の**ア～エ**から一つ選びなさい。　［　　　　］

ア　年平均気温 6.7℃　年降水量 1080.1mm

イ　年平均気温 23.3℃　年降水量 2161.0mm

ウ　年平均気温 13.9℃　年降水量 2837.1mm

エ　年平均気温 16.7℃　年降水量 1150.1mm

（注）グラフ中のデータは1991年から2020年までの平年値を示す。（気象庁）

（アドバイス）☞ 特に降水量に注目して判断しよう。

(2) **資料Ⅰ**は，北関東工業地域，中京工業地帯，阪神工業地帯，瀬戸内工業地域の製造品出荷額等の内訳を表したものである。瀬戸内工業地域に当てはまるものを，**資料Ⅰ**中の**ア～エ**から一つ選びなさい。［大分県・改］

資料Ⅰ

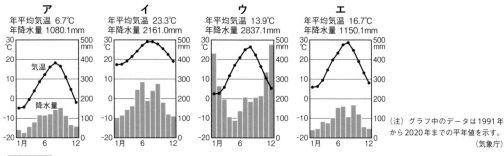

	金属	機械	化学	食料品	せんい	その他
ア	18.8%	34.7	23.1	7.6		13.8
イ	9.6%	69.1	6.4	4.6 2.0		9.6
ウ	20.9%	37.7	16.8	10.9 0.7		12.4
エ	14.3%	44.8	10.2	15.3 0.6	1.3	14.8

（2018年）（2021/22年版「日本国勢図会」）　［　　　　］

（ミス注意）(3) 次の文中の**X・Y**に当てはまる語句の組み合わせとして正しいものを，下の**ア～エ**から一つ選びなさい。［岐阜県］

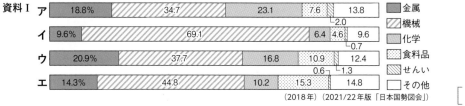

　交通網が整備された結果，大都市に人が引き寄せられる現象を　**X**　という。交通網の発達は，都市と農村の時間距離を　**Y**　が，その一方で，地方や農村の消費が落ちこみ，経済を衰退させることもある。

ア X－ドーナツ化現象　Y－縮める　　　**イ** X－ストロー現象　Y－縮める

ウ X－ドーナツ化現象　Y－伸ばす　　　**エ** X－ストロー現象　Y－伸ばす　［　　　　］

PART

9 近畿地方，中部地方

必ず出る！要点整理

近畿地方

❶ 自然環境と産業

(1) **地形**…日本最大の湖である**琵琶湖**から**淀川**，**紀伊山地**，**志摩半島**はリアス海岸。日本の標準時子午線である**東経135度**の経線。
▶赤潮の発生，環境保全の取り組み

(2) **気候**…北部は日本海側の気候，中央部は瀬戸内の気候。南部は暖流の**黒潮**（**日本海流**），南東の季節風の影響で太平洋側の気候。
▶三重県南部の尾鷲は年間降水量が約4000mmの多雨地域

(3) **農業**…大都市周辺で**近郊農業**がさかん。和歌山県で**みかん**，**うめ**。

(4) **林業**…紀伊山地で「**吉野すぎ**」や「**尾鷲ひのき**」。

(5) **阪神工業地帯**…臨海部を中心に重工業→**再開発**が進む。内陸部の**東大阪市**などは**中小企業**の町工場が多い。

❷ 大阪大都市圏と古都の景観保全

(1) **大阪大都市圏（京阪神大都市圏）**…**大阪市**・京都市・神戸市を中心に広がる三大都市圏の一つ。
▶江戸時代に「天下の台所」

重要！

●**鉄道網**…都市の中心部と郊外は，JRや**私鉄**で結ばれる。

●**人口移動**…郊外の住宅地から中心部の会社や学校へ通勤・通学する人が多い→中心部の**昼間人口は多く，夜間人口は少ない**。

●**ニュータウン**建設と課題…過密解消の対策として郊外に
▶千里，泉北など
ニュータウンを建設→住民の**高齢化**と建物の**老朽化**が問題に。

(2) **古都の歩みと歴史的景観の保全**…奈良の**平城京**，京都の**平安京**→
▶平城京
現在は**古都**として，**観光資源**に。国宝・重要文化財の指定件数も多い。西陣織などの**伝統的工芸品**。

●**開発と景観保全**…京都市では**条例**で，建物の高さや看板のデザインなどを規制。**町家**の保存・活用の取り組みも進んでいる。

▲ 近畿地方の地形

よく出る！

古都の景観保全に配慮した店の様子（奈良市）

（編集部）

町家を改装したコンビニエンスストア。看板も目立たないようにしている。

基礎力チェック問題

(1) 滋賀県には，日本最大の［霞ケ浦　琵琶湖］がある。　［　　　　　］

(2) 温暖で雨の多い近畿地方の南部にある山地を何というか。　［　　　　　］

(3) 阪神工業地帯にある東大阪市は，［大　中小］企業が多い。　［　　　　　］

(4) 大阪の千里や泉北に造成された大規模住宅団地を何というか。　［　　　　　］

(5) 近畿地方には，ユネスコの［国宝　世界遺産］の登録地が多い。　［　　　　　］

近畿地方の，歴史的景観の保全の取り組みを要チェック！
中部地方の，地域ごとの産業を整理しよう！

中部地方

▲ 中部地方の地形

❶ 自然環境

(1) 地域区分…東海，中央高地，北陸。

(2) 地形…日本アルプス→飛驒山脈，木曽山脈，赤石山脈。信濃川の下流域に越後平野，木曽川・長良川・揖斐川の下流域に濃尾平野。
　　　　　　　▷堤防で囲まれた「輪中」がみられる

(3) 気候…北陸→冬に北西の季節風の影響で日本海側の気候。中央高地→年間降水量が少なく，夏と冬の気温差が大きい中央高地の気候。東海→夏の南東の季節風の影響で太平洋側の気候。
　　　　　　　　▷内陸（性）の気候

❷ 東海，中央高地，北陸の産業

(1) **東海の産業**
　　●**名古屋大都市圏**…名古屋市中心，**三大都市圏**の一つ。
　　●**農業・水産業**…静岡県で茶，みかん，焼津港は**遠洋漁業**の基地。愛知県の渥美半島で**施設園芸農業**→メロン，電照菊。
　　　　　▷温室やビニールハウスなどを使い，都市向けに野菜や花を栽培
　　●**中京工業地帯**…豊田市の**自動車工業**，四日市市の石油化学工業。
　　●**東海工業地域**…静岡県浜松市でオートバイ，楽器。

(2) **中央高地の産業**
　　●**農業**…甲府盆地→扇状地で**果樹栽培**。八ヶ岳や浅間山のふもと
　　　　　　　　　　　　　　　▷ぶどう，もも
　　→レタスやキャベツなど**高原野菜**の抑制栽培。
　　　　　　　　　　▷抑制栽培
　　●**工業の変化**…製糸業→精密機械工業→**電気機械工業**。
　　　　　　　　▷養蚕を行い生糸を生産　　▷高速道路の整備が進み，工場が進出

(3) **北陸の産業**
　　●**農業**…越後平野は**水田単作地帯**，**銘柄米**の生産。
　　　　　　　　　　　　　　▷コシヒカリなど
　　●**地場産業**…福井県鯖江市の眼鏡枠（フレーム）など。輪島塗，
　　加賀友禅などの**伝統産業**が**冬の農家の副業**として発展。

よく出る！

日本海側の気候の雨温図

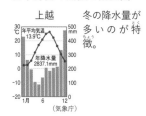

冬の降水量が多いのが特徴。

中京工業地帯の工業生産額

(2021/22 年版「日本国勢図会」)

工業生産額は，主な工業地帯・地域のなかで最も多い。機械工業の占める割合が高い。

解答はページ下 ✐

(6) 中部地方の長野県や山梨県は，[北陸　中央高地]に区分される。　　[　　　　　　　]

(7) 愛知県の県庁所在地を中心に形成されている都市圏を何というか。　[　　　　　　　]

(8) 愛知，三重県に広がる工業地帯・地域を何というか。　　　　　　　[　　　　　　　]

(9) 涼しい気候をいかして，出荷時期を遅らせる栽培方法を何というか。[　　　　　　　]

(10) 古くから伝わる技術をいかした地場産業のことをとくに何というか。[　　　　　　　]

A.(1)信濃川 (2)濃尾平野 (3)中央 (4)ニュータウン (5)世界遺産 (6)中央高地 (7)名古屋大都市圏 (8)中京工業地帯 (9)抑制栽培 (10)伝統産業

近畿地方，中部地方

1 近畿地方

右の地図を見て，次の各問いに答えなさい。（(6)10点，他6点×7）

(1) 地図中の経線 **X** は，日本標準時子午線（東経135度）である。この標準時子午線が通る兵庫県の **Y** の都市名を**漢字**で書きなさい。

［鹿児島県］

［　　　　　市］

(2) **よく出る!** 地図中の **Z** は，冬の日本海側の気候に影響を与える海流を表している。この海流名を書きなさい。［青森県］　［　　　　　　］

アドバイス ☞ 日本周辺を流れる4つの海流名を思い出そう。

(3) **よく出る!** 次の文の **a** にあてはまる語句を書きなさい。また，**b** の〔　　〕からあてはまるものを一つ選びなさい。［熊本県・改］

> 地図中の◯で表した地域の海岸は，山地が海に沈み，入り組んだ海岸線が見られる。この特徴を持つ海岸を **a** という。この地域の海岸では，地形などをいかした b〔**ア** 真珠やタイ　**イ** 昆布やホタテ〕の養殖がさかんである。

a ［　　　　　］
b ［　　　］

(4) **ミス注意** 近畿地方の南部は，古くから林業がさかんであった。この地方で生産されている木材を，次の**ア〜エ**から一つ選びなさい。［青森県］

ア 屋久すぎ　　　**イ** 吉野すぎ
ウ 越後すぎ　　　**エ** 秋田すぎ

［　　　　　］

(5) **よく出る!** **資料Ⅰ** は，**地図**中の和歌山県で生産がさかんなある果実の都道府県別の生産割合を表したものである。この果実名を書きなさい。

［鹿児島県・改］

［　　　　　　　］

(6) 京都市の郊外や周辺地域では，賀茂なすや九条ねぎとよばれる京野菜が生産されている。東京や京都などの大都市から距離の近い地域に，野菜や生花などを生産する農業が多くみられる理由を，簡潔に書きなさい。［山口県・改］

［　　］

(7) **ミス注意** **資料Ⅱ** は，京都府，兵庫県，大阪府，奈良県の工業生産額，米生産額，畜産生産額，国宝・重要文化財の指定件数（建造物）を表している。兵庫県を表しているものを，**資料Ⅱ**中の**ア〜エ**から一つ選びなさい。［青森県・改］

［　　　　　］

地図

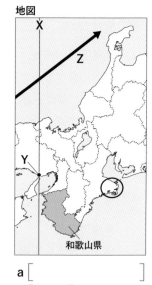

和歌山県

資料Ⅰ （2019年）

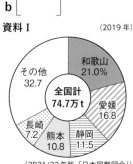

全国計 74.7万 t

和歌山 21.0%
愛媛 16.8
静岡 11.5
熊本 10.8
長崎 7.2
その他 32.7

（2021/22年版「日本国勢図会」）

資料Ⅱ

	工業生産額（億円）（2018年）	米生産額（億円）（2018年）	畜産生産額（億円）（2018年）	国宝・重要文化財の指定件数（建造物）（2021年）
ア	166391	479	604	120
イ	59924	174	144	350
ウ	21998	111	62	328
エ	179052	73	20	106

（2021年版「データでみる県勢」ほか）

| 時間： | 30 分 | 配点： | 100 点 | 目標： | 80 点 |

| 解答： | 別冊 p.6 | 得点： | 点 |

2 　中部地方

右の地図を見て，次の各問いに答えなさい。 （(2), (3)各12点，他8点×3）

(1) 地図中の〇で表した区域には，飛驒山脈，木曽山脈，□□□山脈からなる日本アルプスがある。□□□にあてはまる山脈名を書きなさい。［愛媛県］

[　　　　　　山脈]

地図

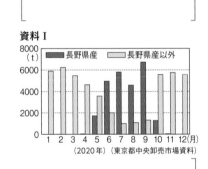

(2) **よく出る!** 次の文は，北陸地方の農家の副業について述べたものである。文中の□□□に当てはまる内容を，北陸地方を含む日本海側の気候の特徴にふれて，「**農作業**」という語句を用いて，簡潔に書きなさい。［大阪府］

　北陸地方では，冬に北西から吹く季節風の影響により，□□□□□ため，農家の副業がさかんに行われたことが，伝統産業や地場産業の発達の一因となった。

[　　　　　　　　　　　　　　]

(3) **ミス注意** 資料Ⅰは，東京都中央卸売市場における長野県産レタスと長野県産以外のレタスの月別取扱量を表している。資料Ⅰから，長野県産レタスの取扱量が夏季に多いことがわかる。長野県で夏季にレタス栽培がさかんに行われている理由を，生産地の自然環境に着目して，簡潔に書きなさい。［長崎県・改］

資料Ⅰ

■ 長野県産　□ 長野県産以外
（t）8000／6000／4000／2000／0
1 2 3 4 5 6 7 8 9 10 11 12（月）
（2020年）（東京都中央卸売市場資料）

[

(4) 静岡県，愛知県，岐阜県および三重県の工業について，次の**A～D**の文中の**a～d**には，下の**ア～エ**のいずれかが当てはまる。これらのうち，**b**に当てはまるものを一つ選びなさい。［千葉県］

A	豊田市周辺では，関連工場が集まり，地域全体で **a** の生産が行われている。
B	陶磁器の生産地である多治見市周辺では，**b** の生産もさかんである。
C	富士市周辺では，富士山麓の豊かな水を利用し，**c** の生産がさかんである。
D	四日市市周辺には，工業製品の原材料を生産する **d** などが集まっている。

ア 石油化学コンビナート　　**イ** 自動車
ウ ファインセラミックス　　**エ** 紙製品やパルプ

[　　　]

(5) **ミス注意** 資料Ⅱは，新潟県，富山県，長野県，静岡県，愛知県にある観光レクリエーション施設数と，県庁所在地から東京まで移動する際の所要時間を表したものである。新潟県を表しているものを，資料Ⅱ中の**ア～オ**から一つ選びなさい。［岡山県・改］

資料Ⅱ

	キャンプ場	スキー場	海水浴場	県庁所在地から東京までの所要時間
ア	75	29	54	約100分
イ	151	73	—	約90分
ウ	61	2	56	約60分
エ	21	1	22	約100分
オ	32	8	10	約130分

（注）—は皆無なことを示している。所要時間は，県庁所在地の新幹線停車駅から東京駅までの新幹線のおおよその時間。施設数は2019年4月末時点。所要時間は2021年5月末時点。　（2021年版「データでみる県勢」ほか）

[　　　]

PART 10 関東地方, 東北地方, 北海道地方

必ず出る！要点整理

関東地方

❶ 自然環境

(1) **地形**…関東平野→**関東ローム**が覆う。流域面積が最大の**利根川**。

(2) **気候**…大部分は太平洋側の気候，北関東は冬に**からっ風**が吹く。
都市部で**ヒートアイランド現象**。**小笠原諸島**は年中温暖な気候。
▶都市部の気温が周辺地域よりも高くなる ▶東京都に属する世界遺産（自然遺産）

❷ 東京大都市圏，産業

(1) **首都・東京**…政治・経済・文化・情報の中心地。**一極集中**が進む。
金融・貿易などの**世界都市**としての役割，在留外国人も多い。

(2) **交通網の拠点**…**成田国際空港**，東京国際空港，横浜港など。
▶羽田空港

(3) **東京大都市圏**…日本の人口の約4分の1が集中。

重要！

●**都心・副都心**…オフィス街や商業地区が集中。周辺の県から
通勤・通学者が集まる→**昼間人口が多く，夜間人口は少ない**。

●**都市問題**…過密の問題。通勤・通学ラッシュ。都市型の水害。
ニュータウンの住民の高齢化，建物の老朽化。
▶集中豪雨で浸水被害

●**都市機能の分散**…都心の**再開発**，筑波研究学園都市，新都心の
開発→横浜の「みなとみらい21」地区。

(4) **農業**…**近郊農業**→大消費地向けに新鮮な野菜を出荷。**抑制栽培**→
▶輸送時間や費用を抑えられる
群馬県の嬬恋村などで**高原野菜**の栽培。

(5) **工業**…高速道路網の整備とともに，臨海部から内陸部へ工場移転
が進む。
●**京浜工業地帯**…機械工業。情報が集まる東京は**印刷業**がさかん。
●**京葉工業地域**…鉄鋼業と石油化学工業。
●**北関東工業地域**…電気機械や自動車の組み立て工場が進出。
▶群馬県大泉町には日系ブラジル人が多い

用語

関東ローム

箱根山や富士山などの火山の噴火による火山灰が堆積した赤土。

くわしく！
東京23区への通勤・通学者

埼玉県 83.9万人
茨城県 6.4万人
東京23区外 55.2万人
千葉県 69.6万人
神奈川県 91.3万人

(2015年)（「国勢調査報告」平成27年）

よく出る！
首都圏外郭放水路

(Cynet Photo)

都市の地下には，集中豪雨や洪水時の雨水を一時的に貯める地下調整池や放水路が建設されている。

基礎力チェック問題

(1) 関東平野に広がる火山灰が堆積した赤土を何というか。　［　　　　　］

(2) 東京都は，周辺の県と比べて［昼間　　夜間］人口が多い。　［　　　　　］

(3) 近くの大消費地向けに新鮮な野菜や花を出荷する農業を何というか。　［　　　　　］

(4) 東京都は，情報が集まることから［化学工業　　印刷業］がさかんである。　［　　　　　］

(5) 群馬県や栃木県の内陸部に形成された工業地域を何というか。　［　　　　　］

関東地方の，人口の集中による生活や産業の影響に着目！
東北地方と北海道地方は，自然環境や農業を押さえよう！

地理

東北地方，北海道地方

❶ 東北地方の自然と産業

⑴ **地形**…中央に**奥羽山脈**，**三陸海岸**南部に**リアス海岸**。

⑵ **気候**…太平洋側→**やませ**が吹くと冷害。日本海側→冬に雪が多い。
　　　　　　　　◉冷たい北東風

⑶ **伝統・文化**…農業と関わりの深い行事。**東北三大祭り**。
　　　　　　　　　　　　　◉青森ねぶた祭，秋田竿燈まつり，仙台七夕まつり

⑷ **仙台市**…東北地方の中心的な役割を担う**政令指定都市**。

⑸ **農業**…稲作→日本の穀倉地帯。**銘柄米**の開発。果樹栽培→**津軽平野**でりんご，**山形盆地**でさくらんぼ，**福島盆地**でももの栽培。

⑹ **水産業**…三陸沖の**潮境（潮目）**は好漁場。三陸海岸で**養殖業**。
　　　　　　　　　　　　　　　　　　　　　　　　　◉わかめ，かき

⑺ **伝統産業**…伝統的工芸品→山形県の天童将棋駒，岩手県の南部鉄器など。現代風のデザインや生活に合った製品づくりの工夫。

⑻ **工業**…高速道路沿いに**工業団地**→電子部品や自動車部品の工場。

❷ 北海道地方の自然と産業

⑴ **気候**…**冷帯（亜寒帯）**。太平洋側で夏に**濃霧**。オホーツク海に**流氷**。

⑵ **歩み**…先住民族の**アイヌの人々**。明治時代に**開拓使**を設置。

⑶ **札幌市**…開拓の中心地で碁盤の目のような街路。**地方中枢都市**。

重要！
⑷ **農業**…稲作→**石狩平野**。畑作→**十勝平野**。酪農→**根釧台地**。

⑸ **漁業**…北洋漁業は**排他的経済水域**の設定以降は衰退。持続可能な漁業を目指し「育てる漁業」の**栽培漁業**や**養殖業**へ転換。

⑹ **工業**…地元でとれた農作物を加工する**食料品工業**，製紙・パルプ工業。

⑺ **観光業と環境保全**…自然環境が貴重な**観光資源**となり，近年はスキーなどを楽しむために外国人観光客が増加。
　　　◉日本と季節が逆の，オーストラリアからの観光客に人気
　●**エコツーリズム**…自然との関わりを学びながら観光も楽しむ。
　　　◉エコツアーともいう。知床では，高架木道を設置

▲ 東北地方，北海道地方の地形

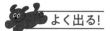　**よく出る！**

主な果物の生産量の割合

りんご　計70.2万t（2019年）

| 青森 58.4% | 長野 18.2 | 岩手 6.5 | 山形 5.8 | 福島 3.3 | その他 7.8 |

さくらんぼ　計1.6万t（2019年）

| 山形 73.9% | 北海道 9.3 | その他 16.8 |

（2021/22年版「日本国勢図会」）

　くわしく！

石狩平野の土地改良

石狩平野は農業に不向きな土地であったが，ほかの場所から土を運びこむ**客土**により，稲作がさかんな地域になった。

解答はページ下　✏

⑹ 東北地方の太平洋側に夏に吹く冷たい北東風を何というか。　［　　　　　　　］

⑺ 三陸沖にある寒流と暖流がぶつかる海域を何というか。　［　　　　　　　］

⑻ 南部鉄器は，国の［世界遺産　　伝統的工芸品］に指定されている。　［　　　　　　　］

⑼ 昔から北海道で暮らしてきた先住の民族を何というか。　［　　　　　　　］

⑽ 客土による土地改良で稲作地域になった，北海道西部の平野はどこか。　［　　　　　　　］

Ａ。⑴自動車工業　⑵濃霧　⑶養殖業　⑷政令指定都市　⑸北関東工業地域　⑹やませ　⑺潮境（潮目）　⑻伝統的工芸品　⑼アイヌの人々　⑽石狩平野

45

PART
10 関東地方, 東北地方, 北海道地方

---

1 関東地方

次の各問いに答えなさい。（10点×4）

(1) 次の文の〔　　　〕から当てはまるものを一つ選びなさい。[大阪府・改]

> 関東地方には, 関東ロームと呼ばれる赤土に覆われた台地が広がっており, 農地は主に〔**ア** 田　**イ** 畑〕として利用されてきた。
>
> 〔　　　〕

(2) 次の文は, **資料Ⅰ**の施設の目的について述べたものである。文中の ［　　　　　］ に当てはまる内容を, 施設の役割にふれて, 簡潔に書きなさい。[群馬県]

資料Ⅰ　渋谷駅東口地下の施設

（時事）

> 都心部の地面は, アスファルトやコンクリートで覆われた部分が多く, 雨水がしみこみにくいため, 大雨が降ったときに浸水による被害が生じることがある。この施設は, こうした被害を防ぐために, 一時的に ［　　　　　］ という役割を持っている。

〔　　　　　　　　　　　　　　　　　　　　　　　　　　　　　　〕

(アドバイス) ☞ 近年, 短時間で豪雨となる局地的大雨が多発している。

(3) **資料Ⅱ**は関東地方の6県から東京都へ通勤・通学する人口, **資料Ⅲ**は関東地方の6県の人口を表したものである。**資料Ⅱ, Ⅲ**から読み取れることとして**誤っているもの**を, 次の**ア〜エ**から一つ選びなさい。[香川県]

資料Ⅱ

1.4万人　1.7万人
93.6万人　6.7万人
106.9万人　71.7万人

資料Ⅲ

県名	人口（万人）
茨城	292
栃木	197
群馬	197
埼玉	727
千葉	622
神奈川	913

資料Ⅱ, Ⅲともに2015年
（総務省資料）

ア 神奈川県から東京都へ通勤・通学する人口は, 埼玉県から東京都へ通勤・通学する人口より多い。

イ 千葉県から東京都へ通勤・通学する人口が, 千葉県の人口に占める割合は10%以上である。

ウ 茨城県, 埼玉県, 神奈川県のうち, 各県の人口に占める東京都へ通勤・通学する人口の割合が最も高いのは, 神奈川県である。

エ 埼玉県, 千葉県, 神奈川県のうち東京都へ通勤・通学する人口の合計は, 茨城県, 栃木県, 群馬県から東京都へ通勤・通学する人口の合計の20倍以上である。

〔　　　〕

(4) **資料Ⅳ**は, 自動車工業がさかんな群馬県太田市の位置と関東地方の高速道路網の一部を表したものである。太田市が位置する北関東には, 内陸型の工業地域が形成されている。この地域において工業が発達している理由を, 高速道路網との関係に着目して,「製品」の語句を用いて, 簡潔に書きなさい。[奈良県]

資料Ⅳ

太田市

━━ 高速道路

〔　　　　　　　　　　　　　　　　　　　　　　　　　　　　　　〕

2 　東北地方，北海道地方

右の地図を見て，次の各問いに答えなさい。 (10点×6)

地図

（よく出る！）(1) 次の文中の **A・B** に当てはまる語句を，それぞれ書きなさい。[北海道]

> 　東北地方には，**地図**中の **X** で示される 　**A**　 山脈がある。この山脈を境とする太平洋側は，日本海側に比べ年間を通じて降水量が少なく，夏になると親潮（おやしお）の影響（えいきょう）を受けて 　**B**　 と呼ばれる冷たい北東からの風が吹（ふ）くことがある。

A [　　　　　　　　　]　　B [　　　　　　　　　]

（ミス注意）(2) **地図**中の東北地方の **Y** 県の伝統的工芸品を，次の**ア～エ**から一つ選びなさい。[高知県]

　ア 南部鉄器（なんぶてっき）　　**イ** 会津塗（あいづぬり）
　ウ 天童将棋駒（てんどうしょうぎこま）　　**エ** 津軽塗（つがるぬり）　　[　　　　]

（ハイレベル）(3) **資料Ⅰ**は，**地図**中の知床半島（しれとこ）の高架木道（こうか）を表している。これは，自然環境（かんきょう）を維持（いじ）しながら雄大（ゆうだい）な自然を体験するために設置された。このように自然環境や歴史，文化などを観光資源とし，その観光資源を損（そこ）なうことなく，体験したり学んだりする観光の在り方を何というか，**カタカナ7字**で書きなさい。[青森県]　[　　　　　　]

資料Ⅰ

(ピクスタ)

（ミス注意）(4) **資料Ⅱ**は，東北地方の農業について，各県の面積と耕地面積についてまとめたものである。**Z** に当てはまるものを，次の**ア～エ**から一つ選びなさい。[香川県]

　ア 県の面積に占める耕地面積の割合
　イ 県の面積に占める田の面積の割合
　ウ 耕地面積に占める田の面積の割合
　エ 耕地面積に占める畑の面積の割合

資料Ⅱ

県名	県の面積 (km²)	耕地面積 (km²)	田の面積 (km²)	畑の面積 (km²)	**Z** (％)
青森	9646	1505	796	709	52.9
岩手	15275	1498	941	557	62.8
宮城	7282	1263	1044	219	82.7
秋田	11638	1471	1289	182	87.6
山形	9323	1173	926	248	78.9
福島	13784	1396	986	410	70.6

(2019年) (総務省資料ほか)

[　　　　]

（よく出る！）(5) **資料Ⅲ**は，畑作農家の一戸あたりの耕地面積について北海道と全国平均を表したものである。また，**資料Ⅳ**は，北海道の農作物の収穫の様子を表したものである。**資料Ⅲ，資料Ⅳ**からわかる北海道の畑作の特徴を，簡潔に書きなさい。[岩手県]

資料Ⅲ

（単位：万m²）

	0	5	10	15	20	25
北海道						
全国平均						

(2018年) (農林水産省資料ほか)

資料Ⅳ

(時事通信フォト)

[　　　　　　　　　　　　　　　　　　　　　　　　]

PART
1

文明のおこりと日本の成り立ち

必ず出る！要点整理

世界の古代文明と宗教

❶ 人類の出現

(1) **人類の出現**…アフリカに猿人→原人→**新人**。
 ○ ホモ・サピエンス

(2) **旧石器時代**…打製石器の使用，1万年ほど前まで続く。
 ○ ラスコー洞窟の壁画（フランス）

(3) 新石器時代…**農耕・牧畜**の開始，**磨製石器**や土器の使用。

❷ 古代文明のおこりと発展，三大宗教

重要！

(1) **文明の発生**…支配者の出現，**青銅器**や**鉄器**，文字の発明。

● **エジプト文明**…ナイル川。**太陽暦**，象形文字。

● **メソポタミア文明**…チグリス川・ユーフラテス川。**太陰暦**，**くさび形文字**，ハンムラビ法典。

● **インダス文明**…インダス川。インダス文字。

● **中国文明**…**黄河・長江**。殷（商）で甲骨文字。
 ホワンホー チャンチヤン

(2) **中国文明の発展**…**孔子**の教え→**儒学（儒教）**のもと。秦の始皇帝が中国統一，万里の長城を整備。

● **シルクロード**…絹の道。西方へ絹織物，中国へ馬やぶどう。

(3) **ギリシャ・ローマの文明**

● **ギリシャ**…都市国家（ポリス），アテネで**民主政**。

● **ヘレニズム**…**アレクサンドロス大王**の東方遠征→文化の融合。

● **ローマ帝国**…**共和政**から**帝政**。法律，土木・建築などの文化。

(4) **三大宗教**…現在も世界で多くの人々に信仰されている。

● **仏教**…**シャカ（釈迦）**。東南アジア，中国，朝鮮，日本へ。

● **キリスト教**…**イエス**。ヨーロッパで広く信仰→世界へ。

● **イスラム教**…**ムハンマド**。西アジア，北アフリカに広まる。
 ○ 聖典「コーラン」

くわしく！

旧石器時代と新石器時代

	旧石器時代	新石器時代
道具	打製石器	打製石器・磨製石器，土器の使用
生活	狩り・採集	農耕・牧畜

土器は，食物の煮炊き，保存に使われた。

よく出る！

古代文明の発生地域

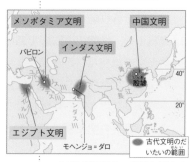

気候が温暖で，農耕に適した大河の流域で発生。

年代	国（王朝）
紀元前1600年ごろ	殷（商）
紀元前1100年ごろ	周
紀元前8世紀ごろ	東周 春秋
紀元前3世紀ごろ	戦国
紀元前221年〜	秦
紀元前202年〜	漢 前漢
1〜2世紀ごろ	後漢

▲ 中国の国（王朝）の流れ

基礎力
チェック
問題

(1) 旧石器時代に使われていた，石を打ち欠いた石器を何というか。 ［　　　　　　　］

(2) チグリス川とユーフラテス川流域に栄えた古代文明を何というか。 ［　　　　　　　］

(3) 中国の殷（商）の時代につくられ，漢字のもとになった文字を何というか。 ［　　　　　　　］

(4) ギリシャのアテネやスパルタなどの都市国家をカタカナで何というか。 ［　　　　　　　］

(5) 紀元前後に現れ，キリスト教を説いた人物は誰か。 ［　　　　　　　］

POINT ☞ 古代文明の発生地域と使われた文字は要チェック!
中国や朝鮮半島との交流から日本の古代の流れを確認!

日本の成り立ちと大陸との交流

❶ 旧石器時代～縄文時代の暮らし

(1) **日本の旧石器時代**…1万年前に氷期が終わり，日本列島が形成。
   ●**暮らし**…打製石器を使い，狩りや採集。<u>岩宿遺跡</u>。
   　　　　　　　　　　　　　　　　　　◐ 群馬県，打製石器の発見

(2) **縄文時代**…約1万数千年前から紀元前4世紀ごろまで。
   ●**暮らし**…たて穴住居，縄文土器，磨製石器。狩り・採集・漁の
   生活→貝塚から当時の生活。<u>三内丸山遺跡</u>。
   　　　　　　　　　　◐ 青森県，世界遺産（文化遺産）「北海道・北東北の縄文遺跡群」
   ●**信仰と風習**…土偶で豊かな実りを祈る。屈葬，抜歯の習慣。

❷ 弥生時代の暮らしと邪馬台国

(1) **弥生時代**…紀元前4世紀ごろから3世紀ごろまで。
   ●**稲作の始まり**…石包丁で摘み取り，<u>高床倉庫</u>に保管。
   ●**道具**…弥生土器。金属器の青銅器や鉄器が伝わる。
   　　　　　　　　　　◐ 銅鐸など，祭りの宝物に使用

(2) **国々の成立**…<u>吉野ヶ里遺跡</u>など。57年，倭の奴国の王が漢（後漢）
   　　　　　　　　◐ 佐賀県
   の皇帝から金印を授けられたことが『後漢書』に記されている。

重要! (3) **邪馬台国**…「魏志」倭人伝に記述。女王<u>卑弥呼</u>が治め，239年
   に魏に朝貢して，「親魏倭王」の称号と金印などを授けられた。

❸ 大王の時代

(1) **大和政権**…大王を中心とする近畿地方の豪族の連合政権。
(2) **古墳時代の文化**…<u>前方後円墳</u>などの古墳，周りに埴輪，副葬品。
(3) **朝鮮・中国との関係**…朝鮮→高句麗・新羅・百済が対立。大和政権
   は伽耶地域(任那)に勢力を伸ばす。中国→倭の五王が南朝に使者。
   　　　　　　　　　　　　　　　◐ 大王の地位と朝鮮半島南部の指揮権を認めてもらうため
   ●**渡来人**…**漢字**，儒学，須恵器の技術，土木，仏教などを伝える。

よく出る!
土偶　(ColBase)

世紀	できごと
1	倭の奴国王が後漢に使者
3	邪馬台国の卑弥呼が魏に使者
4	大和政権の成立
5	倭の五王が南朝に使者
6	仏教が伝わる

▲ 弥生時代～古墳時代の流れ

用語

朝貢

中国の周辺国が，中国の皇帝に貢ぎ物をおくる代わりに，その国の支配者としての地位を認めてもらうこと。

よく出る!
大仙（大山）古墳

（学研写真資料）

解答はページ下 ✎

(6) 青森県の［三内丸山　吉野ヶ里］遺跡は，縄文時代の代表的な遺跡である。　［　　　　　　］
(7) 魏に使いを送った邪馬台国の女王は誰か。　［　　　　　　］
(8) 大和政権の王は何と呼ばれたか。　［　　　　　　］
(9) 大仙（大山）古墳のような古墳の形式を何というか。　［　　　　　　］
(10) 古墳の周りには［土偶　埴輪］と呼ばれる土製品が置かれた。　［　　　　　　］

PART
1

文明のおこりと日本の成り立ち

1 古代文明

次の各問いに答えなさい。(7点×4)

よく出る! (1) 古代文明について，**資料**中の**A〜D**と古代文明の名称の組み合わせとして正しいものを，次の**ア〜エ**から一つ選びなさい。[沖縄県]

資料

ア A−メソポタミア B−エジプト
C−インダス D−中国

イ A−インダス B−エジプト
C−中国 D−メソポタミア

ウ A−エジプト B−メソポタミア C−インダス D−中国

エ A−エジプト B−メソポタミア C−中国 D−インダス [ ]

ミス注意 (2) メソポタミア文明で発明された文字と暦の組み合わせとして正しいものを，次の**ア〜エ**から一つ選びなさい。[徳島県]

ア くさび形文字，太陰暦 イ くさび形文字，太陽暦

ウ 甲骨文字，太陰暦 エ 甲骨文字，太陽暦 [ ]

(3) ローマ帝国について述べた文として正しいものを，次の**ア〜エ**から一つ選びなさい。[島根県・改]

ア はじめはキリスト教を迫害したが，のちに国の宗教とした。

イ 東方との交流があり，中国へ絹を運ぶシルクロードを整備した。

ウ 都市国家が形成され，男性の市民による民主政が行われた。

エ ギリシャやインドの影響を受けて，数学や天文学が発展した。 [ ]

(4) 紀元前3世紀に，中国を統一し，初めて「皇帝」という呼び名を使った国の名を書きなさい。

[北海道] [ ]

2 日本の始まり

次の各問いに答えなさい。(8点×3)

(1) 群馬県の岩宿遺跡から発見されたものによって，日本で存在が明らかになった時代を何というか，書きなさい。[和歌山県・改] [ ]

(2) **資料**について，縄文時代の遺跡からは，このように，土でつくられ，人形にかたどられたものが発掘されている。これを何というか，書きなさい。[長崎県]

資料

(個人蔵 / 東京国立博物館蔵 / Image：TNM Image Archives)

[ ]

(3) 縄文時代には，木の実などの食料の煮炊きや保存のために，土器がつくられるようになった。このころとほぼ同じころに使われるようになった道具を，次の**ア〜エ**から一つ選びなさい。[徳島県]

ア 打製石器 イ 磨製石器 ウ 青銅器 エ 鉄器 [ ]

3　日本の成り立ち

次の各問いに答えなさい。 (8点×6)

(1) 奴国の王が漢に使いを送ったころに最も近い時期の日本の様子について述べた文として正しいものを，次の**ア〜エ**から一つ選びなさい。[神奈川県・改]

ア ユーラシア大陸から移り住んだ人々が，打製石器を使って大型動物をとらえていた。

イ 食料の煮炊きのために，表面に縄目の文様がつけられた土器が使われるようになった。

ウ 稲作が西日本から東日本へ広まり，むらとむらのあいだで土地や水の利用をめぐる争いが始まった。

エ 班田収授が行われ，6歳以上の人々に口分田が与えられた。　　　　　[　　　]

(2) 「魏志」倭人伝には，**資料Ⅰ**のように，ある国の卑弥呼が倭の女王となったことも示されている。このある国を何というか，書きなさい。[徳島県]

[　　　]

資料Ⅰ

> 倭では，もともと男性の王が治めていたが，国が乱れ，争いが何年も続いた。人々は，一人の女性を王とした。

(「魏志」倭人伝)

(3) 日本における金属の利用に関わることがらについて，次の各問いに答えなさい。[大阪府・改]

① 次の文は，青銅器について述べたものである。文中の**X・Y**に当てはまる語句の組み合わせとして正しいものを，下の**ア〜エ**から一つ選びなさい。

資料Ⅱ

(ColBase)

> **資料Ⅱ**は，　**X**　の写真である。　**X**　などの青銅器は，主に　**Y**　時代に，祭礼の道具として用いられたと考えられる。

ア **X**−銅鏡　**Y**−縄文　　　**イ** **X**−銅鏡　**Y**−弥生
ウ **X**−銅鐸　**Y**−縄文　　　**エ** **X**−銅鐸　**Y**−弥生　　　[　　　]

② **資料Ⅲ**は，漢字が刻まれた鉄剣の写真である。次の文は，この鉄剣について述べたものである。文中の**ⓐ**に当てはまるものを一つ選びなさい。また，文中の**ⓑ**に当てはまる語句を，**漢字2字**で書きなさい。

> **資料Ⅲ**の鉄剣は，**ⓐ**〔**ア** 青森　**イ** 埼玉　**ウ** 熊本〕県にある稲荷山古墳で出土した鉄剣である。**資料Ⅲ**中の◯で示した部分には「獲加多支鹵　**ⓑ**　」という漢字が刻まれており，**ⓑ**は大和政権（ヤマト王権）における最高権力者の称号である。

資料Ⅲ

(国)文化庁保管／写真提供：埼玉県立さきたま史跡の博物館

獲加多支鹵　ⓑ

ⓐ[　　　] ⓑ[　　　　　]

(4) 古墳がさかんにつくられていたころ，朝鮮半島から移り住み，さまざまな技術を日本にもたらした人々がいた。これらの人々を何というか，書きなさい。[和歌山県]　　　[　　　]

アドバイス ☞ 日本列島に渡ってきた人々を意味する語。

PART

2 古代国家の歩み

必ず出る！ 要点整理

飛鳥時代～奈良時代

❶ 聖徳太子の政治改革から律令国家への道

(1) **聖徳太子（厩戸皇子）と蘇我氏**…大王（天皇）中心の政治を目指す。
　　　　　　　　　　　▶蘇我馬子
　　●**政策**…冠位十二階，**十七条の憲法**，遣隋使の派遣，仏教重視。
　　　　　　　　　　　　　　▶役人の心構え
　　●**飛鳥文化**…日本初の仏教文化。**法隆寺**，釈迦三尊像。

【重要！】(2) **大化の改新**…645年，**中大兄皇子・中臣鎌足**らが蘇我氏をたおす。
　　　　　　　　　　　　　　　　　　　　▶後の藤原鎌足
　　●**公地・公民**…土地と人々を国家が直接支配する。
　　●**朝鮮半島の動き**…日本は**白村江の戦い**で大敗→**新羅**が統一。

(3) **改新政治の進展**…**天智天皇**→**壬申の乱**→**天武天皇**，持統天皇。

❷ 平城京と人々の暮らし，天平文化

(1) **律令国家の成立**…701年，**唐**の律令にならって**大宝律令**を制定。
　　●**しくみ**…中央に太政官や八省，地方に国司を派遣。九州に**大宰府**。

(2) **平城京**…710年，唐の**長安**にならって**奈良**に都をつくる→以降の
　　80年あまり，**奈良時代**。都の東西の市では**和同開珎**を使用。

(3) **人々の負担**…班田収授法の実施→**口分田**を与える。
　　●**負担**…租，調，庸，雑徭，兵役（**防人**など），出挙。
　　　　　　　　　　　　　　　▶九州北部の防衛

(4) **公地・公民の崩れ**…開墾の奨励→**墾田永年私財法**→**荘園**の発生。

【重要！】(5) **聖武天皇の政治**…仏教の力で国家を守ろうと考え，都に**東大寺**と**大仏**をつくり，国ごとに**国分寺**と**国分尼寺**を建てた。
　　　　▶行基が活躍

(6) **天平文化**…遣唐使がもたらした国際的な文化。
　　●**建築・工芸**…**正倉院**と宝物，唐招提寺→唐の僧の**鑑真**。
　　●**書物**…歴史書の『**古事記**』・『**日本書紀**』。和歌集の『**万葉集**』。

年代	できごと
607	小野妹子を隋に派遣
645	大化の改新
663	白村江の戦い
672	壬申の乱
701	大宝律令
710	平城京に都を移す
743	墾田永年私財法

▲ 飛鳥時代～奈良時代の流れ

▲ 新羅の朝鮮半島統一

よく出る！

奈良時代の人々の負担

租	収穫量の約3％の稲
調	特産物（絹など）
庸	都での労役の代わりに布を納める

正倉院 （正倉院正倉）

5絃の琵琶やガラス製のコップなどが納められていた。

Q. 基礎力チェック問題

(1) 607年，［小野妹子　中臣鎌足］が遣隋使として派遣された。　　　［　　　　　］

(2) 中大兄皇子は，即位して［天武　天智］天皇になった。　　　　　　［　　　　　］

(3) 710年，奈良につくられた都を何というか。　　　　　　　　　　　［　　　　　］

(4) 6歳以上の人々に口分田を与え，死ぬと国に返させた制度を何というか。　［　　　　　］

(5) 約4500首の歌を収めた，日本で最初の和歌集を何というか。　　　　［　　　　　］

POINT 👉 天皇中心の国家体制から摂関政治までを押さえよう！
飛鳥文化・天平文化・国風文化の特色を整理しよう！

歴史

年代	できごと
794	平安京に都を移す
802	坂上田村麻呂が胆沢城を築く
894	遣唐使派遣の停止が提案される
1016	藤原道長が摂政となる

▲ 平安時代の流れ

平安時代

❶ 平安京

(1) 平安京…794 年，**桓武天皇**が**京都に都を移す**→以後，**平安時代**。

　●**律令政治の再建**…国司の監督強化，兵役の負担軽減など。

　●**東北地方への進出**…**蝦夷**と呼ばれる人々が朝廷に抵抗→**坂上田村麻呂**を征夷大将軍に任命，アテルイを降伏させる。

(2) **新しい仏教**…山奥の寺で修行→**最澄**が**天台宗**，**空海**が**真言宗**。

(3) **東アジアの変化**…9 世紀，国内の混乱から，唐の勢いが衰える。

　●**遣唐使の停止**…894 年，**菅原道真**は，航海の危険や唐の衰えを理由に，遣唐使派遣の停止を訴える→以降，派遣されなくなった。

❷ 摂関政治と国風文化

(1) **藤原氏の台頭**…9 世紀ごろから，有力貴族を退けて勢力を伸ばす。
　◯中臣鎌足の子孫
　娘を天皇のきさきにして，その子を次の天皇に立て実権を握る。

重要！

(2) **摂関政治**…藤原氏が，天皇が幼いときには**摂政**，成人してからは**関白**として天皇を補佐。**藤原道長**・**頼通**父子のときが全盛期。

(3) **地方政治の変化**…班田収授法が行われなくなり，新しい徴税のしくみになった。国司の権限が強まり，地方政治が乱れていった。
　◯田の面積に応じて課税

(4) **国風文化**…日本の風土や生活に合った貴族の文化。

　●**建築・絵画**…貴族の邸宅→**寝殿造**。**大和絵**が発達→絵巻物。

　●**文学**…仮名文字の使用→自由に感情を書き表せる。**紫式部**の『**源氏物語**』，清少納言の『**枕草子**』，『**古今和歌集**』。

(5) **浄土信仰**…阿弥陀仏にすがり，死後に極楽浄土に生まれ変わることを願う。阿弥陀堂→**平等院鳳凰堂**，**中尊寺金色堂**。
　◯岩手県平泉町

くわしく！

平安時代初期の仏教

	天台宗	真言宗
人物	最澄	空海
寺院	比叡山延暦寺	高野山金剛峯寺

よく出る！

藤原道長の系図と栄華をうたった歌

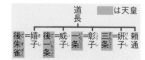

この世をばわが世とぞ思う
望月の欠けたることもなし
と思えば

平等院鳳凰堂 （平等院）

藤原頼通が宇治（京都府）に建てた。

解答はページ下

(6) 794 年，[聖武　桓武] 天皇は京都に都を移した。　　　　　[　　　　　]

(7) 9 世紀初め，[最澄　空海] は天台宗を伝えた。　　　　　　[　　　　　]

(8) 藤原氏が就いた，成人した天皇を補佐する職を何というか。　[　　　　　]

(9) 平安時代は，貴族の文化である [天平　国風] 文化が栄えた。[　　　　　]

(10) 天皇のきさきに仕え，長編小説の『源氏物語』を書いたのは誰か。[　　　　　]

Ａ。(1)小野妹子 (2)天智天皇 (3)聖徳太子 (4)班田収授法 (5)万葉集 (6)桓武 (7)最澄 (8)関白 (9)国風 (10)紫式部

53

PART **2** 古代国家の歩み

1 飛鳥時代

次の各問いに答えなさい。（7点×3）

よく出る！ (1) **資料**は，聖徳太子が定めたきまりの一部である。このきまりは，誰の心構えとして示されたものか，次の**ア～エ**から一つ選びなさい。［奈良県］

ア 民衆　　イ 天皇
ウ 役人　　エ 僧

[　　　]

資料

二に曰く，あつく三宝を敬え。三宝とは仏・法・僧なり。
三に曰く，詔を承りては，必ず謹め。

(2) 百済を復興するため大軍を送った日本が，朝鮮半島で唐と新羅の連合軍に敗れた戦いを何というか，次の**ア～エ**から一つ選びなさい。［三重県］

ア 白村江の戦い　　イ 壇ノ浦の戦い　　ウ 桶狭間の戦い　　エ 長篠の戦い

[　　　]

ミス注意 (3) 次の文中の**X**に当てはまる人物名を書きなさい。［21・埼玉県］

壬申の乱に勝って即位した　**X**　天皇は，強力な支配のしくみをつくり上げていった。日本で最初の銅の貨幣である富本銭は，　**X**　天皇のころにつくられた。

[　　　]

2 奈良時代

次の各問いに答えなさい。（(4)9点，他8点×3）

よく出る！ (1) 701年に，唐の制度にならってつくられた律令を何というか，書きなさい。［山口県］

[　　　]

(2) (1)の制定後，律令国家の新たな都として奈良につくられた都を何というか，書きなさい。［静岡県］

[　　　]

よく出る！ (3) **資料I**は，奈良時代の税制度についてまとめたものである。**資料I**中の**a～c**に当てはまる語句の組み合わせとして正しいものを，次の**ア～エ**から一つ選びなさい。［高知県］

[　　　]

ア　a－地方の特産物　　　b－稲の収穫量の約3％　　c－麻の布
イ　a－稲の収穫量の約3％　b－地方の特産物　　　c－麻の布
ウ　a－稲の収穫量の約3％　b－麻の布　　　　　　c－地方の特産物
エ　a－麻の布　　　　　　b－地方の特産物　　　c－稲の収穫量の約3％

資料I

種類	負担の主な内容
租	a
調	b
庸	c

よく出る！ (4) 8世紀，伝染病が流行し，多くの死者が出た後，聖武天皇は，国ごとに国分寺や国分尼寺を建て，大仏をつくらせるなどしたが，それはなぜか。**聖武天皇の視点から**，解答欄に合わせて文を完成させなさい。［沖縄県］

[仏教　　　　　　　国家を　　　　　　　　　　　　　　　　　]

3　平安時代

次の各問いに答えなさい。（9点×2）

(1) 桓武天皇が行ったことについて述べた文を，次の**ア～エ**から一つ選びなさい。［香川県］
ミス注意

ア　和同開珎を発行した。

イ　口分田の不足に対応するため，墾田永年私財法を定めた。

ウ　都を平城京から長岡京に移した。

エ　菅原道真の提案により，遣唐使の派遣の停止を決定した。　　［　　　　］

(2) **資料**は，藤原氏と皇室の関係を示した系図の一部である。藤原道長は，
よく出る！
三条天皇を退位させ，まだ幼い後一条天皇を即位させた。藤原道長は，
まだ幼い後一条天皇を即位させることで，何という職に就こうとしたと
考えられるか。**資料**から読み取れる，藤原道長と後一条天皇の関係とあ
わせて，簡潔に書きなさい。［静岡県］

[　　　　　　　　　　　　　　　　　　　　　　　　　　]

資料

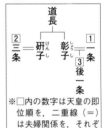

※□内の数字は天皇の即
位順を，二重線（＝）
は夫婦関係を，それぞ
れ表している。

（**アドバイス**）☞ 幼い天皇の政務を代行する職を何というか，思い出そう。

4　古代の文化

次の各問いに答えなさい。（7点×4）

(1) 8世紀には，遣唐使の派遣が行われ
よく出る！
た。**資料**は，正倉院と宝物である。
正倉院宝物の中には，西アジアやイ
ンドから唐にもたらされ，それを遣
唐使が持ち帰ったとみられるものが
多くある。この時代の国際色豊かな
文化を何文化というか，**漢字2字**で
書きなさい。［沖縄県・改］

資料

（正倉院正倉）

（正倉院宝物）

[　　　　　文化]

(2) (1)の時代につくられたものとして**誤っているもの**を，次の**ア～エ**から一つ選びなさい。

［香川県・改］

ア　『日本書紀』　　**イ**　『古事記』　　**ウ**　『風土記』　　**エ**　『方丈記』　　[　　　　]

(3) 空海は，9世紀の初めに唐から帰国した後，仏教の新しい宗派を広めた。この宗派を何という
ミス注意
か，次の**ア～エ**から一つ選びなさい。［山口県］

ア　真言宗　　**イ**　天台宗　　**ウ**　浄土宗　　**エ**　日蓮宗　　[　　　　]

(4) 平安時代の貴族たちによって，唐風の文化を日本の風土や生活に合わせようとする工夫がされ，
よく出る！
国風文化が発達した。この国風文化が栄えた時期に，『源氏物語』を著した人物は誰か，書き
なさい。［高知県］　　　　　　　　　　　　　　　　　　　　　[　　　　　　　　　]

PART 3 武家政治の始まり

必ず出る！要点整理

武士の台頭と鎌倉幕府

❶ 武士の登場と平氏政権

(1) **武士団**…武芸を身につけた武士が登場→**源氏**と**平氏**の武士団へ。
　●**地方武士の反乱**…平将門の乱，藤原純友の乱など。

(2) **院政**…1086 年，摂関政治を抑えて**白河上皇**が始める。

(3) **平清盛の政権**…保元の乱，平治の乱に勝利して，武士として初めて**太政大臣**になり，政治の実権を握る。**日宋貿易**を行う。
　◎娘の徳子を天皇のきさきにする　◎兵庫の港（大輪田泊）を整備，宋銭を輸入

(4) **源平の争乱**…源頼朝が挙兵，弟の義経の活躍。**壇ノ浦の戦い**。

❷ 鎌倉幕府の成立～モンゴルの襲来，鎌倉時代の文化

(1) **鎌倉幕府の成立**…源頼朝による武士の政権。
　●**御恩**…将軍が**御家人**を守護・地頭に任命。
　　　　　　　◎荘園・公領の管理，年貢の取り立て
　●**奉公**…御家人は将軍に忠誠を誓い，戦いでは命がけで戦う。

(2) **執権政治の確立**…北条氏が執権に就く→**承久の乱**→**六波羅探題**を設置→**北条泰時**が御成敗式目（貞永式目）を制定。

(3) **民衆の生活**…荘園領主と地頭の二重支配。**二毛作，定期市**。

重要！
(4) **モンゴルの襲来と鎌倉幕府の滅亡**
　●**元の襲来**…フビライ＝ハンからの服属要求を，**北条時宗**が無視。**文永の役，弘安の役（元寇）**→元の集団戦法や火器に苦戦。

　●**鎌倉幕府の滅亡**…元寇後，恩賞が不十分。**分割相続**で御家人の生活苦→**徳政令**。後醍醐天皇が倒幕の動き→ 1333 年に滅びる。
　◎領地が増えず分割相続が続くと，領地が小さくなる

(5) **鎌倉時代の文化**…武士の気風に合った写実的で力強い文化。**東大寺南大門**，運慶らの**金剛力士像**，軍記物の『**平家物語**』。
　◎琵琶法師（びわほうし）が語り広めた

(6) **新しい仏教**…武士や民衆にわかりやすく，信仰しやすい教え。

年代	できごと
1086	白河上皇の院政
1167	平清盛が太政大臣になる
1185	壇ノ浦の戦い
1192	源頼朝が征夷大将軍になる
1221	承久の乱
1232	御成敗式目（貞永式目）
1274 1281	元の襲来（元寇）

▲ 平安時代～鎌倉時代の流れ

よく出る！

鎌倉幕府のしくみ（承久の乱後）

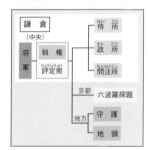

仏教の新しい宗派

開祖	宗派	
法然	浄土宗	念仏宗
親鸞	浄土真宗	
一遍	時宗	
日蓮	日蓮宗	
栄西	臨済宗	禅宗
道元	曹洞宗	

Q. 基礎力チェック問題

(1) ［平将門　平清盛］は，武士として初めて太政大臣に就いた。　[　　　　]

(2) 将軍の御恩に対して，御家人が命がけで戦うことを何というか。　[　　　　]

(3) 1221 年，後鳥羽上皇が鎌倉幕府に対して挙兵した乱を何というか。　[　　　　]

(4) 日本に軍を 2 度送った，元の皇帝は誰か。　[　　　　]

(5) 栄西や道元が開いた座禅によってさとりを開く宗派を何というか。　[　　　　]

POINT 👉 武士の政治の展開は背景と結果をつかんでおこう！
鎌倉・室町の文化は代表的な建築物を要チェック！

歴史

室町時代

❶ 南北朝の動乱と室町幕府

(1) **南北朝の動乱**…後醍醐天皇が**建武の新政**を始めるが，2 年ほどで
失敗→京都の**北朝**と吉野の**南朝**が約 60 年にわたって対立。

(2) **室町幕府の成立**…足利尊氏が京都に幕府を開く。第 3 代将軍**足利**
義満のときに，南北朝の統一が実現，全盛期となる。
▶京都の室町に御所を建てたことから，室町幕府と呼ばれる
●**幕府のしくみ**…将軍の補佐役の**管領**は，有力な**守護大名**が就く。

(3) **東アジアの情勢**…倭寇が密貿易や海賊行為。中国では**明**が建国。
朝鮮半島では**李成桂**が**朝鮮国**を建国。**琉球王国**。**蝦夷地**。
イ ソン ゲ

重要！ (4) **日明貿易（勘合貿易）**…足利義満は，**正式な貿易船に明から与**
えられた勘合を持たせ，朝貢の形で貿易を開始。
▶貢ぎ物を差し出す代わりに支配者の地位を認めてもらう
●**輸出入品**…刀剣や銅を輸出，明銭・生糸・絹織物などを輸入。

(5) **商業の発達**…定期市，**土倉・酒屋，座，問（問丸），馬借。**
▶商工業者の同業者組合，営業を独占

(6) **村の自治**…**惣（惣村）**の結成→寄合。**正長の土一揆。**

❷ 応仁の乱と戦国大名，室町時代の文化

(1) **応仁の乱**…**足利義政**のあとつぎ争いや守護大名の対立が原因→乱
の後，幕府は力を失う。**山城国一揆**，加賀の**一向一揆**。

(2) **戦国大名**…国を支配。**下剋上**の風潮。**分国法（家法），城下町**の形成。

(3) **室町時代の文化**…貴族と武士の文化が混じり合った文化。
●**北山文化**…**金閣**。観阿弥・世阿弥父子が**能（能楽）**を完成。
●**東山文化**…**銀閣**。**書院造**。**雪舟**が水墨画を完成。

(4) **文化の広がり**…都の文化が地方へ。民衆の文化・芸能→**連歌**，絵
入りの**御伽草子，狂言**，年中行事や盆踊り。**足利学校**。
▶栃木県，多くの人材が儒学を学ぶ

年代	できごと
1334	建武の新政
1338	足利尊氏が征夷大将軍になる
1392	南北朝の統一
1404	日明貿易の開始
1428	正長の土一揆
1467	応仁の乱

▲ 室町時代の流れ

よく出る！

室町幕府のしくみ

```
京都
（中央）
将軍 ─ 管領 ─┬ 侍 所
             ├ 政 所
             └ 問注所
          ─ 鎌倉 ─ 鎌倉府
       地方 ── 守護・地頭
```

金閣　　　　　　（絵・実田くら）

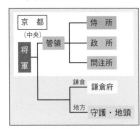

書院造（東求堂同仁斎）

（絵・ゼンジ）

解答はページ下

(6) 1338 年，[足利尊氏　足利義満]は京都に幕府を開いた。　　　　　[　　　　　]

(7) 日明貿易で，正式な貿易船であることを証明した書類を何というか。　[　　　　　]

(8) 寺社の保護を受け，営業を独占した商工業者の同業者組合を何というか。[　　　　　]

(9) 1467 年，将軍家のあとつぎ争いなどが原因で起こった戦乱を何というか。[　　　　　]

(10) 障子や畳などがある [寝殿造　書院造]は，現代の和風建築のもとになった。[　　　　　]

PART
3

武家政治の始まり

---

1 鎌倉時代

次の各問いに答えなさい。 ((1)⑥, (3), (4)各7点, 他6点×5)

よく出る！ **(1)** 次の文は，**資料Ⅰ**についてまとめたものである。ⓐに当てはまるものを一つ選びなさい。また，ⓑに当てはまる内容を，**資料Ⅰ**から読み取り，「**娘**」の語句を用いて簡潔に書きなさい。［福岡県］

資料Ⅰ　平氏の系図（一部）

```
              平清盛
      ┌─────┼─────┐
高倉天皇 ═ 徳子        重盛
(たかくらてんのう) (とくこ)   (しげもり)
      │
   安徳天皇
   (あんとく)
※□は女性，＝は婚姻関係を表す。
```

> 平清盛は，ⓐ〔**ア**　征夷大将軍　　**イ**　太政大臣〕になり，武士として初めて政治の実権を握り，　ⓑ　にして，権力を強めた。

ⓐ[　　　　] ⓑ[　　　　　　　　　　　　　　　　　　　]

ミス注意 **(2)** 将軍からの御恩に当てはまるものを，**資料Ⅱ**の下線部**ア〜ウ**から一つ選びなさい。［長野県］　[　　　]

資料Ⅱ　北条政子の言葉

> 亡き頼朝公が朝廷の敵をたおし，幕府を開いてから，**ア**官位や土地などその恩は山よりも高く海よりも深い…名誉を大切にする者は，**イ**京都に向かって出陣し，敵をうち取り**ウ**幕府を守りなさい。
>
> （『吾妻鏡』より部分要約）

(3) **資料Ⅲ**は，元軍と戦う幕府軍の武士が描かれた絵である。この戦いで幕府軍が元軍に苦戦した理由の一つを，**資料Ⅲ**を参考に，それまで日本の武士の戦いではみられなかった武器に着目して，簡潔に書きなさい。［山口県］

資料Ⅲ

（宮内庁三の丸尚蔵館）

[　　　　　　　　　　　　　　　　　　　　　　　　　　　　]

（アドバイス）☞ 絵の中に武器の様子が描かれている。

ハイレベル **(4)** 幕府は，(3)の後，さらに生活が苦しくなった御家人を救うために，徳政令を出した。御家人の生活が，(3)以前から苦しかった理由の一つに，相続の方法がある。その方法を，相続されたものを明らかにして簡潔に書きなさい。［石川県］

[　　　　　　　　　　　　　　　　　　　　　　　　　　　　　　　　]

ミス注意 **(5)** 新しい仏教の登場について，浄土真宗と禅宗の説明として正しいものを，次の**ア〜エ**からそれぞれ一つずつ選びなさい。［富山県］

ア 日蓮が，法華経の題目（南無妙法蓮華経）を唱えれば，人も国も救われると説いた。
イ 栄西や道元が，座禅によって自分の力でさとりを開くことを説いた。
ウ 親鸞が，阿弥陀如来の救いを信じる心を強調した。
エ 一遍が，踊念仏や念仏の札によって布教した。

浄土真宗[　　　] 禅宗[　　　]

(6) 鎌倉時代を代表する書物を，次の**ア〜エ**から一つ選びなさい。［京都府］

ア 御伽草子　　**イ** 『日本書紀』　　**ウ** 『平家物語』　　**エ** 『枕草子』　　[　　　]

2　　　　　　　　　　　　　　　　室町時代

次の各問いに答えなさい。（(2)7点, 他6点×7）

(1) 室町幕府の政治について述べた文を，次の**ア〜エ**から一つ選びなさい。［鹿児島県］

　　ア　将軍のもとで老中や若年寄，各種の奉行などが職務を分担した。

　　イ　執権が御家人たちをまとめ，幕府を運営していくようになった。

　　ウ　管領と呼ばれる将軍の補佐役には，有力な守護が任命された。

　　エ　太政官が政策を決定し，その下で八つの省が実務を担当した。　　　［　　　　］

(2) 右の表の下線部について述べた下の文
中の**X**に当てはまる内容を，簡潔に書
きなさい。［青森県］

| 日明貿易 | 足利義満は，正式な貿易船に，明から与えられた勘合という証明書を持たせ，朝貢の形の貿易を行った。 |

　　明は東アジアやインド洋諸国に対して，貢ぎ物を差し出させる代わりに，[　　**X**　　]を
　　認めたり，絹や銅銭などの返礼品を与えたりする，伝統的な朝貢体制を広く求めた。

　　　　　　　　　　　　　　　　　　　　[　　　　　　　　　　　　　　　　]

(3) 室町幕府が税を課した，お金の貸しつけなどを行っていた金融業者を何というか。次の**ア〜**
エから**二つ**選びなさい。［山口県］

　　ア　土倉　　　**イ**　飛脚　　　**ウ**　惣　　　**エ**　酒屋　　　[　　　][　　　]

(4) [　**Y**　]は，将軍のあとつぎ問題をめぐる細川氏と山名氏の対立から，京都を中心に 11 年にわ
たって続いた戦乱である。[　**Y**　]に当てはまる戦乱の名を何と
いうか，書きなさい。［岐阜県］　　　　　　[　　　　　　　]

資料Ⅰ　　　　　（絵・ゼンジ）

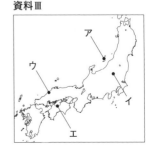

(5) **資料Ⅰ**は，足利義政が建てた銀閣と同じ敷地にある東求堂同仁
斎の絵である。**資料Ⅰ**に見られるような室内の特徴をもつ建築
様式を何というか，書きなさい。［奈良県］

　　　　　　　　　　　　　[　　　　　　　　　]

(6) **資料Ⅱ**は，戦国大名の朝倉氏が定めた「朝倉孝景条々」を要約したものの一部である。**資料Ⅱ**
に示したような，戦国大名が定めた，領国支配のための法律名を，**漢字**で書きなさい。［三重県］

資料Ⅱ

　　本拠である朝倉館のほかには，国内に城を構えてはな
らない。すべての有力な家臣は，一乗谷に引っ越し，村
には代官を置くようにしなさい。

　　　　　　　　　　　[　　　　　　　　　]

(7) 戦国時代になると，領国の産業発展のために鉱山の開発に力を入
れる戦国大名もいた。石見銀山は，戦国大名が保護した商人によ
り開発された鉱山の一つである。石見銀山の位置を，**資料Ⅲ**中の
ア〜エから一つ選びなさい。［奈良県］　　[　　　　]

資料Ⅲ

PART 4 | 全国統一と江戸幕府の成立

必ず出る！要点整理

ヨーロッパとイスラム世界

年代	できごと
7世紀	イスラム帝国の成立
1096	十字軍の派遣開始
14世紀	イタリアでルネサンス
1453	ビザンツ帝国の滅亡
1492	コロンブスがカリブ海の島に到達
1517	ルターの宗教改革
1543	鉄砲の伝来
1549	キリスト教の伝来

▲ 中世の世界と戦国時代の流れ

▶ 中世ヨーロッパとイスラム世界, ヨーロッパ世界の拡大

(1) **中世のヨーロッパ**…4世紀にローマ帝国は東西に分裂。正教会と**カトリック教会→ローマ教皇。東ローマ帝国**は15世紀まで続く。
●西ローマ帝国は5世紀に滅亡　●ビザンツ帝国

(2) **イスラム世界**…8世紀に**イスラム帝国**が拡大。数学, 医術, 科学。

(3) **十字軍**…聖地**エルサレム**奪回を目指して遠征→失敗。東西交流。

(4) **ルネサンス**…14世紀イタリアから。**地動説**。羅針盤の改良。
●文芸復興

(5) **宗教改革**…1517年, **ルター**がローマ教皇の免罪符販売に抗議して開始。スイスでは**カルバン**が行う。**プロテスタント**。

　●**カトリックの改革**…イエズス会の結成, 海外布教へ。

重要！(6) **大航海時代**…ムスリム商人を通さずに直接アジアの**香辛料**
●イスラム教徒
などを手に入れるため, 新航路の開拓を進める。

　●**新航路の開拓**…コロンブス, バスコ＝ダ＝ガマ, マゼラン。

　●**海外進出**…ポルトガルやスペインがアメリカ大陸を**植民地に。オランダやイギリスは東インド会社**を設立。

▲ 新航路の開拓

全国統一と江戸幕府の成立

❶ ヨーロッパ人の来航

(1) **鉄砲の伝来**…ポルトガル人が**種子島**に漂着し, **鉄砲**を伝える。

(2) **キリスト教の伝来**…イエズス会の宣教師**フランシスコ＝ザビエル**が鹿児島に上陸, 布教→**キリシタン大名**の出現。**天正遣欧使節**。

(3) **南蛮貿易**…ポルトガル人やスペイン人との貿易。長崎や平戸。

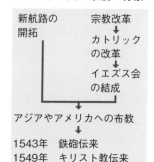

くわしく！

ヨーロッパ人の来航の背景

新航路の開拓
宗教改革
↓
カトリックの改革
↓
イエズス会の結成

アジアやアメリカへの布教

1543年　鉄砲伝来
1549年　キリスト教伝来

基礎力チェック問題

(1) 14世紀にイタリアから始まった文芸復興をカタカナで何というか。　　[　　　　　]

(2) [マゼラン　バスコ＝ダ＝ガマ] は, インド航路を開拓した。　　[　　　　　]

(3) 1517年, [ルター　マゼラン] はドイツで宗教改革を始めた。　　[　　　　　]

(4) 1543年, [沖縄　種子島] に漂着したポルトガル人が鉄砲を伝えた。　　[　　　　　]

(5) 1549年, [カルバン　ザビエル] は, 日本にキリスト教を伝えた。　　[　　　　　]

POINT 👉

ヨーロッパ人の来航の背景にある歴史の流れをつかめ！
太閤検地による土地制度の変化を押さえておこう！

歴史

年代	できごと
1573	室町幕府の滅亡
1582	太閤検地開始
1590	豊臣秀吉が全国統一
1603	徳川家康が征夷大将軍になる
1615	武家諸法度制定
1635	参勤交代を制度化
1641	鎖国の体制が固まる

▲ 安土桃山時代～江戸時代の流れ

❷ 織田信長・豊臣秀吉の全国統一

(1) **織田信長**…室町幕府を滅ぼす→**長篠の戦い**→**本能寺の変**。
　　　　　　　　　　　◆鉄砲を有効に使った
　●**楽市・楽座**…安土城下で市の税を免除，座の特権を廃止。
　　◆商工業の活性化を図る政策
(2) **豊臣秀吉**…信長の後継者。**大阪城**を本拠地に全国統一を達成。

重要！

(3) **兵農分離**…武士と百姓の身分の区別が進んだ。
　●**検地（太閤検地）**…検地帳に登録された百姓に年貢納入の義務。
　●**刀狩**…百姓たちから武器を取り上げ，耕作に専念させる。

(4) **秀吉の対外政策**…バテレン追放令。2度の**朝鮮**侵略。
　　　　　　　　　　　　　　◆貿易は禁止しなかったので不徹底に終わる
(5) **桃山文化**…大名や大商人の富を背景にした，豪華で壮大な文化。
　天守をもつ城→姫路城など。**狩野永徳**。**千利休**。**出雲の阿国**。
　　　　　　　　　　◆「唐獅子図屏風」　◆わび茶　　◆かぶき踊り
　●**南蛮文化**…ヨーロッパの文化。天文学，医学，活版印刷術。

❸ 江戸幕府の成立と鎖国

(1) **江戸幕府**…徳川家康が**関ヶ原の戦い**で勝利→**江戸**に幕府を開く。
(2) **支配のしくみ**…**幕藩体制**。**外様大名**は江戸から遠い地に配置。大
　　　　　　　　　　　　　◆関ヶ原の戦い以後に従った
　名の統制→**武家諸法度**，**参勤交代**。朝廷→禁中並公家諸法度。
　　　　　　　　　◆1年おきに領地と江戸を往復
(3) **身分制度**…武士，百姓，町人。百姓は**五人組**で連帯責任。
(4) **朱印船貿易**…海外渡航許可の**朱印状**。東南アジア各地に**日本町**。
(5) **禁教と貿易統制**…キリスト教の禁止→徳川家光が日本人の海外渡
　航と帰国を禁止→朱印船貿易の終わり。長崎に**出島**を築く。
(6) **島原・天草一揆**…1637年，禁教と重税に対して一揆→絵踏を強化。
(7) **鎖国体制**…1639年，**ポルトガル**船の来航を禁止。長崎の**出島**で
　オランダ，唐人屋敷で**中国**と貿易。
　●**対外関係**…**朝鮮**→**対馬藩**，朝鮮通信使。**琉球**→**薩摩藩**が支配。
　蝦夷地→**松前藩**，アイヌの人々と交易。
　　　　　　　　◆17世紀後半，シャクシャインが松前藩と戦う

よく出る！

楽市令（1577年）

安土城下の町中に対する定め
一　この町を楽市とした
　ので，座は廃止し，さ
　まざまな税は免除する。

刀狩令（1588年）

一　諸国の百姓が，刀・
　脇差・弓・槍・鉄砲そ
　の他の武具などを持つ
　ことを固く禁止する。

江戸幕府のしくみ

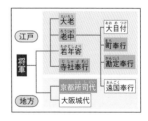

解答はページ下 ✏

(6) 安土城下で楽市・楽座の政策を行った人物は誰か。　　　　　[　　　　　　　]
(7) 太閤検地と刀狩により，武士と百姓の身分の区別が進んだことを何というか。[　　　　　　　]
(8) 桃山文化で，わび茶と呼ばれる芸能を完成させた人物は誰か。[　　　　　　　]
(9) 大名が1年おきに江戸と領地を往復した制度を何というか。　[　　　　　　　]
(10) 鎖国の体制下で，オランダとの貿易は，[出島　　対馬]で行った。[　　　　　　　]

全国統一と江戸幕府の成立

1

中世ヨーロッパとイスラム世界

次の各問いに答えなさい。（(2)10点, 他7点×3）

(1) 次の文は，イスラム勢力へのヨーロッパ諸国の対応について述べたものである。ⓐ・ⓑに当てはまるものを，それぞれ選びなさい。[徳島県]　ⓐ[　　　] ⓑ[　　　]

> 　11世紀ごろ，ローマ教皇を首長とするⓐ〔**ア** プロテスタント　**イ** カトリック〕教会の勢いが大きくなった。11世紀末，教皇が聖地であるⓑ〔**ア** エルサレム　**イ** メッカ〕からイスラム勢力を追い払うために，十字軍の派遣を呼びかけ，諸国の王はそれに応じた。

(2) **資料**は，15世紀末にインドに到達したバスコ＝ダ＝ガマの航路を示した地図である。バスコ＝ダ＝ガマが，海路でインドを目指すことになったのはなぜか。当時のヨーロッパの人々が求めていた品物と，陸路の貿易を握っていた勢力に触れて，簡潔に書きなさい。[山口県]

資料

── バスコ＝ダ＝ガマの航路

[
　　　　　　　　　　　　　　　　　　　　　　　　　　　　]

（**アドバイス**）☞ その品物は，調味料や薬として使われていた。

(3) 15世紀～16世紀のヨーロッパの様子を説明した次の文中の**X**・**Y**に当てはまる語句の組み合わせとして正しいものを，下の**ア～エ**から一つ選びなさい。[兵庫県・改]　　[　　　]

> 　教皇が免罪符（しょくゆう状）を売り出すと，ドイツの　**X**　はこれを批判して宗教改革を始めた。教会はこれに対抗し，その中心となったイエズス会は　**Y**　などの宣教師を海外へ派遣した。

ア **X**－ルター　　　　　**Y**－ザビエル　　　**イ** **X**－ルター　　　　　**Y**－シーボルト
ウ **X**－クロムウェル　**Y**－ザビエル　　　**エ** **X**－クロムウェル　**Y**－シーボルト

2

安土桃山時代

次の各問いに答えなさい。（7点×4）

(1) **資料**は，自由な商工業の発展のために，織田信長が実施した政策の一部である。**資料**中の**X**に当てはまる語句を，**漢字2字**で書きなさい。[青森県・改]

[
　　　　　　　　　　　　　　　]

資料

> 安土城下の町中に対する定め
> 一　この安土の町は　**X**　としたので，いろいろな座は廃止し，さまざまな税や労役は免除する。

(2) 武士と百姓の身分の区別が明確になることにつながった，豊臣秀吉が農民などから武器を取り上げた政策を何というか，書きなさい。[静岡県・改]　　[　　　　　　　　　　]

(3) 太閤検地について述べた文として**誤っているもの**を，次の**ア〜エ**から一つ選びなさい。[高知県]

ア 検地の調査結果は，検地帳に記録された。

イ 農民は，石高に応じた年貢を納めることになった。

ウ 武士は，自分の領地の石高に応じて軍事上の負担を負うことになった。

エ 荘園の領主である公家や寺社は，もっていた土地の権利をすべて認められた。 [　]

(4) 堺の商人で，わび茶を完成させた人物の名前を，**漢字**で書きなさい。[大分県]

[　]

3 江戸幕府の成立

次の各問いに答えなさい。 ((1)、(2)説明各10点, 他7点×3)

(1) **資料Ⅰ**は，譜代大名と外様大名が，徳川氏に従った時期を表している。**資料Ⅱ**の▨は，外様大名に与えられた領地を表している。**資料Ⅰ**から，江戸幕府にとって，外様大名はどのような存在であったと考えられるか。**資料Ⅱ**から読み取れる，江戸から見た外様大名の配置の特徴と合わせて，簡潔に書きなさい。[静岡県]

資料Ⅰ

	徳川氏に従った時期
譜代大名	関ヶ原の戦い以前
外様大名	関ヶ原の戦い以後

資料Ⅱ

注)外様大名の領地は，1664年ごろのもの。

[　]

(2) **資料Ⅲ**は，江戸時代の幕府が大名を統制するために定めた法律で，第3代将軍のときに定められたものの一部をわかりやすく直したものである。**資料Ⅲ**の法律の名称を書きなさい。また，**資料Ⅲ**中の大名とは，どのような武士のことか，石高に触れながら，簡潔に書きなさい。[20・埼玉県]

資料Ⅲ

> ― 大名は，毎年4月中に江戸へ参勤すること。
> ― 新しい城をつくってはいけない。石垣などがこわれたときは奉行所の指示を受けること。
> ― 大名は，かってに結婚してはいけない。
> ― 500石積み以上の船をつくってはならない。

名称[　]

説明[　]

(3) 幕府の政策により，外国との交流が制限されたことについて，薩摩藩，対馬藩に最も関係が深いものを，次の**ア〜エ**からそれぞれ選びなさい。[福岡県]

ア 国交回復の仲立ちをつとめ，朝鮮から朝鮮通信使が派遣されるようになった。

イ オランダ人に風説書を提出させ，ヨーロッパやアジアの情報を報告させた。

ウ 役人を琉球王国に派遣し，中国との貿易を間接的に行うことで利益を得た。

エ アイヌの人々とサケやコンブなどの海産物の交易を行うことで利益を得た。

薩摩藩[　] 対馬藩[　]

PART 5 産業の発達と幕府政治の動き

必ず出る！要点整理

産業の発達と社会

▶ 農業・諸産業の発達と都市の繁栄

[重要！]

(1) **農業の発達**…新田開発。農具の改良，**肥料の使用**，**商品作物の栽培**。
　　◎干鰯（ほしか）　◎売ることを目的とする農作物

(2) **三都の繁栄**…江戸→「将軍のおひざもと」。大阪→「天下の台所」，諸藩の蔵屋敷。京都→文化の中心。商人が**株仲間**を結成，**両替商**。
　　◎同業者組合

(3) **交通路の整備**…街道→江戸を起点とした五街道。宿場町の発達。海運→大阪から南海路で江戸へ。**東廻り航路**，**西廻り航路**。
　　◎菱垣廻船や樽廻船が運行

(4) **産業の変化**…農村の工業は，**問屋制家内工業**から**工場制手工業**へ。

(5) **農村の変化**…貨幣経済が広がる。**小作人**と**地主**になる者が現れる。農民は年貢増に**百姓一揆**で抵抗，都市では商人を襲う**打ちこわし**。
　　◎からかさ連判状は，中心人物がわからないように円形に署名

幕府政治の動き

❶ 幕府政治の安定

(1) **徳川綱吉の政治**…第5代将軍。朱子学を奨励。生類憐みの令。財政難から質を落とした貨幣を発行→物価上昇。
　　◎金貨に含まれる金の量を減らした

(2) **新井白石の政治（正徳の治）**…第6代・7代将軍に仕えた儒学者。貨幣の質をもどし，金・銀の流出を防ぐために長崎貿易を制限。

❷ 幕府政治と財政の立て直し

(1) **享保の改革**…第8代将軍徳川吉宗による幕府の財政の立て直し。
　　●**財政政策**…倹約令，**新田開発**の奨励，**上げ米の制**。
　　●**支配体制の政策**…公事方御定書，目安箱，有能な人材の登用。

基礎力チェック問題

(1) 稲を脱穀する［備中ぐわ　千歯こき］によって農作業の能率が上がった。　［　　　　　］

(2) 大阪は商業の中心地であったことから，何と呼ばれていたか。　［　　　　　］

(3) 江戸幕府第5代将軍［徳川家光　徳川綱吉］は，生類憐みの令を出した。　［　　　　　］

(4) 江戸幕府第8代将軍徳川吉宗が行った政治の改革を何というか。　［　　　　　］

(5) 都市で起こった，米を買い占めた商人の家を襲うできごとを何というか。　［　　　　　］

くわしく！

発明・改良された農具

千歯こき
備中ぐわ

・備中ぐわ…土を深く耕す。
・千歯こき…脱穀用。

用語

工場制手工業

マニュファクチュアともいう。大商人や地主が工場を建て，人を雇って分業で大量に製品をつくるしくみ。

年代	できごと
17世紀後半	徳川綱吉の政治
1716	享保の改革（〜45）
1742	公事方御定書
1772	田沼意次が老中になる
1787	寛政の改革（〜93）
1825	異国船打払令
1837	大塩の乱
1841	天保の改革（〜43）

▲ 江戸時代後期の流れ

重要！

(2) **老中田沼意次の政治**…商人の豊かな経済力を利用した政策。
　●**株仲間の結成の奨励**…営業税を取る代わりに営業独占権。
　●**長崎貿易の拡大**…俵物の輸出。●印旛沼の干拓。●蝦夷地調査。
　　　　　　　↳干しあわび，ふかひれなどの海産物

(3) 寛政の改革…老中松平定信。農村の立て直しと政治の引き締め。
　ききんに備えて米を蓄えさせる。旗本・御家人の札差からの借金
　帳消し。幕府の学問所で，朱子学以外の講義禁止。

(4) **外国船の接近**…通商を求める外国船に対して**異国船打払令**を出す
　→蘭学者による批判→**蛮社の獄**で渡辺崋山や高野長英らを処罰。

(5) **大塩の乱**…1837年，元役人の**大塩平八郎**が大阪で反乱を起こす。

(6) 天保の改革…老中水野忠邦。幕府権力の回復を目指す。
　●**株仲間の解散**…物価引き下げをはかる。●風俗の取り締まり。
　●異国船打払令の緩和。　●上知令→大名や旗本の反対で失敗。

江戸時代の文化と学問

▶ 元禄文化と化政文化，新しい学問

(1) 元禄文化…経済力をつけた町人が担い手。明るく活気のある文化。
　●**文学**…**浮世草子**の井原西鶴，俳諧の松尾芭蕉。
　●**浮世絵**…**菱川師宣**。●**芸能**…人形浄瑠璃の脚本の**近松門左衛門**。

(2) 化政文化…江戸の庶民を中心とした文化で，地方へも広がる。

(3) ●**文学**…十返舎一九，曲亭（滝沢）馬琴。川柳や狂歌の流行。
　●**錦絵**…美人画の**喜多川歌麿**，風景画の葛飾北斎，**歌川広重**。
　　　　　　　　　　　　　　　　　　　　↳安藤広重ともいう

(4) **新しい学問**
　●**国学**…本居宣長『古事記伝』。●**蘭学**…杉田玄白ら『**解体新書**』。

(5) **教育の普及**…藩校や寺子屋。

---

(6) 株仲間の結成の奨励や長崎貿易の推進などの改革を行った老中は誰か。　[　　　　　]

(7) 株仲間の解散や倹約令などの天保の改革を行った老中は誰か。　[　　　　　]

(8) 本居宣長は『古事記伝』を著して[蘭学　国学]を大成した。　[　　　　　]

(9) 元禄文化で活躍した俳人は，[松尾芭蕉　小林一茶]である。　[　　　　　]

(10) 19世紀前半に，江戸の庶民が中心となって栄えた文化を何というか。　[　　　　　]

くわしく！

外国船に対する幕府の対応の変化

・18世紀末～19世紀前半
　ロシア，イギリス，アメリカの船が日本に接近

・1825年　異国船打払令
　外国船の撃退を命じる

・1840年　アヘン戦争
　清がイギリスに敗れる

・1842年　薪水給与令
　外国船に燃料や水を与える

よく出る！

江戸時代の文化の比較

	元禄文化	化政文化
時代	17世紀末～18世紀前半	18世紀末～19世紀前半
場所	上方（大阪・京都）	江戸
特徴	町人の台頭	町人の文化の熟成

（ColBase）

▲「見返り美人図」（菱川師宣）

解答はページ下

PART
5

産業の発達と幕府政治の動き

---

1 産業の発達

次の各問いに答えなさい。 (9点×3)

(1) 江戸時代の社会の様子について説明した次の文①，②の正誤の組み合わせとして正しいものを，下の**ア～エ**から一つ選びなさい。[長崎県]

> ① 進んだ技術や道具が各地の農村に広まり，備中ぐわや千歯こきが使用された。
> ② 商業の中心地である江戸は，「天下の台所」と呼ばれ，多くの人が暮らした。

ア ①－正 ②－正 **イ** ①－正 ②－誤
ウ ①－誤 ②－正 **エ** ①－誤 ②－誤 [   ]

よく出る！

(2) 百姓一揆について，次の文中の[   ]に当てはまる語句を補い，これを完成させなさい。[鹿児島県]

資料

（福島県歴史資料館収蔵 / 韮澤一家文書）

> **資料**は，江戸時代の百姓一揆の参加者が署名した，からかさ連判状である。参加者が円形に記したのは，[   ]ためであったとされる。

[   ]

アドバイス ☞ 円形にすることでわからなくなることは何だろう。

(3) 18世紀になると，問屋から原料や道具などを借りて家内で商品づくりを行う問屋制家内工業が始まった。19世紀には，作業場に道具や農村からきた働き手を集め，製品を分業で大量に仕上げる生産のしくみが生まれた。このしくみを何というか，書きなさい。[滋賀県]

[   ]

---

2 幕府政治の改革

次の各問いに答えなさい。 ((1)，(3)，(5)各10点，他9点×3)

ハイレベル

(1) 徳川綱吉は，寺院建設や金銀の減少などによる幕府財政への影響を考慮して，貨幣をつくり直した。徳川綱吉の時代には，どのような小判がつくられたか，**資料Ⅰ**を参考にして，簡潔に書きなさい。[群馬県]

資料Ⅰ　小判に含まれる金の割合

※小判の重さはいずれも4.76匁である。(1匁は約3.75グラム)
※（　）は使用開始の年を示す。

[   ]

(2) 徳川吉宗の改革，松平定信の改革について，その説明として正しいものを，次の**ア～エ**からそれぞれ選びなさい。[富山県]　　徳川吉宗[   ]　松平定信[   ]
ミス注意

ア 幕府の学校で朱子学以外の儒学を禁止した。
イ 長崎から銅や俵物と呼ばれる海産物をさかんに輸出した。
ウ 日本人の海外渡航と海外からの帰国を禁止した。
エ それまでの法を整理し，裁判や刑の基準を定めた公事方御定書を制定した。

よく出る！ (3) 田沼意次は，商工業者が株仲間をつくることを奨励した。この目的を，「**特権**」，「**営業税**」の語句を用いて，簡潔に書きなさい。[青森県・改]

[　　　　　　　　　　　　　　　　　　　　　　　　　　　　　　]

(4) 天保のききんに苦しむ人々を救おうとしない奉行所の対応にいきどおり，1837年に自分の弟子たちとともに兵を挙げた陽明学者で，元大阪町奉行所の役人であった人物は誰か，書きなさい。[徳島県]

[　　　　　　　　　　　　　]

(5) 天保の改革のときに，幕府の外国船への対応が変わった。**資料Ⅱ**と**資料Ⅲ**を見て，幕府の外国船への対応の方針がどのように変わったかを，方針が変わる原因となった海外のできごとに触れながら，簡潔に書きなさい。[18・埼玉県]

資料Ⅱ　1825年に幕府が出した法令

　どこの港でも，外国船が入港するのを見たなら，有無を言わさず，いちずに打ち払え。逃亡したら追う必要はない。もし強引に上陸したら，つかまえるか，または打ち殺してもかまわない。
（『徳川禁令考』より一部要約）

資料Ⅲ　1842年に幕府が出した法令

　外国船が難破して漂流し，まきや水，食料を求めてきたとき，事情を考えず，いちずに打ち払っては失礼なので，よく様子を見て必要な品を与え，帰るように言い聞かせよ。ただし，上陸させてはならない。　　（『徳川禁令考』より一部要約）

[　　　　　　　　　　　　　　　　　　　　　　　　　　　　　　]

3　元禄文化，新しい学問と化政文化

次の各問いに答えなさい。（8点×2）

ミス注意 (1) 江戸時代に活躍した人物とその功績の組み合わせとして正しいものを，次の**ア〜エ**から一つ選びなさい。[佐賀県]

ア 本居宣長　　－義理や人情を題材に，人形浄瑠璃の台本を書いた。
イ 葛飾北斎　　－『古事記伝』を著し，国学を大成した。
ウ 伊能忠敬　　－全国を測量して正確な日本地図をつくった。
エ 近松門左衛門－富士山などの風景を浮世絵で表現した。

[　　　]

(2) 次の文中の**X・Y**に当てはまる語句の組み合わせとして正しいものを，下の**ア〜エ**から一つ選びなさい。[岐阜県]

資料

（東京医科歯科大学図書館）

　当初，ヨーロッパの書物は，輸入が認められなかったが，享保の改革で，キリスト教に関係しない，漢訳されたヨーロッパの書物の輸入が認められた。18世紀後半には，杉田玄白などが，**資料**の『　X　』を出版し，　Y　の基礎を築いた。

ア X－解体新書　Y－国学　　　**イ** X－解体新書　Y－蘭学
ウ X－古事記伝　Y－国学　　　**エ** X－古事記伝　Y－蘭学

[　　　]

PART 6 | 欧米の近代化と開国

必ず出る！要点整理

欧米の近代化と進出

❶ 欧米の近代化の進展

(1) **市民の成長**…イギリスやフランスで**絶対王政**→市民階級の不満。
　　　　　　　　　　　　　　　　　　◉国王による専制政治
　●**啓蒙思想**…ロック，<u>モンテスキュー</u>，<u>ルソー</u>。
　　　　　　　　　　　　　◉『法の精神』で三権分立　◉『社会契約論』で人民主権

(2) **イギリスの革命**…17世紀に２度の**市民革命**が起こった。
　●ピューリタン革命…**クロムウェル**の指導で王政から**共和政**へ。
　●**名誉革命**…権利（の）章典→**立憲君主制**と**議会政治**が確立。
　　　　　　　　　　　　　◉憲法に基づいて国王や皇帝が政治を行う体制

(3) **アメリカの革命**…イギリスからの独立を目指す→**独立戦争**。独立宣言→アメリカ合衆国が成立，初代大統領に**ワシントン**。

(4) **フランスの革命**…革命前→国王のもとに聖職者・貴族・平民。1789年に**フランス革命**→**人権宣言**，共和政。
　●**ナポレオンの時代**…皇帝になり，ヨーロッパの大部分を支配。

(5) **19世紀の欧米諸国の発展**…近代国家の建設が進む。
　●**フランス**…<u>普通選挙</u>が確立。　●**イギリス**…**政党政治**が発達。
　　　　　　　　◉男子のみ
　●**ドイツ**…ビスマルク首相，**ドイツ帝国**が成立。
　●**ロシア**…皇帝による専制政治。**南下政策**。
　●**アメリカ**…南北戦争中にリンカン大統領が**奴隷解放宣言**。

❷ 産業革命

重要！

(1) **産業革命**…**ワット**が蒸気機関を改良→18世紀後半，**イギリス**の**綿工業**から始まる→イギリスは「**世界の工場**」に。鉄道・造船業の発達。技術の向上により，経済のしくみが大きく変化。
　●**資本主義**…**資本家**が**労働者**を雇い，利益を目指して生産。
　●**労働問題の発生**…労働組合の結成→社会主義の考え，**マルクス**。

年代	できごと
17世紀中ごろ	イギリスのピューリタン革命
1688	イギリスの名誉革命（～89）
1775	アメリカの独立戦争（～83）
1789	フランス革命
1840	アヘン戦争（～42）
1857	インド大反乱（～59）
1861	アメリカ南北戦争（～65）

▲ 近代の世界の流れ

よく出る！

人権宣言

> 第１条　人は生まれながらに，自由で平等な権利をもつ。
> 第３条　あらゆる主権の源は，本来国民の中にある。

くわしく！

アメリカ南北戦争の影響

戦争は，1861～65年の約4年間続いた。このため，開国後の日本との貿易額が減少している。

用語

産業革命

工場での機械による大規模な生産（工場制機械工業）が始まったことで，経済や社会のしくみが大きく変化したこと。

基礎力チェック問題

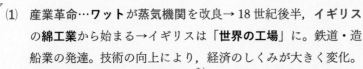

(1) 『社会契約論』を著して人民主権を主張した啓蒙思想家は誰か。　［　　　　］

(2) 名誉革命のあと，国王は［人権宣言　権利（の）章典］を認めた。　［　　　　］

(3) フランス革命のあと，皇帝の位に就いた人物は誰か。　［　　　　］

(4) 18世紀中ごろ，［ドイツ　イギリス］で産業革命が始まった。　［　　　　］

(5) 南北戦争で奴隷解放宣言を出したアメリカ大統領は誰か。　［　　　　］

❸ ヨーロッパのアジア侵略

(1) **アヘン戦争**…中国（清）がイギリスに敗れ，**南京条約→不平
等条約**→清で太平天国の乱。
　▶清に関税自主権がない，イギリスに領事裁判権

(2) **インド大反乱**…イギリス支配に反乱→鎮圧。**インド帝国**成立。
　▶イギリス国王が皇帝

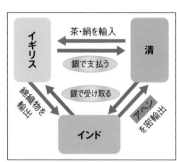

▲ 三角貿易

開国と江戸幕府の滅亡

❶ 日本の開国

(1) **ペリー**…浦賀に黒船が来航→アメリカが開国を要求。
　▶捕鯨船と貿易船の寄港地を確保するため

(2) **日米和親条約**…開国→下田と函館の2港を開く。

重要！

(3) **日米修好通商条約**…大老井伊直弼とハリスが結ぶ。5港開港。

　●**不平等条約**…領事裁判権を認め，日本に関税自主権がない。
　　▶外国人が日本で事件を起こしても，日本の法律で裁けない

　●**開国の影響**…貿易の開始→**横浜港**，相手国はイギリス中心。
　　金銀の交換比率の違いから大量の金が流出，経済が混乱。
　　▶アメリカは南北戦争中

❷ 江戸幕府の滅亡

(1) **尊王攘夷運動**…天皇を尊ぶ**尊王論**，外国を追い払えという**攘夷論**。

(2) **幕府の動き**…井伊直弼は，**安政の大獄**で幕府を批判する人々を処
罰→桜田門外の変で暗殺される。
　▶長州藩の吉田松陰

(3) **攘夷から倒幕へ**…長州藩は**下関戦争**，薩摩藩は薩英戦争から攘夷
の不可能をさとる→**薩長同盟**を結び，倒幕のために協力。
　▶外国船を砲撃，4か国の連合艦隊の砲撃を受ける　▶土佐藩出身の坂本龍馬の仲立ち

(4) **江戸幕府の滅亡**…第15代将軍徳川慶喜が政権を朝廷に返す**大政
奉還**を行う→朝廷は王政復古の大号令を出す。

(5) **戊辰戦争**…鳥羽・伏見の戦いから函館の五稜郭の戦い。
　▶旧幕府軍と新政府軍の戦い

よく出る！

日米和親条約と日米修好通商条約の開港地

年代	できごと
1853	ペリーが浦賀に来航
1854	日米和親条約
1858	日米修好通商条約
〃	安政の大獄（〜59）
1860	桜田門外の変
1864	下関戦争
1866	薩長同盟
1867	大政奉還
1868	戊辰戦争（〜69）

▲ 江戸幕府滅亡までの流れ

解答はページ下

(6) 1840年，清とイギリスの間で始まった戦争を何というか。　　［　　　］

(7) 日米和親条約で開港した場所は，函館と［横浜　下田］である。　　［　　　］

(8) 日米修好通商条約は，大老井伊直弼と［ペリー　ハリス］の間で結ばれた。　　［　　　］

(9) 1866年，坂本龍馬の仲立ちで，薩摩藩と［土佐　長州］藩は同盟を結んだ。　　［　　　］

(10) 1867年，大政奉還に対して朝廷が発表した宣言を何というか。　　［　　　］

---

1 欧米の近代化

次の各問いに答えなさい。 (8点×6)

(1) **資料Ⅰ**は，1789年にフランス革命で発表されたある宣言の一部である。この宣言を何というか，書きなさい。[香川県・改]

[　　　　　　　　　]

資料Ⅰ

> 第1条　人は生まれながらに，自由で平等な権利をもつ。
>
> 第3条　主権の源は，もともと国民にある。

(2) **資料Ⅱ**は，18世紀から19世紀にかけてのイギリスの茶に関わる貿易の変化についてまとめたものである。次の各問いに答えなさい。[長野県・改]

資料Ⅱ　イギリスのアジアでの貿易の変化

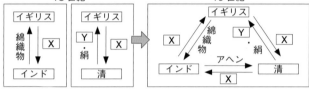

① **資料Ⅱ**と次の文中の**X・Y**に共通して当てはまる語句と，文中の**Z**に当てはまる語句の組み合わせとして正しいものを，下の**ア～カ**から一つ選びなさい。

> イギリスは，インドから綿織物などを，清からは 　Y　 や絹などを輸入し，両国へ 　X　 を支払ったため， 　X　 が不足し，貿易は 　Z　 となった。そのため，当時，インド支配を始めていたイギリスは，インド産のアヘンを清へ輸出して 　X　 を獲得するようになった。その後，清はアヘンについて厳しく取り締まり，売買を禁じた。

ア X－銅銭　Y－茶　Z－赤字　　**イ** X－銀　　Y－茶　Z－赤字

ウ X－銅銭　Y－茶　Z－黒字　　**エ** X－茶　　Y－銀　Z－黒字

オ X－茶　　Y－銀　Z－赤字　　**カ** X－銀　　Y－茶　Z－黒字

[　　　　　]

② ①の文中の下線部のあと，日本や清で起きた次の**ア～エ**のできごとを**古い順**に並べなさい。

ア 幕府は異国船打払令をゆるめた。　　**イ** 日米修好通商条約が結ばれ，5つの港を開いた。

ウ ペリーが浦賀に軍艦4隻で来航した。　　**エ** イギリスは，清に対して戦争を起こした。

[　　　 → 　　　 → 　　　 → 　　　]

(3) 産業革命について，次の文の 　P　 に当てはまる語句を書きなさい。また，ⓐ・ⓑに当てはまるものを，それぞれ選びなさい。[富山県・改]

> 18世紀後半になると， 　P　 機関が紡績機や機織機の動力として使われるようになり，工場での綿織物の生産力はいっそう増大した。
>
> 産業革命の結果，資本家が経営者になり，労働者を工場で雇って，利益の拡大を目的に，競争しながら自由に生産や取り引きをするしくみが社会に広がった。これをⓐ〔**ア** 資本主義　　**イ** 社会主義〕という。また，これを批判して，労働者を中心に平等な社会を目指そうとするⓑ〔**ア** 資本主義　　**イ** 社会主義〕の考えがマルクスらによって唱えられた。

P [　　　　　　　　　] ⓐ [　　　] ⓑ [　　　]

2 　　開国と江戸幕府の滅亡

次の各問いに答えなさい。 （⑶完答10点，他7点×6）

よく出る! (1) 日米和親条約が結ばれた結果，開港した二つの港の場所はどこか，**地図中のア～エから二つ選びなさい。** ［高知県］

[　　　] [　　　]

(2) 次の文中の ☐☐☐ に当てはまる内容を，**「天皇」** という語句を用いて，**5字以上10字以下**で書きなさい。［愛知県・改］

地図

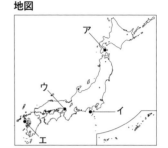

> 長州藩は尊王攘夷運動と呼ばれる ☐☐☐☐☐ を排除しようとする運動の中心であったが，四国連合艦隊が下関を攻撃した事件のあと，攘夷は不可能だと考え，幕府をたおし，天皇中心の政権をつくる考えを強めた。

[　　　　　　　　　　　　]

(3) **資料Ⅰ**は，日本の開国後の貿易相手国の変化を表している。**資料Ⅰ**中の ☐☐ に当てはまる国名を書きなさい。また，☐☐ の国の割合が減少している理由について，**資料Ⅱ**を参考にして，簡潔に書きなさい。［青森県］

資料Ⅰ

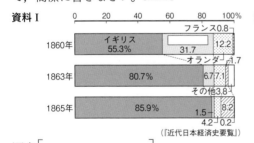

（『近代日本経済史要覧』）

資料Ⅱ

年	世界の主なできごと
1853	クリミア戦争が始まる
1857	インド大反乱が始まる
1861	イタリア王国が成立する
	アメリカ南北戦争が始まる
1871	ドイツが統一される

国名 [　　　　　　　]

理由 [　　　　　　　　　　　　　　　　　]

ミス注意 (4) 次のできごとを起こった順に並べたものを，下の**ア～カ**から一つ選びなさい。［大阪府］

① 薩摩藩と長州藩が同盟を結んだ。
② 四か国の連合艦隊が下関の砲台を占領した。
③ 大老の井伊直弼らが日米修好通商条約を結んだ。

ア ①→②→③ 　　**イ** ①→③→② 　　**ウ** ②→①→③
エ ②→③→① 　　**オ** ③→①→② 　　**カ** ③→②→①

[　　　]

よく出る! (5) 江戸幕府第15代将軍の徳川慶喜が政権を朝廷に返還したことを何というか，書きなさい。［長崎県］

[　　　　　　　　]

(6) 1868年の鳥羽・伏見の戦いに始まり，約1年5か月にわたる，新政府軍と旧幕府側との戦争を何というか，書きなさい。［香川県］

[　　　　　　　]

PART

7 | 近代日本の成立

必ず出る！要点整理

明治維新〜立憲制国家の成立

❶ 維新の改革と文明開化

(1) **明治維新**…五箇条の御誓文→新政府の政治の基本方針。藩閥政治。
　　●**中央集権国家**…版籍奉還，廃藩置県。身分制度の廃止，「**解放令**」。

重要！

(2) **維新の三大改革**…**富国強兵**→経済を発展させ，軍隊を強くする。
　　●**学制**…近代的な学校制度。満 6 歳以上の男女に小学校教育。
　　●**徴兵令**…満 20 歳になった男子に兵役の義務。
　　●**地租改正**…地価の 3 ％を土地の所有者が**現金**で納める。
　　　　　　　　● 1877 年に 2.5%に引き下げ

(3) **殖産興業**…官営模範工場の**富岡製糸場**→**渋沢栄一**。交通→**鉄道**の
　　開通，通信→電信・**郵便制度**。貨幣制度→**円**など。
　　　　　● 設立に活躍，2024 年から一万円札。

(4) **文明開化**…衣食住の洋風化，**太陽暦**の採用，**福沢諭吉**，中江兆民。

(5) **近代的な国際関係**…**岩倉使節団**。**日清修好条規**，**日朝修好条規**。
　　　　　　　　　　　　　　　● 朝鮮にとって不平等な内容
　　●**国境と領土**…ロシアと**樺太・千島交換条約**。北海道。**沖縄県**設置。
　　　　　　　　　　　● 開拓使を設置

❷ 立憲制国家の成立

(1) **士族の反乱**…**西南戦争**→**西郷隆盛**が中心。最後の武力反抗。

(2) **自由民権運動**…**板垣退助**が**民撰議院設立の建白書**を提出，**国会期成同盟**の結成→国会開設の勅諭で政府が国会開設を約束。
　　●**政党の結成**…板垣退助が**自由党**，**大隈重信**が立憲改進党。

(3) **政治制度**…**内閣制度**→**伊藤博文**が初代**内閣総理大臣**。

(4) **大日本帝国憲法**…1889 年発布。**天皇**主権，国民は「**臣民**」。
　　●**法律の整備**…**民法**→「**家**」制度。教育勅語。

(5) **帝国議会**…**貴族院**と**衆議院**。衆議院議員の選挙資格は，**直接国税15 円以上**を納める満 25 歳以上の男子。

年代	できごと
1871	廃藩置県
1872	学制公布
1873	徴兵令，地租改正
1877	西南戦争
1881	国会開設の勅諭
1885	内閣制度の創設
1889	大日本帝国憲法発布

▲ 明治時代初期の流れ

よく出る！

地券から読み取れること

地名・地番，面積，持ち主，地価，地租（地価の 3 ％から 2.5 ％になったことが書かれている）。

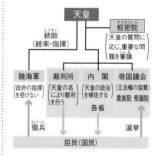

▲ 大日本帝国憲法下での国のしくみ

基礎力
チェック
問題

(1) 1869 年，藩主に土地と人民を天皇に返させた政策を何というか。　[　　　　　]

(2) 1873 年，土地の所有者に地価の 3 ％を現金で納めさせた改革を何というか。　[　　　　　]

(3) 1871 年，[大久保利通　岩倉具視] を全権大使として使節団が派遣された。[　　　　　]

(4) 自由民権運動を展開し，1881 年に自由党の党首となったのは誰か。　[　　　　　]

(5) 大日本帝国憲法では，主権は [天皇　国民] にあった。　[　　　　　]

POINT 👉 明治維新の三大改革の中で地租改正は最重要!
日清・日露戦争の講和条約の内容は要チェック!

歴史

日清・日露戦争と近代産業

❶ 日清・日露戦争と条約改正

(1) **帝国主義**…欧米列強が軍事力を背景に，アジアやアフリカを分割。

(2) **条約改正**…欧化政策→ノルマントン号事件で条約改正の世論。
- ●**領事裁判権の撤廃**…日清戦争の直前，外務大臣**陸奥宗光**が成功。
- ●**関税自主権の完全回復**…外務大臣**小村寿太郎**が成功。

(3) **日清戦争**…**甲午農民戦争**→開戦。日本の勝利。
  （朝鮮半島南部で起こった反乱）
- ●**下関条約**…清が賠償金を支払う。**台湾や遼東半島**を日本に譲る。

(4) **三国干渉**…**ロシア**などが遼東半島を清に返還するように要求。

(5) **義和団事件**…中国で起こった蜂起→列強が出兵して鎮圧。

(6) **日英同盟**…日本と**イギリス**がロシアの南下に備えて同盟を結ぶ。

(7) **日露戦争**…韓国・満州をめぐる日本とロシアの対立。

重要! ●**ポーツマス条約**…日本は韓国での優越権，鉄道の利権などを
  （アメリカ大統領の仲介）
得る→**賠償金はなし**→国民の不満が**日比谷焼き打ち事件**へ。

(8) **東アジア**…日本が**韓国併合**を行う。中国で**孫文**が**辛亥革命**。

❷ 産業革命の進展と近代文化

(1) **日本の産業革命**…せんい工業などの**軽工業**中心→八幡製鉄所，重工業中心へ。社会問題→労働争議，**足尾銅山鉱毒事件**。
  （田中正造）

(2) **近代文化の形成**
- ●**芸術**…横山大観，黒田清輝。 ●**科学**…北里柴三郎，野口英世。
- ●**文学**…二葉亭四迷→**言文一致**。樋口一葉，森鷗外，夏目漱石。
  （話し言葉である口語体で文章を書くようになった）

(3) **教育の普及**…国民教育の基礎→義務教育が6年間。1907年には小学校の就学率が97%。高等教育機関，女子の教育機関も整う。
  （津田梅子が女子英学塾（現在の津田塾大学）

年代	できごと
1894	領事裁判権の撤廃に成功
〃	日清戦争（～95）
1895	下関条約，三国干渉
1900	義和団事件
1902	日英同盟
1904	日露戦争（～05）
1905	ポーツマス条約
1910	韓国併合
1911	関税自主権の完全回復

▲ 明治時代後期の流れ

 よく出る!

下関条約の主な内容

綿糸の輸出入量の変化

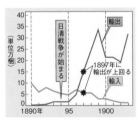

日清戦争後，綿糸の輸出入量が輸入量を上回り，紡績業が発展した。

解答はページ下 ✏

(6) 三国干渉によって，日本は［遼東半島　山東半島］を清に返還した。 [　　　]

(7) 日露戦争の講和条約を何というか。 [　　　]

(8) 1911年，［小村寿太郎　陸奥宗光］が関税自主権の完全回復に成功した。 [　　　]

(9) 1901年に操業を開始した，北九州につくられた製鉄所を何というか。 [　　　]

(10) 明治時代，［樋口一葉　森鷗外］などの女性文学者が活躍した。 [　　　]

---

1 明治維新

次の各問いに答えなさい。（(5)②8点,他7点×7）

(1) 1869年に版籍奉還が行われ,全国の藩から政府に「版」と「籍」が返された。この「版」と「籍」とは何か,書きなさい。[石川県]　　　[　　　　・　　　　]

(2) 地租改正が行われ,**資料**のような地券が発行された。地租の課税・納入方法を説明した次の文中の**X・Y**に当てはまる語句の組み合わせとして正しいものを,下の**ア～エ**から一つ選びなさい。[島根県]

資料

地租の税率は　**X**　の3%とされ,　**Y**　で納められた。

ア **X**－収穫高　**Y**－現金　　　**イ** **X**－地価　**Y**－現金

ウ **X**－収穫高　**Y**－米　　　**エ** **X**－地価　**Y**－米　　　[　　　　]

(3) 明治時代,近代化を目指す政策を進めるうえで欧米の文化がさかんに取り入れられ,洋服を着たり牛肉を食べたりするなど,人々の生活が変化し始めた。このような,人々の生活の変化を何というか,**漢字4字**で書きなさい。[山形県]　　　[　　　　]

(4) 明治時代初期には欧米のさまざまな思想が日本に紹介された。「学問のすゝめ」を著して,社会に強い影響を与えた人物は誰か,次の**ア～エ**から一つ選びなさい。[岩手県]

ア 中江兆民　　　**イ** 夏目漱石　　　**ウ** 野口英世　　　**エ** 福沢諭吉　　　[　　　　]

(5) 岩倉使節団について,次の各問いに答えなさい。[山口県]

① 岩倉使節団が視察した国のうち,プロイセンの首相ビスマルクのもとで統一された国を,次の**ア～エ**から一つ選びなさい。

ア イギリス　　　**イ** イタリア　　　**ウ** フランス　　　**エ** ドイツ　　　[　　　　]

② 岩倉使節団が欧米に派遣された主な目的を,新政府の外交課題に着目して,簡潔に書きなさい。

[　　　　　　　　　　　　　　　　　　　　　　　　　　　　　　　]

（**アドバイス**）☞ 幕末に欧米諸国と結んだ条約を思い出そう。

(6) 次の文中の**Z**に共通して当てはまる語句を書きなさい。[北海道]

明治政府は,朝鮮に国交を結ぶよう求めたが断られた。そのため,政府内には,武力を用いてでも朝鮮を開国させようとする主張である　**Z**　が高まった。しかし,欧米諸国から帰国した岩倉具視らは国力の充実が優先と考え,　**Z**　に反対した。

[　　　　]

(7) 帝国議会が開かれるまでに,内閣制度の創設や大日本帝国憲法の制定に関わった人物を,次の**ア～エ**から一つ選びなさい。[神奈川県]

ア 伊藤博文　　　**イ** 西郷隆盛　　　**ウ** 板垣退助　　　**エ** 大隈重信　　　[　　　　]

2 日清・日露戦争と日本の産業革命

次の各問いに答えなさい。（(3)8点, 他7点×5）

(1) 日清戦争のきっかけとなったできごとを，次の**ア〜エ**から一つ選びなさい。［徳島県］

　ア　日本が台湾に出兵した。　　　　**イ**　中国で辛亥革命が起こった。

　ウ　満州にロシア軍が駐留した。　　**エ**　朝鮮で甲午農民戦争が始まった。　［　　　］

(2) **資料Ⅰ**は，国を擬人化して描いた風刺画である。人物の配置などから，日露戦争直前の国際関係がわかる。**資料Ⅰ**の風刺画において，**X**の人物で表された国の名称を書きなさい。［岡山県］

　［　　　　　　　］

資料Ⅰ

ロシア　　　日本　　X

（美術同人社）

(3) 次の文中の**Y**に当てはまる内容を，**資料Ⅱ**を参考にして，簡潔に書きなさい。［群馬県・改］　よく出る！

日露戦争の戦費を調達するための増税により，国民の税負担は大きくなった。ポーツマス条約で　**Y**　ことがわかると，政府に対する国民の不満が高まり，日比谷焼き打ち事件などの暴動が起こった。

資料Ⅱ　下関条約とポーツマス条約の主な内容

下関条約	ポーツマス条約
●清が朝鮮の独立を認める。 ●日本が遼東半島・台湾などを獲得する。 ●日本が2億両の賠償金を得る。	●ロシアが韓国における日本の優越権を認める。 ●日本が旅順・大連の租借権や南樺太などを獲得する。

　［　　　　　　　　　　　　　　　　　　　　　　　　　］

(4) 1911年に不平等条約の改正が実現した。このときの外務大臣の名前と，改正に成功した交渉の内容の組み合わせとして正しいものを，下の**ア〜エ**から一つ選びなさい。［徳島県］　ミス注意

　ア　小村寿太郎，関税自主権の回復　　**イ**　小村寿太郎，治外法権の撤廃

　ウ　陸奥宗光，関税自主権の回復　　　**エ**　陸奥宗光，治外法権の撤廃　［　　　］

(5) **資料Ⅲ**中の**A〜C**の組み合わせとして正しいものを，下の**ア〜エ**から一つ選びなさい。［青森県］

　ア　**A**－国内生産量　　**B**－輸入量　　**C**－輸出量

　イ　**A**－輸出量　　　　**B**－輸入量　　**C**－国内生産量

　ウ　**A**－国内生産量　　**B**－輸出量　　**C**－輸入量

　エ　**A**－輸出量　　　　**B**－国内生産量　　**C**－輸入量　［　　　］

資料Ⅲ　綿糸の生産と貿易の変化

（万t）

20
15
10
5
0
1890 92 94 96 98 1900 02 04 06年

A　B　C

（『日本経済統計集』など）

(6) 次のできごとを起こった順に並べたものを，下の**ア〜カ**から一つ選びなさい。［大阪府］　ミス注意

　① 福岡県につくられた官営の八幡製鉄所が，操業を開始した。

　② 欧米から最新の技術を取り入れて，官営の富岡製糸場が設立された。

　③ 南満州鉄道株式会社（満鉄）がつくられ，鉄道や炭鉱，製鉄所を経営した。

　ア　①→②→③　　　**イ**　①→③→②　　　**ウ**　②→①→③

　エ　②→③→①　　　**オ**　③→①→②　　　**カ**　③→②→①　［　　　］

TEST

8 ｜ 第一次世界大戦と日本

必ず出る！要点整理

第一次世界大戦と国際協調の時代

❶ 第一次世界大戦

(1) **国際関係**…三国同盟と三国協商の対立。
- ●バルカン半島…民族・列強の対立→「**ヨーロッパの火薬庫**」。

> 重要！

(2) **第一次世界大戦**…**サラエボ事件**→同盟国と協商国（連合国）。
- **特徴**…新兵器の登場。国力のすべてを動員する総力戦となる。
  ●戦車・飛行機・毒ガス　●植民地の人々も動員，女性も兵器工場で働いた
- ●**日本の参戦**…日英同盟を理由に連合国側で参戦。中国での利権拡大を目指し，1915 年，中国に**二十一か条の要求**を示す。

(3) **ロシア革命**…レーニンの指導。世界初の社会主義政府→諸外国の干渉（シベリア出兵）→**ソビエト社会主義共和国連邦（ソ連）**成立。

❷ 国際協調の時代とアジアの民族運動

(1) **パリ講和会議**…ドイツに対する制裁→**ベルサイユ条約**を結ぶ。
- ●民族自決の原則…東ヨーロッパの多くの国が独立。

(2) **国際連盟**…アメリカの**ウィルソン**大統領の提案で設立。採決は全会一致，国際紛争の解決手段は経済制裁のみ。

(3) **国際協調の動き**…1921〜22 年，**ワシントン会議**→軍備の制限などを決定，中国の独立と領土の保全の確認，日英同盟の解消。

(4) **民主主義の拡大**…欧米では，イギリスなどで**女性参政権**を獲得。ドイツでは 1919 年に**ワイマール**憲法を制定。
  ●世界で初めて社会権を認める

(5) **五・四運動**…中国で反日運動。1919 年に孫文が**中国国民党**を結成→孫文の死後，1927 年，蔣介石が南京に**国民政府**を樹立。

(6) **三・一独立運動**…朝鮮で起こる→朝鮮総督府が武力で鎮圧。

(7) **インドの民族運動**…ガンディーの**非暴力・不服従**の抵抗運動。

年代	できごと
1914	第一次世界大戦開始
1917	ロシア革命
1918	第一次世界大戦終結
1919	朝鮮で三・一独立運動
〃	中国で五・四運動
〃	ベルサイユ条約調印
1920	国際連盟発足
1921	ワシントン会議（〜22）

▲ 第一次世界大戦前後の流れ

よく出る！

第一次世界大戦前の国際関係

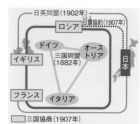

日英同盟（1902年）
ロシア
日露協約（1907年）
ドイツ
オーストリア
イギリス
三国同盟（1882年）
日本
フランス
イタリア

□ 三国協商（1907年）

第一次世界大戦では，ドイツを中心とする同盟国と，イギリスを中心とする連合国に分かれた。

くわしく！

国際連盟に加盟した国

日本は発足当時から加盟，常任理事国となる。アメリカは議会の反対により加盟しなかった。敗戦国のドイツは 1926 年，ロシア革命後のソ連は 1934 年に加盟した。

Q. 基礎力チェック問題

(1) イギリス・フランス・ロシアは［三国同盟　三国協商］を結んでいた。　［　　　　　］

(2) 1917 年のロシア革命を指導した社会主義者は誰か。　［　　　　　］

(3) 1919 年，第一次世界大戦の戦勝国とドイツが結んだ講和条約を何というか。［　　　　　］

(4) 民族自決の原則や国際機関設立を提唱したアメリカ大統領は誰か。　［　　　　　］

(5) 1921〜22 年，アメリカの呼びかけで開催された会議を何というか。　［　　　　　］

POINT 👉 第一次世界大戦中の日本の大戦景気を確認しよう！
米騒動から原敬の政党内閣の成立までの経過をつかもう！

歴史

大正デモクラシーと新しい文化と生活

❶ 政党内閣と普通選挙

(1) **第一次護憲運動**…尾崎行雄らが憲法に基づく政治を守る運動。

(2) **大正デモクラシー**…吉野作造が民本主義，民主主義を求める風潮。

【重要！】

(3) **大戦景気**…大戦中，日本は好景気。**成金**の出現，**財閥**の発展。

(4) **米騒動**…シベリア出兵を見こした米の買い占め→米価上昇→富山県での米の安売りを求める騒動が全国へ→藩閥の内閣が辞任。

(5) **政党内閣**…**原敬**が本格的な政党内閣を組織→衆議院第一党の**立憲政友会**の党員で組織。

(6) **社会運動の広がり**…労働争議や**小作争議**が活発になる。解放運動→**全国水平社**，**平塚らいてう**が**新婦人協会**を結成。
　● 青鞜社を結成，女性の解放を唱える

(7) **政党政治の展開**…第二次護憲運動で**加藤高明**内閣成立。

【重要！】

　●**普通選挙法**…満 25 歳以上の男子に選挙権。

　●**治安維持法**…社会運動の取り締まり。

❷ 大正時代の文化

(1) **教育の普及**…義務教育の普及。自由教育の運動が始まる。

(2) **大衆文化や都市の生活**…新聞，雑誌，ラジオ放送の普及。欧米風の生活様式の流行。女性の社会進出→働く女性の増加。
　●**関東大震災**…1923 年 9 月 1 日。東京・横浜で大地震。

(3) **新しい文化**…学問→西田幾多郎。文学→白樺派の志賀直哉，芥川龍之介，**プロレタリア文学**の小林多喜二。美術→竹久夢二。音楽→洋楽の山田耕筰。

年代	できごと
1912	第一次護憲運動
1915	中国に二十一か条の要求
1918	米騒動
〃	シベリア出兵（～22）
〃	原敬の政党内閣
1925	治安維持法の制定
〃	普通選挙法公布

▲ 大正時代の流れ

 よく出る！

第一次世界大戦前後の貿易額の変化

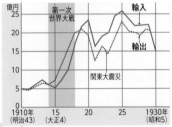

（『日本外国貿易年表』）

有権者の増加

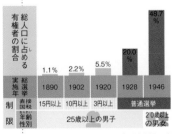

（総務省資料ほか）

解答はページ下 ✏

(6) 大正時代，民主主義による社会運動がさかんになった風潮を何というか。　[　　　　　]

(7) 日本で初めての本格的な政党内閣を組織したのは誰か。　[　　　　　]

(8) 普通選挙法と同じ年に成立した社会運動を取り締まる法律を何というか。　[　　　　　]

(9) 1925 年，満 [20　25] 歳以上のすべての男子が選挙権を得た。　[　　　　　]

(10) 1925 年に [ラジオ　テレビ] 放送が始まった。　[　　　　　]

PART
8

第一次世界大戦と日本

---

1 第一次世界大戦

次の各問いに答えなさい。 (2)②, (4)各11点, 他8点×3)

👁 **ミス注意** (1) 年表中の**X**の時期におけるできごととして**当てはまらないもの**を，次の**ア〜エ**から一つ選びなさい。[石川県]

年	できごと
1894	◇日英通商航海条約を結ぶ
	X
1919	◇パリ講和会議が開かれる

　ア　三国協商が成立する。

　イ　三国同盟が成立する。

　ウ　中華民国が成立する。

　エ　ロシア革命が起こる。

[　　　]

(2) 第一次世界大戦について，次の各問いに答えなさい。[静岡県]

　①　第一次世界大戦は，オーストリア皇太子夫妻が殺害されたことをきっかけに始まり，ドイツが連合国と休戦条約を結んだことで終わった。この期間中のできごとを，次の**ア〜エ**から一つ選びなさい。

[　　　]

　ア　日本は国際連盟から脱退した。　　**イ**　日本が韓国を併合した。

　ウ　日本が中国に二十一か条の要求を示した。　　**エ**　日本は日独伊三国同盟を結んだ。

👑 **ハイレベル** ②　第一次世界大戦末期以降，欧米の多くの国では，女性の要求にこたえ，女性の参政権が認められるようになった。第一次世界大戦末期以降，欧米の多くの国で，女性の要求を無視できなくなった理由を，第一次世界大戦が長期化したことによってつくられた戦争の体制に関連づけて，簡潔に書きなさい。

[　　　　　　　　　　　　　　　　　　　　　　　　　　　　　　]

 よく出る! (3) **資料I**は，第一次世界大戦の参戦国の一部を表している。第一次世界大戦中のオスマン帝国（トルコ）と日本について述べた下の文中の**Y**に当てはまる国名を，**資料I**中から一つ選びなさい。[青森県]

> オスマン帝国（トルコ）は同盟国側として参戦したが，日本は　**Y**　と同盟を結んでいることを理由に，連合国側として参戦した。

資料I

連合国側	同盟国側
イギリス フランス ロシア セルビア イタリア アメリカ 日本	ドイツ オーストリア オスマン帝国（トルコ）

[　　　　　　　　]

(4) **資料II**は，1914年度から1935年度にかけての日本の軍事費の推移を表したものである。**Z**の時期に軍事費が減少している理由として考えられることを，当時の国際情勢をふまえて，簡潔に書きなさい。ただし，「**第一次世界大戦**」，「**ワシントン会議**」という語句を用いること。[鹿児島県]

資料II

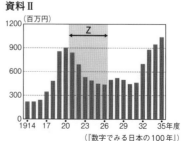

(『数字でみる日本の100年』)

[　　　　　　　　　　　　　　　　　　　　　　　　　]

大正デモクラシー

次の各問いに答えなさい。((1)完答, (4), (5)各10点, 他8点×3)

(1) **資料Ⅰ** は，1911 年から 1915 年の日本の国別輸出額を表し，**ア〜ウ**はイギリス，ドイツ，ロシアのいずれかである。ドイツに当てはまるものを一つ選びなさい。また，そのように判断した理由を，「**第一次世界大戦**」という語句を用いて，簡潔に書きなさい。[三重県]　記号[　　]

理由[　　　　　　　　　　　　　　　　　　　　]

資料Ⅰ

（『日本貿易精覧』）

(2) 吉野作造は，天皇主権のもとでも，民衆の考えに基づいた政治を行うことを主張した。この主張を何というか，**漢字4字**で書きなさい。[岡山県]　[　　　　　　]

(3) 1918 年の米騒動の責任をとって寺内正毅内閣が総辞職した直後，本格的な政党内閣が成立した。このときの内閣総理大臣は誰か，書きなさい。[長崎県]

[　　　　　　　　　　　　]

資料Ⅱ

閣僚	所属政党など
内閣総理大臣	立憲政友会
外務大臣	外務省官僚
内務大臣	立憲政友会
大蔵大臣	立憲政友会
陸軍大臣	陸軍
海軍大臣	海軍
司法大臣	立憲政友会
文部大臣	立憲政友会
農商務大臣	立憲政友会
逓信大臣	立憲政友会
内閣書記官長	立憲政友会
法制局長官	立憲政友会

（『国史大事典』など）

資料Ⅲ

政党名	衆議院議員数
立憲政友会	164 人
憲政会	118 人
立憲国民党	37 人
その他	62 人

（『議会制度百年史』）

(4) **資料Ⅱ** は，(3)の内閣発足時の閣僚の所属政党などを表したものであり，**資料Ⅲ** は，このときの政党別の衆議院議員数を表したものである。最初の本格的な政党内閣といわれるこの内閣の特色として，**資料Ⅱと資料Ⅲ**をもとにわかることを，「**閣僚**」の語句を用いて，簡潔に書きなさい。[高知県・改]

[　　　　　　　　　　　　　　　　　　　　　　　　　　]

(5) **資料Ⅳ** は，1924 年と 1928 年にそれぞれ実施された衆議院議員総選挙における有権者数と全人口に占める有権者数の割合を，それぞれ表したものである。1928 年の全人口に占める有権者数の割合を 1924 年と比較すると，大幅に増加していることがわかる。全人口に占める有権者数の割合が大幅に増加したのは，1925 年に有権者の資格がどのようになったからか，簡潔に書きなさい。[香川県]

資料Ⅳ

	有権者数（万人）	全人口に占める有権者数の割合（%）
1924 年	329	5.6
1928 年	1241	19.8

（総務省資料）

[　　　　　　　　　　　　　　　　　　　　　　　　　　]

(6) 大正時代の文化について述べた文を，下の**ア〜エ**から一つ選びなさい。[長崎県・改]

ア 芥川龍之介が『羅生門』を著した。　**イ** 近松門左衛門が人形浄瑠璃の台本を書いた。

ウ 川端康成がノーベル文学賞を受賞した。　**エ** 本居宣長が『古事記伝』を著した。

[　　　]

PART 9 | 第二次世界大戦と日本

必ず出る！要点整理

世界恐慌と日本の中国侵略

① 世界恐慌と各国の対策

[重要！]
(1) 世界恐慌…1929年，**アメリカで株価大暴落**→世界中が不景気に。
- **アメリカの対策**…ローズベルト大統領が**ニューディール**政策。◀新規巻き直しともいう
- **ブロック経済**…関係の深い国や地域だけで貿易をさかんにする→植民地の多い**イギリス**や**フランス**で成立。

(2) ファシズム…植民地の少ない**ドイツ**や**イタリア**で台頭，独裁政治。
ⓑヒトラーのナチス　ⓑムッソリーニのファシスト党

(3) ソ連…「**五か年計画**」で世界恐慌の影響を受けず経済成長。

(4) **日本の不景気**…1927年に**金融恐慌**→1930年に**昭和恐慌**。協調外交が行きづまり，浜口雄幸首相は狙撃され。辞任。

② 軍部の台頭と日中戦争

(1) 満州事変…**関東軍**が南満州鉄道の線路爆破（**柳条湖事件**）→軍事行動，満州の大部分を占領→満州国の建国を宣言。
- **国際連盟の脱退**…国際連盟はリットン調査団を派遣→満州国を認めず日本の引き上げを勧告→日本はこれを不服として，脱退。

(2) **軍部の台頭**…軍部の政治的な発言力が強まった。

(3) ● **五・一五事件**…犬養毅首相を暗殺→**政党政治の終わり**。
● **二・二六事件**…陸軍の青年将校らが東京中心部を占拠。

(4) **日中戦争**…盧溝橋事件から開戦。中国は**抗日民族統一戦線**を結成。

(5) **戦時体制**…近衛文麿内閣は「**挙国一致**」を目標に戦時体制を強化。
● **国家総動員法**…議会の承認なしに，労働力や物資を戦争に動員。
● **戦時体制の強化**…政党はすべて解散して，**大政翼賛会**に合流。国民生活は切符制や配給制，**隣組**の結成。

年代	できごと
1922	イタリアにファシスト政権成立
1928	ソ連で第一次「五か年計画」
1929	世界恐慌
1933	ドイツにナチス政権成立
〃	アメリカでニューディール政策

▲ 世界恐慌前後の世界の流れ

よく出る！

1929年前後の主な国の鉱工業生産指数

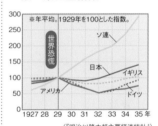

（『明治以降本邦主要経済統計』）

ソ連は計画経済を行っていたので，世界恐慌の影響を受けなかった。

▲ 軍部の台頭と中国侵略への動き

基礎力チェック問題

(1) 世界恐慌に対してアメリカ合衆国が行った政策を何というか。 [　　　]

(2) 世界恐慌の中で経済成長を続けた国は，［ソ連　ドイツ］であった。 [　　　]

(3) 1932年の五・一五事件で，［原敬　犬養毅］首相が暗殺された。 [　　　]

(4) 満州事変の後，日本が脱退した国際機関を何というか。 [　　　]

(5) 1937年，［柳条湖　盧溝橋］事件をきっかけに日中戦争が始まった。 [　　　]

第二次世界大戦

❶ 第二次世界大戦と太平洋戦争

(1) **大戦への動き**…ドイツが領土拡大を目指す→**独ソ不可侵条約**。

(2) **第二次世界大戦**…**ドイツ**が**ポーランド**へ侵攻して開戦。

　●**拡大**…**日独伊三国同盟**，枢軸国結成。**連合国**は**大西洋憲章**。

　●**ドイツの占領**…ユダヤ人を強制収容所に。ドイツに抵抗運動。
　　　　　　　　　　　　　　　　　　　　　　　　　　●レジスタンス

(3) **日本の南進**…資源を求めて東南アジアに進出→**日ソ中立条約**で北方の安全を確保→アメリカは日本へ経済封鎖（「**ABCD包囲陣**」）。

(4) **太平洋戦争**…日米交渉が失敗→**東条英機**内閣は開戦を決意。

　●**開戦**…1941年12月8日，日本軍は**マレー半島**に上陸，アメリカ海軍基地のあるハワイの**真珠湾**を奇襲攻撃して開戦。

　●**経過**…日本は南太平洋全域を勢力下に→1942年6月の**ミッドウェー海戦**で敗北し，攻勢が止まり，長期化する。

(5) **戦時下の国民生活**…**学徒出陣**，**勤労動員**，**学童（集団）疎開**。日常生活→兵器にするため，**金属を供出**。厳しい情報統制。
　　　　　　　　　　●なべ・かま，寺の鐘など　　●戦争の正確な情報は新聞で報道されなかった

❷ 戦争の終結

(1) **イタリアの降伏**…1943年に**ムッソリーニ**が失脚し，9月に降伏。

(2) **ドイツの降伏**…1944年8月パリ解放，1945年4月ヒトラーが自殺し，5月に降伏→ヨーロッパで戦争が終わる。

(3) **日本の降伏**…1945年3月に**東京大空襲**，沖縄戦。

　●**連合国の動き**…**ヤルタ会談**。**ポツダム宣言**で降伏勧告→無視。
　　　　　　　　●1945年2月　●1945年7月

　●1945年8月，**広島**と**長崎**に**原子爆弾**投下，**ソ連**が対日参戦。

　●1945年8月14日に**ポツダム宣言**の受諾を決定→15日に昭和天皇がラジオ放送で国民に知らせた（玉音放送）。

年	月	できごと
1939	8	独ソ不可侵条約
〃	9	第二次世界大戦
1940	9	日独伊三国同盟
1941	6	ドイツがソ連侵攻
〃	12	太平洋戦争
1943	9	イタリア降伏
1945	5	ドイツ降伏
〃	8	原子爆弾投下
〃	〃	ポツダム宣言受諾

▲ 第二次世界大戦の流れ

よく出る!

太平洋戦争当時の国際関係

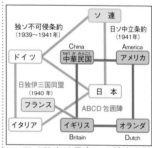

独ソ不可侵条約
（1939～1941年）

日ソ中立条約
（1941年）

China 中華民国

America アメリカ

ドイツ

日独伊三国同盟
（1940年）

日本

ABCD包囲陣

フランス

イタリア　　イギリス　　オランダ
Britain　　　　　　　Dutch

アメリカは日本への輸出を禁止し，ABCD包囲陣の経済封鎖を行う。

くわしく!

ポツダム宣言の内容

・連合国による占領。
・日本の領土規定。
・戦争犯罪人への処罰。
・民主主義の復活・強化。
・日本の軍隊の無条件降伏。

解答はページ下

(6) 国民や物資を戦争に動員するために制定された法律を何というか。　　　　　[　　　　　　　]

(7) 1940年，日本のすべての政党が解散して何という組織に合流したか。　　　[　　　　　　　]

(8) 1940年，日本は，ドイツと［ソ連　　イタリア］と三国同盟を結んだ。　　[　　　　　　　]

(9) 1941年，［東条英機　　近衛文麿］内閣のときに太平洋戦争は始まった。　[　　　　　　　]

(10) 連合国が発表した，日本の無条件降伏を示した宣言を何というか。　　　　　[　　　　　　　]

1　世界恐慌

次の各問いに答えなさい。（8点×3）

(1) 1920年代のアメリカについて述べた次の文を読み，下線部 **a**，**b** の内容を表す資料として適切なものを，下の**ア～ウ**からそれぞれ選びなさい。［富山県］　　a [　　]　b [　　]

> 　1920年代のアメリカでは，大衆の間に大量生産された **a商品の普及**が進み，人々の生活は豊かになった。しかし，1929年，ニューヨークで株価が大暴落すると，アメリカの経済は一転して **b不景気**となり，人々の生活は一変した。

ア アメリカの国民総生産と消費支出

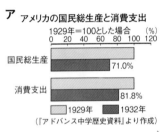

（『アドバンス中学歴史資料』より作成）

イ アメリカの巨大企業の成長（1929年）

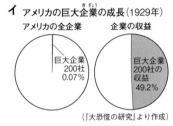

（『大恐慌の研究』より作成）

ウ アメリカにおける自動車所有世帯の割合

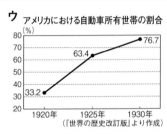

（『世界の歴史改訂版』より作成）

(2) 世界的な経済危機である世界恐慌以後の各国のできごととして**誤っているもの**を，次の**ア～エ**から一つ選びなさい。［高知県・改］

ア ドイツでは，ヒトラー率いる政党が政権を握った。

イ イギリスでは，他国の商品をしめ出すブロック経済が行われた。

ウ アメリカでは，ニューディール（新規巻き直し）政策が始まった。

エ ロシアでは，ソビエト社会主義共和国連邦（ソ連）が成立した。

[　　]

2　第二次世界大戦

次の各問いに答えなさい。（(2)(6)各10点, 他7点×8）

(1) **資料 I** は，国際連盟が派遣したイギリスなど5か国の代表者からなる調査団が，南満州鉄道の線路爆破事件を調べる様子である。次の各問いに答えなさい。［熊本県・改］

① ⓐ・ⓑに当てはまるものを，それぞれ選びなさい。

> 　満州に駐留していた日本軍（関東軍）が，奉天（現在の瀋陽）郊外のⓐ〔**ア** 盧溝橋　**イ** 柳条湖〕で南満州鉄道の線路を爆破したことをきっかけに軍事行動を開始し，満州の大部分を占領した。これに対し，ⓑ〔**ア** 毛沢東　**イ** 蔣介石　**ウ** 孫文〕を指導者とする中国国民政府は，国際連盟に日本の行動を訴えた。

資料 I

（朝日新聞社／PPS通信社）

ⓐ [　　]

ⓑ [　　]

② **資料Ⅱ**は，日本，アメリカ合衆国，イギリス，ドイツ，フランス，イタリアの国際連盟への加盟状況を表したものであり，■は，加盟期間を表している。日本，アメリカ合衆国，ドイツに当てはまるものを，**資料Ⅱ**の**A〜D**からそれぞれ一つずつ選びなさい。

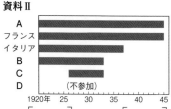

資料Ⅱ

日本[　　　]　アメリカ合衆国[　　　]　ドイツ[　　　]

 よく出る！
(2) 1932年に起こった五・一五事件がもたらした影響を，「**政党内閣**」という語句を用いて，簡潔に書きなさい。［香川県］　[　　　　　　　　　　　　　　　　　　]

(3) 国の産業や経済から国民の生活のすべてにわたって戦争に動員できるようにするために，1938年に公布された法律を何というか，書きなさい。［青森県］　　　　[　　　　　　　　]

(4) 次の文中の**X・Y**に当てはまる語句の組み合わせとして正しいものを，下の**ア〜エ**から一つ選びなさい。［千葉県］

> 日中戦争の中で，1940年に　**X**　内閣が「挙国一致」を目標として，新体制運動を進めた。政党は解散して，新たに結成された　**Y**　に合流した。

ア　**X**－近衛文麿　**Y**－労働組合　　　**イ**　**X**－東条英機　**Y**－労働組合
ウ　**X**－近衛文麿　**Y**－大政翼賛会　　　**エ**　**X**－東条英機　**Y**－大政翼賛会　[　　　]

(5) 次の図は，太平洋戦争が始まる直前の国際関係を模式的に表したもので，実線（——）は，日本が結んだ三国同盟を，破線（-----）は，ABCD包囲網（包囲陣）をそれぞれ示している。**ア〜エ**のうち，太平洋戦争をめぐる国際関係を表しているものを，一つ選びなさい。［岩手県］

ア 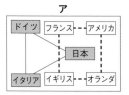　**イ** 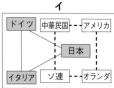　**ウ** 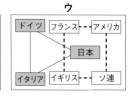　**エ**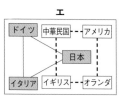

[　　　]

アドバイス ☞ **ABCDとは，各国の英語名の頭文字。**

(6) 第二次世界大戦に関して，次の文中の**Z**に当てはまる内容を，「**不足**」という語句を用いて，簡潔に書きなさい。［岡山県］

> 戦争中には，鍋や釜，さらに鉄くずや寺の鐘などまで回収されることがあった。こうしたことが行われたのは，　**Z**　からである。このような状況の中，硬貨の製造も困難になり，「五銭」や「十銭」といった小額の紙幣が発行されることになった。

（注）一銭は，一円の百分の一にあたる。

[　　　　　　　　　　　　　　　　　　　　]

PART 10 日本の民主化と現代の世界

必ず出る！要点整理

日本の民主化と冷戦の始まり

❶ 占領下の日本と民主化

(1) **占領**…マッカーサーを最高司令官とする連合国軍最高司令官総司令部（GHQ）の間接統治で戦後改革が進む。**極東国際軍事裁判**。
　▶東京裁判

(2) **日本の民主化**

> 重要！

　● **政治**…治安維持法の廃止，満20歳以上の男女に選挙権。

　● **経済**…**財閥解体**，農地改革，**労働組合法・労働基準法**の制定。
　　▶三井・三菱などの財閥が解体された

(3) **日本国憲法の制定**…1946年11月3日公布，1947年5月3日施行。

　● **基本原理**…国民主権・基本的人権の尊重・平和主義。

(4) **新しい法律**…民法の改正→男女平等，**地方自治法**，教育基本法。

❷ 国際連合と冷戦，日本の独立の回復

(1) **国際連合**…国際連合憲章に基づき発足。本部は**ニューヨーク**。総会，**安全保障理事会**→**常任理事国に拒否権**。武力制裁。
　　▶アメリカ・イギリス・フランス・ソ連・中国，一国でも反対すると決議できない

(2) **冷たい戦争（冷戦）**…西側陣営と東側陣営の戦火を交えない対立。
　　▶アメリカ中心の資本主義諸国とソ連中心の共産（社会）主義諸国

(3) **アジア・アフリカの国々**…各地で独立。1949年，**中華人民共和国**が成立。朝鮮半島は南北に分断→1950年に**朝鮮戦争**。

(4) **占領政策の転換**…非軍事化・民主化から日本の経済復興へ。

　● **特需景気**…**朝鮮戦争**で軍需物資の生産→好景気となる。
　　▶朝鮮特需ともいう

　● **自衛隊**…GHQの指令で警察予備隊→保安隊→自衛隊へ（1954年）。

　● **サンフランシスコ平和条約**…1951年に調印→翌年独立を回復。

　● **日米安全保障条約**…**アメリカ軍**の日本駐留，軍事基地の使用。

(5) **55年体制**…**自由民主党（自民党）**が38年間にわたり政権を維持。

　● **安保闘争**…1960年の新安保条約に対して激しい反対運動。

年代	できごと
1945	GHQによる占領
〃	国際連合が発足
1946	日本国憲法の公布
1950	朝鮮戦争（〜53）
1951	サンフランシスコ平和条約
〃	日米安全保障条約
1956	日ソ共同宣言
〃	日本が国際連合に加盟

▲ 戦後の日本と世界の流れ

 よく出る！

農地改革による農村の変化

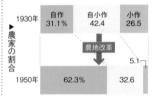

▶農家の割合

| 1930年 | 自作 31.1% | 自小作 42.4 | 小作 26.5 |

農地改革

| 1950年 | 62.3% | 32.6 | 5.1 |

（『完結昭和国勢総覧』ほか）

地主がもつ小作地を，政府が強制的に買い上げて，小作人に安く売り渡した。

サンフランシスコ平和条約の調印

（Mary Evans／PPS通信社）

中央で署名しているのは，吉田茂首相。

Q. 基礎力チェック問題

(1) 日本で戦後改革を行ったGHQの最高司令官は誰か。　［　　　　　］

(2) GHQが行った自作農を増やす農業の民主化政策を何というか。　［　　　　　］

(3) 1945年10月に創設された，国際連盟に代わる新しい国際機関を何というか。　［　　　　　］

(4) 1950年の［朝鮮戦争　　ベトナム戦争］によって日本は特需景気になった。　［　　　　　］

(5) サンフランシスコ平和条約と同時にアメリカと結んだ条約を何というか。　［　　　　　］

POINT 👉 農地改革と高度経済成長期の社会の変化は最重要！
冷戦の開始と終結までの世界の流れをつかめ！

学習日 ／

現代の日本と世界

❶ 緊張緩和（きんちょうかんわ）と高度経済成長

(1) **緊張緩和の進展**…**アジア・アフリカ会議**。**キューバ危機**。**ヨーロッパ共同体（EC）** 発足。**ベトナム戦争**が激化。
　　　●1955年，インドネシアのバンドンで開催

重要！ (2) **日本の外交**
　　●**ソ連**…1956年，**鳩山一郎（はとやまいちろう）内閣**が**日ソ共同宣言**に調印。ソ連の支持を得て，同年，日本は**国際連合**に加盟し，国際社会に復帰。
　　●**韓国（かんこく）**…1965年，**日韓基本条約**。韓国との国交を回復。
　　●**中国**…1972年，**日中共同声明**。1978年，**日中平和友好条約**。
　　●**沖縄の日本復帰**…1972年，**佐藤栄作（さとうえいさく）内閣**のときに実現。
　　　●田中角栄内閣　　●非核三原則を提唱，ノーベル平和賞受賞

(3) **高度経済成長**…1955年から1973年までの急速な経済成長。一方で，**公害問題**が深刻化→**公害対策基本法**，**環境庁（かんきょう）**。
　　　●四大公害病　　●現在の環境省

(4) **石油危機**…**第四次中東戦争（ちゅうとうせんそう）**の影響→**高度経済成長が終わる**。
　　　●オイル・ショックともいう

(5) **現代の文化**…映画。**テレビ放送**の開始。

❷ 冷戦終結後の国際社会

(1) **冷戦の終結**…**ベルリンの壁崩壊（かべほうかい）**→**東西ドイツ統一**。**マルタ会談**。
　　●**国際協調の動き**…**主要国首脳会議（サミット）**，**EU** 発足。
　　　　　　　　　　　　　　　　　　　●ヨーロッパ連合
　　●**地域紛争（ふんそう）**…**湾岸（わんがん）戦争**，アメリカで**同時多発テロ**，イラク戦争。

(2) **冷戦後の日本**…**国際平和協力法**→自衛隊を**平和維持活動（PKO）**へ派遣。北朝鮮の拉致問題。領土をめぐる問題→**竹島（たけしま）**，**北方領土**。
　　　●PKO協力法
　　●**バブル経済の崩壊（ふきょう）**…1991年に崩壊→長期にわたる平成不況。

(3) **持続可能な社会へ向けて**…日本の課題→**少子高齢化（こうれい）**や自然災害。**グローバル化（かんきょう）**→環境問題，**SDGs（エスディージーズ）** への取り組み，核兵器の廃絶（はいぜつ）。
　　　●持続可能な開発目標

年代	できごと
1965	ベトナム戦争激化
1972	沖縄が日本に復帰
〃	日中共同声明
1973	第四次中東戦争
〃	石油危機
1989	マルタ会談（冷戦終結）（ほうかい）
1991	バブル経済崩壊
1993	EU発足
2001	アメリカ同時多発テロ
2008	世界金融危機（きんゆう）
2011	東日本大震災（しんさい）

▲ 現代の日本と世界の流れ

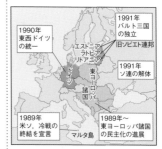

▲ 激変するヨーロッパ

📖 **用語**

高度経済成長

1955年～1973年まで，年平均10％程度の成長が続いた時期。

バブル経済

1980年代後半，投機によって株式と土地の価格が異常に高くなった，不健全な好景気。

解答はページ下 ✏️

(6) 1956年，鳩山一郎（はとやまいちろう）内閣のときに［中国　ソ連］との国交が回復した。　　［　　　　　　　］
(7) 非核（ひかく）三原則を提唱したのは，［佐藤栄作（さとうえいさく）　田中角栄（たなかかくえい）］首相である。　　［　　　　　　　］
(8) 石油危機により，日本の［バブル経済　高度経済成長］が終わった。　　［　　　　　　　］
(9) ベルリンの壁崩壊（かべほうかい）の翌年，東西［ベトナム　ドイツ］が統一した。　　［　　　　　　　］
(10) 世界政治や経済について話し合う主要国首脳会議をカタカナで何というか。　　［　　　　　　　］

A．(1)アジア・アフリカ　(2)国際連合　(3)国際連合　(4)朝鮮戦争　(5)日米安全保障条約（日米安保条約）　(6)ソ連　(7)佐藤栄作　(8)高度経済成長　(9)ドイツ　(10)サミット

日本の民主化と現代の世界

1 日本の民主化

次の各問いに答えなさい。(10点×3)

よく出る！ (1) 占領下の日本において民主化が進められた中で**資料Ⅰ**のような変化が生じた理由を，「政府（国）が，」という書き出しに続けて，簡潔に書きなさい。[福岡県]

[政府（国）が，

]

(2) 経済の民主化の一つとして(1)が行われた。そのほかに，経済の民主化として行われたことを，一つ書きなさい。[山形県・改]

[ ]

ミス注意 (3) **資料Ⅱ**は，1928年と1946年の衆議院議員の選挙における有権者数を比較したものである。1946年の有権者数に大きな変化がみられるのは，1945年に選挙制度がどのように改正されたからか，年齢と性別に着目して，簡潔に書きなさい。[山形県]

[ ]

資料Ⅰ　自作地と小作地の割合の変化

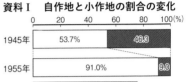

	自作地	小作地
1945年	53.7%	46.3
1955年	91.0%	9.0

（『完結昭和国勢総覧』）

資料Ⅱ

（注）グラフ中の（　）内は全人口に対する有権者の割合を示す。

2 国際社会への復帰，現代の日本と世界

次の各問いに答えなさい。((4)完答，10点×7)

(1) 次の文を読んで，あとの各問いに答えなさい。[鹿児島県]

> 日本は1951年に48か国と[　　　]平和条約を結び，翌年に独立を回復した。その後も**a**さまざまな国と外交関係を築いた。経済は，1950年代半ばまでに戦前の水準をほぼ回復し，その後も**b**高度経済成長が1970年代初めにかけて続いた。

よく出る！ ① [　　　]に当てはまる語句を書きなさい。[　　　　　　]

② [　　　]平和条約に署名した，当時の日本の内閣総理大臣の名前を書きなさい。[愛媛県・改]

[　　　　　　]

ミス注意 ③ 下線部**a**について，日本とある国との外交関係について述べた次の文の**X・Y**に当てはまる語句の組み合わせとして正しいものを，次の**ア～エ**から一つ選びなさい。[　　　]

> 1956年，鳩山一郎内閣によって[**X**]が調印され，国交が回復した。しかし，この国と[**Y**]をめぐる問題は未解決のままである。

ア　X－日ソ共同宣言　Y－北方領土　　　イ　X－日ソ共同宣言　Y－小笠原諸島

ウ　X－日中共同声明　Y－北方領土　　　エ　X－日中共同声明　Y－小笠原諸島

アドバイス ☞ 同年，この国の支持も得て日本は国際連合に加盟。国際社会に復帰した。

④ 下線部 **b** について，この時期に起こった世界のできごとを，次の**ア～エ**から一つ選びなさい。

ア 国際社会の平和と安全を維持するため，国際連合が発足した。

イ アメリカが介入したことにより，ベトナム戦争が激化した。

ウ ベルリンを東西に分断していたベルリンの壁が取りこわされた。

エ イラクのクウェート侵攻をきっかけに，湾岸戦争が起こった。　　[　　　]

(2) 池田勇人内閣が所得倍増をスローガンにかかげた，1960 年以降の日本のできごとを**古い順に**並べなさい。[山口県]　　　　[　　　→　　　→　　　]

ア 中東での戦争の影響を受けて，石油危機が起こり，高度経済成長が終わった。

イ 投資によって株価と地価が異常に高くなるバブル経済が崩壊した。

ウ 各地で起こっていた公害問題に対応するため，公害対策基本法が制定された。

(3) 1950 年代には週刊誌ブームが起こり，雑誌が広く読まれた。マスメディアの発達は，人々の生活や社会に大きな影響を与えた。次の文中の**X・Y**に当てはまる語句の組み合わせとして正しいものを，下の**ア～エ**から一つ選びなさい。[岐阜県]

> 大衆の娯楽としては映画が人気を集め，「羅生門」の監督である　**X**　などが，世界的にも高い評価を受けた。1950 年代末には　**Y**　が急速に普及し，全国の人々は，　**Y**　を通じて同じ内容の情報を同時に得るようになっていった。

ア X－川端康成　Y－テレビ　　**イ** X－川端康成　Y－インターネット

ウ X－黒澤明　Y－テレビ　　**エ** X－黒澤明　Y－インターネット　　[　　　]

(4) 第二次世界大戦後の日本や世界の平和に関するできごとについて **a～d** の 4 枚の**カード**を作成した。4 枚の**カード**のうち，下線部の語句が**誤っているもの**を一つ選びなさい。また，その語句を正しい語句に書きかえなさい。[佐賀県]

カード

a
1955 年
植民地支配から独立した国々が中心となり<u>アジア・アフリカ会議</u>が開かれ，平和共存などが訴えられた。

b
1972 年
<u>沖縄</u>がアメリカから返還されたが，アメリカの軍事施設の多くはそのまま残された。

c
1989 年
<u>アメリカと中国</u>の首脳がマルタ島で会談し，冷戦の終結が宣言された。

d
1992 年
<u>PKO 協力法</u>が成立し，自衛隊が国際貢献の一環としてカンボジアに派遣された。

記号[　　]　正しい語句[　　　　　　　]

TEST

⑧ 87

PART **1** | # 現代社会の特色

必ず出る！要点整理

現代社会と私たち

❶ 現代社会のなりたち

(1) **高度経済成長**…1950年代半ば～1970年代前半。
- **変化**…重工業化，高速交通網の整備，電化製品の普及。
- **課題**…公害の発生，都市の**過密化**と農村の**過疎化**。

(2) **持続可能な社会**…経済発展による環境破壊や経済格差などの課題の解決→「持続可能な開発目標（SDGs）」。**社会参画**で実現。

❷ 現代社会の特色

 重要！

(1) **グローバル化**…世界が結びつきを強めて一体化すること。
- **経済の結びつき**…**国際競争**や**国際分業**が進む→日本では，食料輸入の増加により，**食料自給率の低下**が課題となる。
  ◉ 競争力の弱い産業は他国による
- **人の結びつき**…訪日外国人，日本で暮らす外国人の増加。
- **影響**…国際的な課題の増加→地球温暖化，感染症の世界的な流行，テロリズムなど→国際協力が必要。

(2) **情報化**…社会の中で情報の果たす役割が大きくなること。
- **情報通信技術（ICT）の発達**…インターネット・ショッピングやIoTの普及，**人工知能（AI）**の活用。
- **課題**…個人情報の流出。**情報リテラシー**や**情報モラル**が必要。
  ◉ 情報を正しく活用する力

(3) **少子高齢化**…年少人口が減少，老齢人口が増加→**少子高齢社会**。
- **少子化の背景**…**合計特殊出生率**の低下，未婚率の上昇。
- **課題**…生産年齢人口の減少で，労働力不足や産業が衰退する恐れ→社会保障関係費の財源不足，**国民一人あたりの年金負担**増。
- **対策**…少子化対策→**育児・介護休業法**，子育て環境の充実。

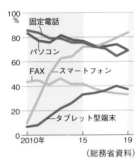

※ 2020年は，2010年以前と統計の基準が異なる。（法務省資料）

▲ **日本で暮らす外国人数の推移**

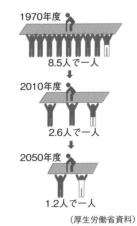

（総務省資料）

▲ **主な情報通信機器の保有状況**

1970年度
8.5人で一人

2010年度
2.6人で一人

2050年度
1.2人で一人

（厚生労働省資料）

▲ **国民の年金負担**

 基礎力チェック問題

(1) 世界の一体化を［グローバル化　高度経済成長］という。　［　　　　　］

(2) 不得意な分野を他国にたよる［国際競争　国際分業］が進んでいる。　［　　　　　］

(3) 情報を正しく活用する力を何というか。　［　　　　　］

(4) 人工知能の略称をアルファベット2字で何というか。　［　　　　　］

(5) 合計特殊出生率の低下などで，年少人口が減少することを何というか。　［　　　　　］

グローバル化や情報化などの現代社会の特色は要チェック!
効率と公正を用いた解決策について考えてみよう!

公民

私たちの生活と文化

❶ 生活と文化

(1) **文化**…人間が便利で豊かな生活を求めてつくりあげてきた。
- ●科学…科学技術の発達→生活を便利する。
- ●芸術…人間の心や生活を豊かにする→絵画,音楽,演劇,文学。
- ●宗教…人間の不安や悩みを和らげ,より良い生き方を追求。

(2) **伝統文化**…**伝統芸能**,**年中行事**,冠婚葬祭などの生活文化。
- ●**日本文化の多様性**…地域による違い。**琉球文化**や**アイヌ文化**。

(3) **多文化共生**…互いの文化の違いを認め合い,ともに生活していくこと。**ダイバーシティ(多様性)**の尊重,**ユニバーサルデザイン**。
  ◑多言語表示,ピクトグラムでの案内板など

❷ 現代社会の見方や考え方

(1) **社会集団**…社会生活の単位である人々の集まり→**家族**,学校,**地域社会**,職場など。
- ●**人間は社会的存在**…人間はさまざまな社会集団の中で生活して,協力しながら生活する。

(2) **家族**…最も基礎的な社会集団。
- ●**家族形態の変化**…**核家族世帯**,**一人世帯(単独世帯)**の増加。
- ●**家族関係**…憲法で「**個人の尊厳と両性の本質的平等**」を明記。

(3) **効率と公正**…対立を解消して,合意を目指すために大切。
- ●**効率**…最大の利益を得るために,時間,労力の無駄を省く。
- ●**公正**…誰にとっても手続きや機会・結果が公平であること。

(4) **きまり(ルール)**…対立を防ぐ一方で,きまりを守る**責任**や**義務**がある。採決の仕方→**全員一致(全会一致)**,**多数決**。
  ◑少数意見の尊重が大切

月	年中行事
1月	正月・初もうで
2月	節分・豆まき
3月	桃の節句・ひな祭り
〃	彼岸
5月	端午の節句
7月	七夕
8月	お盆(または7月)
9月	十五夜,彼岸
11月	七五三
12月	クリスマス,大晦日

▲ 主な年中行事

よく出る!

並び方の効率と公正

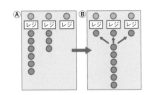

Ⓐの並び方…空いているレジに並べば,先に並んでいた人よりも先に会計が済む。
×「**機会・結果の公平さ**」
Ⓑの並び方…一列に並び,順番に空いたレジへ進む。
○空いているレジがなく,**効率がよい**。
○並んだ順番に会計する「**機会・結果の公平さ**」

解答はページ下 ✎

(6) 医学や情報通信技術などの文化は,[芸術　科学]の領域に属する。 [　　　]

(7) 互いの文化の違いを認め合い,暮らしていくことを何というか。 [　　　]

(8) 人間は,社会集団に属していることから[社会的存在　社会参画]である。 [　　　]

(9) 対立が生じた場合,みんなが納得する解決策を見つけ出すことを何というか。 [　　　]

(10) 多数決で決めるときは,[全会一致　少数意見]の尊重が大事である。 [　　　]

現代社会の特色

1　現代社会の特色，伝統文化

次の各問いに答えなさい。（(4)10点, 8点×6）

よく出る!

(1) 国境を越えてモノ，お金，情報などが自由に行き交う，世界の一体化の傾向（けいこう）を示す外来語を何というか，書きなさい。[沖縄県・改]
　　[　　　　　　　　化]

(2) 次の文中の**X〜Z**に当てはまる語句の組み合わせとして正しいものを，下の**ア〜エ**から一つ選びなさい。[兵庫県]

> 　世界各国では，自国のみで商品を生産せずに，　**X**　な商品を輸出して，　**Y**　な商品を輸入する傾向にある。これを　**Z**　という。

ア　X－不得意　**Y**－得意　　**Z**－産業の空洞化（くうどう）
イ　X－不得意　**Y**－得意　　**Z**－国際分業
ウ　X－得意　　**Y**－不得意　**Z**－産業の空洞化
エ　X－得意　　**Y**－不得意　**Z**－国際分業
　　[　　　　]

(3) インターネットについて説明した次の文の正誤の組み合わせとして正しいものを，下の**ア〜エ**から一つ選びなさい。[神奈川県]

> ①　インターネット上に書き込（こ）んだ内容から，個人情報が広く流出することがある。
> ②　インターネットを利用して，店舗（てんぽ）に行かずに商品を購入（こうにゅう）できる。

**ア　**①－正　②－正　　　**イ　**①－正　②－誤
**ウ　**①－誤　②－正　　　**エ　**①－誤　②－誤
　　[　　　　]

(4) **資料 I** は，日本の世帯数と一世帯あたりの人数の推移（すいい）を表している。このような推移には，少子化のほかに，家族のかたちの変化も背景にあると考えられている。家族のかたちはどのように変化してきたか，簡潔に書きなさい。
[徳島県・改]

[　　　　　　　　　　　　　　　　　　　　　]

資料 I

年	世帯数 （千世帯）	一世帯あたり の人数（人）
1950	16,580	5.02
1970	30,374	3.45
1990	41,036	3.01
2010	51,951	2.46
2015	53,449	2.38

（「数字でみる　日本の100年」改訂第7版）

(5) **資料 II** は，日本で伝統的に行われている，主な年中行事についてまとめたものである。**A〜C**に当てはまることがらを，次の**ア〜ウ**から選びなさい。[北海道]

**ア　**端午（たんご）の節句
**イ　**七五三
**ウ　**節分（せつぶん）

資料 II

	主な年中行事		主な年中行事
1 月	正月，初もうで	8 月	お盆（ぼん）
2 月	**A**	9 月	秋の彼岸（ひがん）
3 月	ひな祭り，春の彼岸	10 月	秋祭り
5 月	**B**	11 月	**C**
7 月	七夕（たなばた）	12 月	大晦日（おおみそか）

A[　　　] B[　　　] C[　　　]

次の各問いに答えなさい。((4)10点, 他8点×4)

(1) 次の文は「効率」と「公正」のいずれかについて述べたものである。このうち,「公正」について述べた文を, 次の**ア～エ**から**二つ**選びなさい。[大分県]　　　[　　　]　[　　　]

ア 話し合いにそれぞれ対等な立場で参加すること。

イ 特定の人が正当な理由もなく不利な扱いを受けることがないようにすること。

ウ 少ない労力でたくさんのことを行うこと。

エ 得られる効果がそれにかける時間や費用に見合ったものかどうか検討すること。

(2) 美化委員の役割として, クラスの清掃計画の案を作ることになった。次のうち, 効率の考え方に基づいて考えた観点を, 次の**ア～エ**から一つ選びなさい。[香川県]

ア 時間内で清掃を終えるために, それぞれの清掃場所に何人の生徒が必要か

イ クラスの生徒全員が清掃に参加しているか

ウ 当番の割りあてが, 一部の生徒に過大な負担となっていないか

エ 清掃計画の案に対する意見をクラスの生徒全員からきく機会を設けているか　　[　　　]

(3) 右の生徒**A～C**の発言の下線部の内容は, それぞれ, 効率と公正のどちらの考え方に基づいたものか。生徒と考え方の組み合わせとして正しいものを, 次の**ア～エ**から一つ選びなさい。[愛媛県]　　[　　　]

> 生徒**A**：劇とモザイクアートのどちらにするか, クラス全員で, 一人一人意見を述べ, それを反映させて決めていきましょう。
> 生徒**B**：何回も集まらなくても制作できるから, 劇よりモザイクアートがいいと思います。
> 生徒**C**：劇と比べて, 体を動かさなくてもよいモザイクアートに賛成です。けがをして運動を控えている友達が, 嫌な思いをしないからです。

ア A－公正　B－効率　C－効率

イ A－公正　B－効率　C－公正

ウ A－効率　B－公正　C－効率

エ A－効率　B－公正　C－公正

(4) あるスーパーでは, **図Ⅰ**のように, 客がレジに自由に並んでいたが, 客からの「出入口に近いレジだけがいつも混んでいる。」「混んでいないレジに並んだが, 前の客の会計に時間がかかり, あとから他のレジに並んだ客のほうが早く会計を済ませていた。改善してほしい。」といった要望が多かった。そのため, **図Ⅱ**のように客が一列に整列したうえで順次空いたレジへ進む方法に変更した結果, 客からも好評であった。どのような点で好評だったと考えられるか, **効率, 公正**という語句を用いて, **40字以上50字以内**で書きなさい。[鹿児島県]

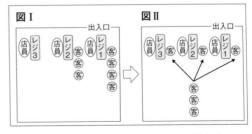

[

]

PART 2 | 人間の尊重と日本国憲法

必ず出る！要点整理

人権思想の発達と日本国憲法

❶ 人権思想の発達

(1) **人権（基本的人権）**…人が生まれながらにしてもっている権利。

(2) **人権思想家**…ロック→『統治二論』，**抵抗権**。モンテスキュー→『法の精神』，三権分立。ルソー→『社会契約論』，人民主権。

(3) **人権思想の確立と発展**…17〜18世紀にかけての近代革命で**自由権**や平等権が確立→アメリカ独立宣言や**フランス人権宣言**など。20世紀初めに社会権が認められる→**ワイマール憲法**。

(4) **立憲主義**…政治は**法の支配**に基づいて行われる。

　●**憲法**…すべての法の中で最上級の法，国の最高法規。
　▶憲法に反する法律や命令は無効となる

❷ 日本国憲法の制定

(1) **大日本帝国憲法**…天皇主権，臣民の権利は**法律によって制限**。

(2) 日本国憲法…1946年11月3日公布，1947年5月3日施行。

　●**3つの基本原理**…国民主権，基本的人権の尊重，平和主義。

　●**国民主権**…国の政治の最終決定権（主権）は国民にある。

　●**天皇の地位**…日本国や日本国民統合の象徴。形式的・儀礼的な国事行為は，**内閣の助言と承認**に基づいて行われる。

　●**憲法改正**…各議院の総議員の**3分の2以上の賛成**→憲法改正の発議→国民投票で過半数の賛成→天皇が公布。
　▶投票の資格は，満18歳以上の国民

　●**平和主義**…憲法**前文**と**第9条**で国際協調と恒久平和を明記。
　　第9条→戦争の放棄，戦力の不保持，交戦権の否認。
　　非核三原則，自衛隊→**PKO**に参加，集団的自衛権が行使可能に。
　　▶国連の平和維持活動

よく出る！

人権思想と憲法の歴史

年	できごと
1215	イギリスでマグナ=カルタ
1689	イギリスで権利(の)章典
1776	アメリカ独立宣言
1789	フランス人権宣言
1889	大日本帝国憲法
1919	ドイツでワイマール憲法
1947	日本国憲法
1948	世界人権宣言

▲ 人の支配と法の支配

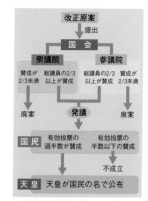

▲ 憲法改正の手続き

重要！

基礎力チェック問題

(1) 『法の精神』を著し，三権分立を唱えたフランスの思想家は誰か。　　[　　　　　]

(2) 1919年，世界で初めて社会権を保障したドイツの憲法を何というか。　[　　　　　]

(3) 日本国憲法で，天皇は日本国および日本国民統合の何になったか。　　[　　　　　]

(4) 日本国憲法で，戦争の放棄と交戦権の否認を明記したのは第何条か。　[　　　　　]

(5) 憲法改正の国民投票は，満何歳以上の国民が行えるか。　　　　　　　[　　　　　]

基本的人権

❶ 個人の尊重，国民の義務

(1) **基本的人権**…生まれながらに誰もがもっている権利。「**個人の尊重**」と法の下の平等に基づく。

(2) **人権の制限**…「**公共の福祉**」により制限されることがある。

(3) **国民の義務**…普通教育を受けさせる義務，**勤労**の義務，**納税**の義務。

❷ 基本的人権の種類

(1) **平等権**…差別を受けず，誰もが平等な扱いを受ける権利。**法の下の平等**，両性の本質的平等。共生社会を築くための取り組み。

(2) **自由権**…国から制約を受けず，自由に行動する権利。**身体の自由，精神の自由，経済活動の自由。**

(3) **社会権**…人間らしい生活の保障を求める権利。

重要！

　●**生存権**…健康で文化的な最低限度の生活を営む権利（第25条）。

　●**教育を受ける権利**　●**労働基本権（労働三権）**　●**勤労の権利**
　　　　　　　　　　　　団結権，団体交渉権，団体行動権（争議権）

(4) **人権を守るための権利**…**参政権**→選挙権と被選挙権，最高裁判所裁判官に対する**国民審査**。**請求権**→裁判を受ける権利ほか。

(5) **新しい人権**…社会の変化にともなって主張されてきた権利。**環境権，自己決定権，知る権利，プライバシーの権利。**
　　　　　　　　　　インフォームド・コンセント　　　私生活をみだりに公開されない権利

❸ 国際社会と人権

(1) **世界人権宣言**…基本的人権の国際的な模範を示した宣言。

(2) **国際人権規約**…世界人権宣言を条約化したもの。

(3) **子ども（児童）の権利条約**…子どもの人権を国際的に保障。

平等権	法の下の平等
	個人の尊厳と両性の本質的平等
	政治上の平等

▲ 平等権

身体の自由	・奴隷的拘束および苦役からの自由 ・法定手続きの保障
精神の自由	・思想・良心の自由 ・信教，学問の自由 ・集会・結社の自由 ・表現の自由
経済活動の自由	・居住・移転・職業選択の自由 ・財産権の不可侵

▲ 自由権

 **よく出る！**

国際連合本部で演説したマララさんのスピーチ（一部）

　私は，自分たちの権利のためにたたかっている声なき人々のために，声を上げます。それは，平和に暮らす権利，尊厳のある取り扱いを受ける権利，均等な機会を得る権利，そして教育を受ける権利です。

パキスタンのマララ・ユスフザイさんは，女性の権利の向上，教育を受ける権利の大切さを訴えて，ノーベル平和賞を受賞した。

解答はページ下 ✏

---

(6) 憲法第14条で［法の下　　個人］の平等を明記している。　　　　　　［　　　　　］

(7) 思想・良心・学問の自由は［身体　　精神］の自由である。　　　　　　［　　　　　］

(8) 社会権のうち，健康で文化的な最低限度の生活を営む権利を何というか。　［　　　　　］

(9) 私生活をみだりに公開されない権利を何というか。　　　　　　　　　　　［　　　　　］

(10) 1948年，国際連合の総会で採択された人権に関する宣言を何というか。　　［　　　　　］

Ａ。(1) モンテスキュー (2) ワイマール憲法 (3) 違憲 (4) 第9条 (5) 第18歳 (6) 法の下 (7) 精神 (8) 生存権 (9) プライバシーの権利 (10) 世界人権宣言

93

PART **2** 人間の尊重と日本国憲法

1 人権思想の発達

次の各問いに答えなさい。（8点×3）

よく出る!（1）近代になると，政治権力も民主的に定められた法に従わなければならない
という考えが発達した。これを説明した**資料**の**X〜Z**に当てはまる語句の
組み合わせとして正しいものを，下の**ア〜エ**から一つ選びなさい。［兵庫県］

資料

```
┌─────┐
│  X  │
└─────┘
  ↓ 制限
┌─────┐
│  Y  │
└─────┘
 ↙ ↓ ↘
┌─────┐
│ 国民 │
└─────┘

┌──────────┐
│  Z  の支配 │
└──────────┘
```

　ア　**X**－国王・君主・政府　**Y**－法　　　　　**Z**－法

　イ　**X**－国王・君主・政府　**Y**－法　　　　　**Z**－人

　ウ　**X**－法　　　　　　　　**Y**－国王・君主・政府　**Z**－法

　エ　**X**－法　　　　　　　　**Y**－国王・君主・政府　**Z**－人　　［　　　　］

ミス注意（2）「法の精神」を著したフランスの思想家を，次の**ア〜エ**から一つ選びなさい。［大阪府・改］

　ア　ルター　　　　**イ**　ロック　　　　**ウ**　クロムウェル　　　　**エ**　モンテスキュー　　［　　　　］

（3）人権が保障されるまでの次の**ア〜ウ**のできごとを，**年代の古い順**に並べなさい。［岐阜県］

　ア　人権を，人類普遍の価値として認める世界人権宣言が採択された。

　イ　人間らしい生活を保障しようとする社会権を認めるワイマール憲法が制定された。

　ウ　人は生まれながらに自由で平等な権利をもつとするフランス人権宣言が発表された。

　（アドバイス）☞ フランス人権宣言はフランス革命の際に国民議会が発表。　［　　→　　→　　］

2 日本国憲法

次の各問いに答えなさい。（8点×4）

（1）天皇について，次の各問いに答えなさい。［和歌山県］

よく出る!①　次の日本国憲法の第1条中の**X**に当てはまる語を書きなさい。　［　　　　　］

> 第1条　天皇は，日本国の　**X**　であり日本国民統合の　**X**　であって，この地位は，主権
> の存する日本国民の総意に基く。

②　天皇の国事行為について述べたものを，次の**ア〜オ**から**すべて**選びなさい。

　ア　条約を公布する。　　　　　**イ**　国務大臣を任命する。　　　**ウ**　弾劾裁判所を設置する。

　エ　内閣総理大臣を任命する。　**オ**　最高裁判所長官を指名する。　［　　　　　］

（2）平和主義について説明した次の文の正誤の組み合わせとして正しいものを，下の**ア〜エ**から一
つ選びなさい。［沖縄県］

> ①　第9条は，戦争の放棄，戦力の不保持，交戦権の否認を定めている。
> ②　政府は自衛隊について「自衛のための必要最小限度の実力」を保持することは，憲法に違反
> しないという見解にたっている。

　ア　①－誤　②－誤　　　**イ**　①－誤　②－正

　ウ　①－正　②－誤　　　**エ**　①－正　②－正　　　　　　　　　　［　　　　］

(3) **資料**は，憲法改正の手続きを示している。

Y・Zに当てはまる語句の組み合わせとして正しいものを，下の**ア〜エ**から一つ選びなさい。[栃木県]

ア　Y－3分の2以上　　Z－国民投票

イ　Y－3分の2以上　　Z－国民審査

ウ　Y－過半数　　　　Z－国民投票

エ　Y－過半数　　　　Z－国民審査

資料

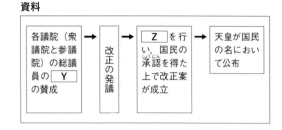

各議院（衆議院と参議院）の総議員の **Y** の賛成 → 改正の発議 → **Z** を行い，国民の承認を得た上で改正案が成立 → 天皇が国民の名において公布

[　　]

3　基本的人権

次の各問いに答えなさい。（(3)12点，他8点×4）

(1) 次の日本国憲法の条文中の**X**に当てはまる語句を，**漢字2字**で書きなさい。[愛知県]

> 第14条　すべて国民は，法の下に **X** であって，人種，信条，性別，社会的身分又は門地により，政治的，経済的又は社会的関係において，差別されない。

[　　　　　　　]

(2) 社会権に分類されるものを，次の**ア〜オ**から**すべて**選びなさい。[山梨県] 〔ミス注意〕

ア　健康で文化的な生活を営むこと　　イ　信仰する宗教を自分で選ぶこと

ウ　お金や土地などの財産をもつこと　　エ　労働組合をつくること

オ　令状がなければ逮捕されないこと

[　　　　　　　]

(3) ユニバーサルデザインとは，どのような考え方か。次の文中の　　　　　　　　に当てはまる内容を，**15字以内**で簡潔に書きなさい。[山梨県] 〔ハイレベル〕

> 製品，施設，環境などを，　　　　　　　　ように設計する，という考え方。

[　　　　　　　]

(4) 新しい人権について，**資料**のような状況を背景として提唱された権利を，次の**ア〜エ**から一つ選びなさい。[群馬県] 〔よく出る！〕

ア　肖像権　　　イ　請願権

ウ　日照権　　　エ　黙秘権

[　　]

資料

（国土交通省資料）

(5) 世界人権宣言を具体化し人権保障を実現するため，1966年に国際連合で採択されたものを，次の**ア〜エ**から一つ選びなさい。[沖縄県]

ア　国際人権規約　　イ　人種差別撤廃条約

ウ　京都議定書　　　エ　児童（子ども）の権利条約

[　　]

PART
3 | 民主政治，国会・内閣

必ず出る！要点整理

現代の民主政治

▶ 民主政治と選挙のしくみ，政党の役割

(1) **民主政治の形態**…**間接民主制**（議会制民主主義，代議制）
　　　　　　　　　　　◀代表者が議会で話し合って決めるしくみ

(2) **日本の選挙権の拡大**…1945 年に満 20 歳以上の男女の普通選挙。

(3) **選挙の 4 原則**…**普通選挙**，**秘密選挙**，**平等選挙**，**直接選挙**。
　　選挙制度…公職選挙法。満 18 歳以上に選挙権。被選挙権。
　　　　　　　　　◀無記名で投票

　　●**制度**…**小選挙区制**→ 1 区につき 1 人が当選，**死票**が多くなる。
　　比例代表制→各政党の得票数に応じて議席を配分。

重要！ ●**一票の格差**…各選挙区間で，一票の価値に不平等が生じている。

(4) **世論のはたらき**…政治を動かす力。**マスメディア**を通じて形成。

(5) **政党の役割**…国民の意見を政治に反映。**与党**と**野党**。

国会のしくみと仕事

❶ 国会の地位と種類

(1) **国会の地位**…**国権の最高機関**，**唯一の立法機関**。
　　●**二院制（両院制）**…**衆議院**（任期 4 年，解散あり）と**参議院**（任期 6 年，解散なし）で構成。議案を慎重に検討することができる。

(2) **種類**…**常会（通常国会）**，特別会（**特別国会**），臨時会（**臨時国会**）。
重要！　　◀毎年 1 回，1 月中に召集。会期 150 日間

(3) **国会の仕事**
　　●**法律の制定**　●**予算の議決**　●**条約の承認**　●**憲法改正の発議**
　　●**内閣総理大臣の指名**　●**弾劾裁判所の設置**　●**国政調査権**

 **よく出る！**

選挙権と被選挙権の年齢

		選挙権	被選挙権
国	衆議院議員	満18歳以上	満25歳以上
	参議院議員		満30歳以上
地方	市(区)町村長		満25歳以上
	市(区)町村議会議員		満25歳以上
	都道府県知事		満30歳以上
	都道府県議会議員		満25歳以上

比例代表制の議席配分
　　　（定数 5：ドント式）

政党	A党	B党	C党	D党
得票数	450	360	210	186
÷1	450	360	210	186
÷2	225	180	105	93
÷3	150	120	70	62

①各政党の得票数を 1，2，3 の整数で割る。
②割り算の商（答え）の大きい順に定数 5 名を決める。
③A 党 2 名，B 党 1 名，C 党 1 名，D 党 1 名となる。

（憲法第 41 条）
国会は，国権の最高機関であって，国の唯一の立法機関である。

▲ 国会の地位

(1) 選挙の 4 原則の一つで，無記名で投票することを何というか。　　　　［　　　　　　　］

(2) 参議院議員と都道府県知事の被選挙権は，満何歳以上か。　　　　　　［　　　　　　　］

(3) 政権を担当する政党を何というか。　　　　　　　　　　　　　　　　［　　　　　　　］

(4) 国会は国権の最高機関で，唯一の［立法　　司法］機関である。　　　［　　　　　　　］

(5) 毎年 1 月中に召集され，会期が 150 日間である国会の種類は何か。　　［　　　　　　　］

国会と内閣が議院内閣制で成立するしくみを押さえよう!

学習日 ／

❷ 国会の運営と衆議院の優越

(1) **議案の審議**…委員会→（公聴会）→**本会議**。本会議の定足数は総議員の**3分の1以上**の出席，表決は出席議員の**過半数の賛成**。

(2) 衆議院の優越…衆議院は国民の意見をより的確に反映しやすい。
　●**衆議院の議決が重く見られるもの**…法律案の議決，予算の議決，条約の承認，内閣総理大臣の指名。
　●**衆議院のみに認められている権限**…予算の先議権，内閣信任・不信任の決議権。

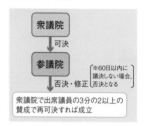

よく出る!

**法律案の議決での
衆議院の優越**

衆議院
↓ 可決
参議院
※60日以内に議決しない場合，否決となる
↓ 否決・修正
衆議院で出席議員の3分の2以上の賛成で再可決すれば成立

内閣のしくみと仕事

▶ 内閣のしくみと議院内閣制

(1) **内閣**…**最高の行政機関**。内閣総理大臣（首相）とその他の国務大臣で構成。国務大臣の**過半数は国会議員**。

重要!

(2) **議院内閣制**…内閣は国会の信任の上に成立，連帯責任。
　●**内閣不信任案の可決→衆議院の解散**か，**内閣総辞職**。

(3) **内閣の仕事**
　●**法律の執行**　●**予算の作成**　●**条約の締結**
　●**天皇の国事行為に対する助言と承認**　●**最高裁判所長官の指名**
　●国会（臨時会）の召集　●衆議院の解散の決定

(4) **行政とその課題**…外交，国の安全保障，産業振興などの仕事。
　●**公務員**…国民全体の奉仕者。**国家公務員**と**地方公務員**。
　●**行政改革**…簡素で効率的な行政を目指した改革。**規制緩和**で経済の活性化を図る。**地方分権**の推進。

国会
衆議院
参議院

内閣信任・不信任の決議
衆議院解散の決定
国会議員の中から指名
過半数は国会議員
連帯責任

内閣
内閣総理大臣
国務大臣
罷免 ↓ 任命

選挙 ↑　　　世論 ↑
国民

▲ 議院内閣制

くわしく!

小さな政府・大きな政府

		社会保障	
		少ない	多い
税金	多い		大きな政府
	少ない	小さな政府	

解答はページ下 ✏

---

(6) 予算の審議は，先に［衆議院　参議院］から行われる。　　　　　[　　　　　　　]

(7) 内閣は，最高裁判所長官を［任命　指名］する。　　　　　　　　[　　　　　　　]

(8) 内閣は，天皇の［国事行為　親善］の助言と承認を行う。　　　　[　　　　　　　]

(9) 内閣が国会の信任の上に成立して，連帯責任を負うしくみを何というか。[　　　　　　　]

(10) 憲法では，すべて公務員は国民全体の何と明記しているか。　　　[　　　　　　　]

Ａ。(1)総議員数　(2)3分の30席　(3)与党　(4)立法　(5)否決　(6)（通常国会）参議院　(7)指名　(8)国事行為　(9)議院内閣制　(10)奉仕者

97

1
民主政治, 選挙

次の各問いに答えなさい。(8点×4)

(1) 選挙の四つの原則のうち, 18歳以上のすべての国民に選挙権を保障する原則を, 次のア〜エから一つ選びなさい。[石川県]

ア 直接選挙　　　**イ** 普通選挙　　　**ウ** 平等選挙　　　**エ** 秘密選挙　　　[　　]

よく出る！
(2) 次の会話文中の [　　　　　　] に当てはまる文を,「議員」,「一人」,「有権者数」の語句を用いて完成させなさい。[愛媛県]

> 先　　生：一票の格差の問題とは, どのような問題ですか。
> 直子さん：全国を複数に分けて選挙を行うとき, 各選挙区の間で, [　　　　　] に差が生じ, その差が大きくなっている問題のことです。

[　　　　　　　　　　　　　　　　　　　　　　　　　　　　　　　　　]

ハイレベル
(3) 次の文は, 選挙管理委員会が行う**資料Ⅰ**の取り組みによって, 政治にどのような変化が起きると期待できるかをまとめたものである。**X・Y**に当てはまる内容を, **資料Ⅰ**と**資料Ⅱ**を関連づけて, 簡潔に書きなさい。[石川県]

資料Ⅰ　選挙管理委員会の取り組み例

・高等学校や大学で模擬選挙を行う。
・期日前投票所を高等学校や大学に設置する。
・SNSで選挙の情報を発信する。

(全国の選挙管理委員会ホームページ)

資料Ⅱ　2017年衆議院議員選挙における年代別投票率

(総務省ホームページ)

> **資料Ⅰ**の取り組みは, 選挙管理委員会が [　　**X**　　] ことを目標として行っているものであり, 目標が達成されれば, 議会制民主主義のしくみを通じて [　　**Y**　　] ことが期待される。

X [　　　　　　　　　　　　　　　　　　　　　　　　　　　　　　　]
Y [　　　　　　　　　　　　　　　　　　　　　　　　　　　　　　　]

2
国会

右ページの図表は, ある生徒が国会の一年の動き (2017年) についてまとめたものである。これを見て, 次の各問いに答えなさい。[青森県](8点×5)

よく出る！
(1) 国会の議決のうち, いくつかの重要な点で下線部⑧の議決を優先させることを何というか, 書きなさい。

[　　　　　　　　　　]

ミス注意
(2) **X〜Z**に当てはまる国会の種類の語句の組み合わせとして正しいものを, 下の**ア〜エ**から一つ選びなさい。　　　　[　　]

ア X－常会　　Y－臨時会　　Z－特別会　　　**イ** X－臨時会　　Y－特別会　　Z－常会
ウ X－特別会　　Y－常会　　Z－臨時会　　　**エ** X－常会　　Y－特別会　　Z－臨時会

(3) 下線部⑩について述べた文として**適切で
ないもの**を，次の**ア〜エ**から一つ選びな
さい。

ア 国会議員と内閣だけが提出すること
ができる。

イ 委員会では，関係者などから意見を
聴取する公聴会を開くことがある。

ウ 特別の場合を除き，両議院で可決し
たときに法律となる。

エ 国会以外の機関でも法律を制定する
ことができる。 [   ]

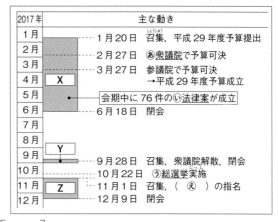

(4) 下線部⑨について，右の**資料**は，ある模擬選挙の投
票結果を表している。**当選者4名**を，**資料**中の**a〜
i**の中から選びなさい。

[   ]

資料
比例代表制：**定員4名**（ドント式による）

政党名	得票数	名簿の順位		
		1位	2位	3位
けやき党	330	aさん	bさん	cさん
かえで党	270	dさん	eさん	fさん
いちょう党	180	gさん	hさん	iさん

(5) （ ⑫ ）に当てはまる語句を書きなさい。

3 内閣

次の各問いに答えなさい。 (7点×4)

(1) 次の日本国憲法の条文中の**X・Y**に当てはまる語句の組み合わせとして正しいものを，下の**ア
〜エ**から一つ選びなさい。[静岡県]

第65条 　**X**　権は，内閣に属する。
第66条① 内閣は，法律の定めるところにより，その首長たる内閣総理大臣及びその他
の　**Y**　でこれを組織する。

ア X－立法　Y－国務大臣 　　　**イ** X－立法　Y－国会議員
ウ X－行政　Y－国務大臣 　　　**エ** X－行政　Y－国会議員 [   ]

(2) 国会の信任に基づいて成立し，国会に対して連帯して責任を負う内閣のしくみは何と呼ばれる
か，書きなさい。[静岡県] [   ]

(3) 次の国の政策のうち，「小さな政府」に向かうことを目的としているものを，下の**ア〜エ**から
二つ選びなさい。[京都府] [   ] [   ]

ア 国家公務員の数を減らす。 　　　**イ** 年金や医療などに関わる社会保障の充実をはかる。
ウ 国の財政規模を拡大させる。 　　　**エ** 規制緩和を行い，自由な経済活動をうながす。

（アドバイス） ☞ 大きな政府の特徴は高福祉，高負担。

PART 4 ｜ 裁判所・三権分立，地方自治

必ず出る！要点整理

裁判所のしくみとはたらき

▶ 司法権の独立と裁判の種類

(1) **司法（裁判）**…法に基づいて争いごとを解決すること。
　　● **司法権**…最高裁判所と下級裁判所に属する。
　　　　○高等裁判所，地方裁判所，家庭裁判所，簡易裁判所

(2) **司法権の独立**…**中立な立場で公正な裁判**を行うための原則→裁判官は自分の良心に従い，憲法と法律にだけしばられる。
　　● **裁判官の罷免**…心身の故障，公の弾劾，**国民審査**の場合のみ。

重要！
(3) **三審制**…原則として３回まで裁判が受けられる。**控訴，上告**。
　　● **目的**…裁判を**公正・慎重**に行い，**人権を守る**ため。

(4) **民事裁判**…利害の対立に関する裁判。**原告，被告**。和解。行政裁判。

(5) **刑事裁判**…被告人の犯罪を裁く裁判。**検察官**が起訴。弁護人。

(6) **人権の尊重**…令状主義，黙秘権，**公開裁判**の原則。

(7) **司法制度改革**…国民に身近で利用しやすい司法制度の実現を目指す。**法テラス**の設置，被害者参加制度，取り調べの可視化など。
　　　　○日本司法支援センター
　　● **裁判員制度**…国民が**裁判員**として刑事裁判に参加。
　　　　○満20歳以上，くじと面接で選ばれる

三権分立

▶ 三権の抑制と均衡

(1) **三権分立（権力分立）**…国家権力の濫用（集中）を防ぐ。
　　○モンテスキュー
　　● **立法権**…**法律を制定する権限**。国会（議会）に属する。
　　● **行政権**…**法律を執行する権限**。内閣に属する。
　　● **司法権**…**法律に従って社会秩序を守る権限**。裁判所に属する。

（憲法第76条）
　すべて裁判官は，その良心に従ひ独立してその職権を行ひ，この憲法及び法律にのみ拘束される。

▲ 裁判官の独立

よく出る！

三審制のしくみ

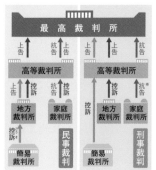

※「決定・命令」に不服を申し立てること。

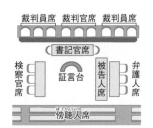
▲ 裁判員裁判の法廷

基礎力チェック問題

(1) 法に基づいて争いごとを解決することを何というか。　［　　　　　］

(2) 原則として，３回まで裁判を受けられる制度を何というか。　［　　　　　］

(3) 民事裁判において，訴えを起こした人を何というか。　［　　　　　］

(4) 刑事裁判では，［警察官　検察官］が被疑者を裁判所へ訴える。　［　　　　　］

(5) 三権の一つで，内閣が担っている権力を何というか。　［　　　　　］

POINT 👉

司法（裁判）のはたらきと三権分立は要チェック！
地方自治のしくみから民主主義の基本を押さえよう！

公民

(2) **違憲立法審査権**…国会でつく
ら違憲審査権, 法令審査権
られた法律，内閣が行った命
令・処分などが憲法に違反し
ていないかどうかを判断す
る。

● 最高裁判所は最終的な決定
権をもつため，「**憲法の番
人**」と呼ばれる。

▲ 日本の三権分立

地方自治のしくみ

▶ 地方自治，地方公共団体の仕事と財政

(1) **地方自治**…住民自らの意思と責任で地域の政治を行うこと→地方
自治は「**民主主義の学校**」。

(2) **地方議会**…条例の制定，**予算の議決**などを行う。

(3) **首長**…都道府県知事と市（区）町村長。

● **首長と議会**…不信任決議，議会解散権。

(4) **地方公共団体の仕事**…土木・建設，教育・文化の振興，警察・消
防，福祉，ごみの収集と処理など。

(5) **地方財政**…地方公共団体の**歳入**（収入）と**歳出**（支出）。

● **地方税**…**自主財源**。住民から集める税金。

● **地方債**…お金を借りるために発行する債券。

● **国からの支出**…**依存財源**。地方交付税交付金，国庫支出金。

(6) **直接請求権**…住民が一定数の署名を集めて，条例の制定・改廃，
解職請求（**リコール**）などを行う権利。

(7) **住民参加**…**住民投票**，住民運動，**NPO**の活動など。
非営利組織

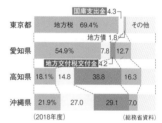

よく出る！

主な都県の財政収入

東京都	地方税 69.4%	国庫支出金4.3 / その他 地方債 1.8
愛知県	54.9%	7.8 12.7
高知県	18.1% 14.8	地方交付税交付金4.2 / 38.8 16.3
沖縄県	21.9% 27.0	29.1 7.0

（2018年度） （総務省資料）

地方交付税交付金は，自主財
源が少ないところに配分され
る。地方税の収入が多い東京
都には配分されていない。

直接請求		法定署名数	請求先
条例の制定・改廃の請求		有権者の50分の1以上	首長
監査請求			監査委員
解職請求	首長・議員	有権者の3分の1以上	選挙管理委員会
	その他の役職員		首長
解散請求			選挙管理委員会

※有権者が40万人以下の場合。

▲ 直接請求権の種類

解答はページ下 ✏

(6) 違憲審査の最終決定権があることから，最高裁判所は何と呼ばれているか。　[　　　　]

(7) 地方自治は「民主主義の［選挙　　学校］」と呼ばれている。　[　　　　]

(8) 法律の範囲内で地方公共団体が制定するきまりを何というか。　[　　　　]

(9) (8)の制定や改廃の請求に必要な署名数は，有権者の何分の1以上か。　[　　　　]

(10) 公共の利益のために活動する非営利組織のアルファベットの略称は何か。　[　　　　]

Ａ。(1)三権分立　(2)違憲（審査）　(3)国会　(4)被選挙　(5)行政権　(6)憲法の番人　(7)学校　(8)条例　(9)50分の1　(10)NPO

(101)

PART 4 裁判所・三権分立, 地方自治

---

1 裁判所

次の各問いに答えなさい。(6点×6)

(1) 資料Ⅰ～Ⅱを見て，次の各問いに答えなさい。[滋賀県]

① **資料Ⅰ**の法廷は，どの裁判所の法廷か，**資料Ⅱ**の**a～c**の中から一つ選びなさい。

[   ]

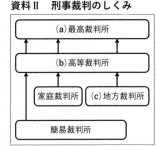

資料Ⅰ　ある刑事裁判の法廷の様子

裁判員席	裁判官席	裁判員席
	書記官席	
検察官席		被告人席　弁護人席
	証言台	
	傍聴人席	

資料Ⅱ　刑事裁判のしくみ

- (a)最高裁判所
- (b)高等裁判所
- 家庭裁判所　(c)地方裁判所
- 簡易裁判所

② **資料Ⅱ**について，次の文は三審制について説明している。**X・Y**に当てはまる語句を，それぞれ書きなさい。

> 刑事裁判では，第一審の判決に不服があれば，高等裁判所に **X** することができ，さらに最高裁判所に **Y** することができる。

X[   ]　Y[   ]

③ 刑事裁判について正しく述べた文を，下の**ア～エ**から一つ選びなさい。

ア 権利や義務についての対立を互いに対等な立場で争い，争いに関わる人の一方が裁判所に訴えることで始まる。

イ 被告人が経済的な理由などにより弁護人を依頼できないときは，国が費用を負担し弁護人をつけることとなっている。

ウ 重大な犯罪に関わる場合，国民から選ばれた裁判員が参加し，裁判官といっしょに被告人の有罪・無罪のみを決める。

エ 裁判官の役割は，罪を犯した疑いのある被疑者を被告人として起訴し，証拠に基づいて被告人の有罪を主張していくことである。

[   ]

(2) 次の文を読んで，あとの各問いに答えなさい。[神奈川県・改]

> 現在の日本における，裁判所が国会や **Z** して裁判を行うという原則は，公正で中立な裁判を行うために必要です。

① **Z**にあてはまる内容を，**内閣**という語句を用いて，**6字以上10字以内**で書きなさい。

[   ]

② 下線部について，現在の日本において，公正で中立な裁判を行うために設けられているしくみについて説明したものを，次の**A，B**から一つ選びなさい。

[   ]

A 心身の故障や弾劾裁判による罷免の場合を除き，裁判官の身分は保障されている。

B 裁判官は，衆議院議員総選挙の際に行われる国民審査によって選出される。

2 三権分立

次の各問いに答えなさい。 (8点×4)

(1) **資料**は，立法，行政，司法の三権が互いに抑制と均衡を保っている内容を図示したものである。**X～Z**の内容に当てはまるものを，次の**ア～ウ**から一つずつ選びなさい。[富山県]

　ア　命令，規則，処分の違憲・違法審査

　イ　弾劾裁判所の設置

　ウ　衆議院の解散

　　　X[　　　]　**Y**[　　　]　**Z**[　　　]

資料

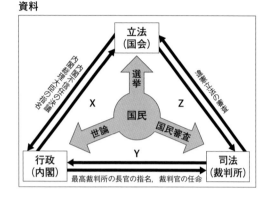

(2) 次の文中の**A**に当てはまる語句を，**漢字2字**で書きなさい。[北海道]　[　　　　]

　　最高裁判所は，法律などが憲法に違反していないかどうかを最終的に判断する権限を持っていることから，「憲法の　**A**　」と呼ばれている。

3 地方自治

次の各問いに答えなさい。 (8点×4)

(1) 地方自治について述べた次の文中の**X**に当てはまる語句を書きなさい。[長崎県]

　　「地方自治は，　**X**　の学校である。」といわれる。これはイギリスの政治家ブライスが述べた言葉であり，　**X**　の精神が身近な地域の政治の中でつちかわれやすいということを意味している。

　　　　　　　　　　　　　　　　　　　　　　　　　[　　　　　　　　]

よく出る！ (2) 地方公共団体が独自に制定し，その地方公共団体だけに適用されるきまりを何というか，書きなさい。[島根県]　　　　　　　　　[　　　　　　　　]

ミス注意 (3) **資料**は，東京都とA県の歳入の内訳を表している。資料中の**Y**にあてはまる，国から配分される財源の名称を書きなさい。また，A県は歳入にしめる**Y**の割合が東京都に比べて高いのはなぜだと考えられるか。その理由を，**Y**が国から配分される目的に触れて，簡潔に書きなさい。
[広島県・改]　　　　　　**Y**[　　　　　　]

理由[　　　　　　　　　　　　　　　　　　　]

資料

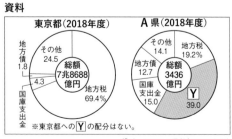

（「データでみる県勢」2021年版）

PART 5 ｜ 経済のしくみとはたらき

必ず出る！要点整理

消費生活と市場経済

❶ 消費生活

(1) **経済**…**財・サービス**の生産・消費・流通を中心とする活動。
▶形のないもの，医療や運輸，美容院でのカットなど
●**希少性**…求める量に対して財やサービスが不足した状態。

(2) **家計**…家庭や個人の収入と支出。所得，**消費支出**，**貯蓄**など。

(3) **消費者の権利**…買い手と売り手の売買の合意→**契約**。消費者の意思と判断で，適切な商品を購入する**消費者主権**の考え方。
●**消費者の保護**…**クーリング・オフ制度，製造物責任法（PL法），消費者基本法**の施行。**消費者庁**の設置。

(4) **流通**…生産された商品が消費者に届くまでの流れ。**商業→卸売業，小売業**。しくみを簡略化して流通費用を削減する**流通の合理化**。

❷ 市場経済と価格のはたらき

(1) **市場経済**…市場で自由に商品を売買し，価格を決定するしくみ。

(2) **価格の決まり方**…**需要量**と**供給量**の関係で決定→**市場価格**。
▶買おうとする量 ▶売ろうとする量

重要！ ●**価格が上昇**…需要量＞供給量→希少性が高い。

●**価格が下落**…需要量＜供給量。

(3) **価格のはたらき**…市場価格が**均衡価格**に近づくように調整する。

(4) **特別な価格**…**独占価格（寡占価格）**→競争のない価格，**独占禁止法**が制定され，**公正取引委員会**が運用。

●**公共料金**…国などが決定・認可→電気や水道，鉄道運賃など。

(5) **物価**…商品の価格やサービスの料金をまとめて平均化。

●**インフレーション（インフレ）**…物価上昇，貨幣価値が下がる。

●**デフレーション（デフレ）**…物価下落，貨幣価値が上がる。

よく出る！

流通の経路（野菜などの場合）

近年，オンラインショッピングなどで直接仕入れが増加。

需要量と供給量と価格の関係

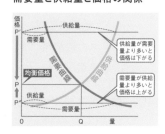

需要曲線と供給曲線が交わるときの価格を**均衡価格**という。

基礎力チェック問題

(1) 医療や運輸など，形のない商品を，カタカナ4字で何というか。 ［　　　　　］

(2) 商品が生産者から消費者に届くまでの流れを何というか。 ［　　　　　］

(3) 消費者が買おうとする量を何というか。 ［　　　　　］

(4) 生産者が売ろうとする量を何というか。 ［　　　　　］

(5) (3)と(4)がつり合ったときの価格を何というか。 ［　　　　　］

需要と供給の関係から市場経済のしくみを押さえよう！
株式会社のしくみを理解しよう！

公民

生産のしくみと企業

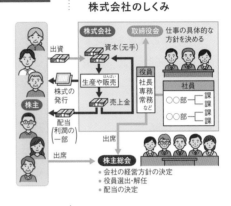

株式会社／取締役会 仕事の具体的な方針を決める
資本（元手）／出資／生産や販売／株式の発行／売上金／株主／配当（利潤の）一部／役員 社長 専務 常務 など／社員 ○○部―課 課 課／○○部―課 課 課／出席／株主総会
・会社の経営方針の決定
・役員選出・解任
・配当の決定

❶ 企業の種類と株式会社

(1) **生産のしくみ**…企業が分担で生産（**分業**），**貨幣**で交換。
資本主義経済→資本で商品を生産し，**利潤**を生み出す。

(2) **企業の種類**…公企業と私企業。
●**企業の社会的責任（CSR）**…社会貢献が求められる。

【重要！】

(3) **株式会社**…**株式**を発行して，効率よく資金を集める。
●**しくみ**…出資者（**株主**）は**配当（配当金）**を受ける。
株主総会が最高の議決機関。
●**株価**…株式は**証券取引所**で売買。需要と供給で変動。

(4) **生産の集中**…一つの企業による生産や市場の支配→**独占**。少数の
企業の支配→**寡占**。独占（寡占）価格になる恐れ。

(5) **中小企業**…資本金や従業員数によって**大企業**と**中小企業**に分類。
●**役割と課題**…大企業の**下請け**が多い。高い技術力で日本経済を
支えている。**起業，ベンチャー企業も増加。**
◉独自の経営ノウハウで革新的な事業を展開

❷ 労働者の権利と労働環境の変化

(1) **労働者の権利**…労働組合を結成し，労働条件の改善を要求。
●**労働基本権（労働三権）**…**団結権，団体交渉権，団体行動権。**
◉争議権，ストライキを行う
●**労働三法**…**労働基準法，労働組合法，労働関係調整法。**

(2) **労働環境の変化**…終身雇用や年功序列賃金の崩壊→能力主義や成
果主義へ。正規労働者が減少，**非正規労働者**が増加。
●**法の整備**…**男女雇用機会均等法，育児・介護休業法**など。
●**ワーク・ライフ・バランス**…仕事と家庭生活の調和。

解答はページ下 ✏

(6) 株式会社など，民間が利益を追求して経営する企業を何というか。 [   ]

(7) 株式会社が利益を上げたとき，株主は［株式　　配当］を受け取る。 [   ]

(8) 公正で自由な企業間の競争を促すために制定された法律を何というか。 [   ]

(9) 企業の社会的責任のことを，アルファベットで［NGO　　CSR］という。 [   ]

(10) 1 日 8 時間以内の労働など，労働条件の最低基準を定めた法律を何というか。 [   ]

1 消費生活，市場経済と価格

次の各問いに答えなさい。 ((4)10点, 他8点×5)

(1) 訪問販売などで消費者が契約した場合，一定期間内であれば無条件に契約を取り消すことができる制度を何というか，**カタカナで**書きなさい。[長野県] ［　　　　　］

(2) 1962年に，「消費者の四つの権利」を初めて明確に掲げ，諸外国の消費者行政に大きな影響を与えたアメリカ大統領を，次の**ア～エ**から一つ選びなさい。[岐阜県]

ア リンカン　　　**イ** ウィルソン　　　**ウ** ケネディ　　　**エ** ワシントン ［　　　　　］

(3) 1994年に，消費者を保護するために，欠陥商品で消費者が被害を受けたときの企業の責任について定めた法律の名を書きなさい。[岐阜県] ［　　　　　］

(4) **資料Ⅰ**は，生産された商品が消費者に届くまでの流通について，模式的に表したものである。近年，矢印**a**のような流通だけでなく，矢印**b**，**c**のような流通も増えてきている。**a**と比較したとき，**b**の流通にはどのような利点があるか，**仕入れ**，**販売**の語句を用いて簡潔に書きなさい。[山形県]

資料Ⅰ

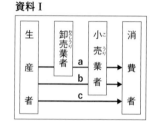

［　　　　　　　　　　　　　　　　　　　　　　　　　　　　　］

(5) **資料Ⅱ**は，自由な競争が行われている場合の，ある商品の需要と供給の関係のグラフであり，**A**は需要曲線を，**B**は供給曲線を表している。次の各問いに答えなさい。[高知県]

資料Ⅱ

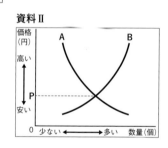

① **資料Ⅱ**中の価格P円は，市場で実際に取り引きされるときの価格である市場価格のうち，需要量と供給量が一致した価格を表している。この価格を何というか，書きなさい。

［　　　　　　　　　　　］

② ある商品の生産量が増加した場合，**資料Ⅱ**のグラフにおいて，一般的に**A**または**B**のいずれかの曲線が移動し，価格P円の値が変わる。このときのグラフの変化を示したものを，次の**ア～エ**から一つ選びなさい。ただし，グラフ中の**A′**は**A**の，**B′**は**B**の移動後の曲線を表している。 ［　　　　　］

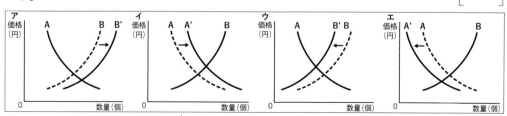

アドバイス ☞ 需要量＞供給量⇒価格は上昇，需要量＜供給量⇒価格は下落。

2

次の各問いに答えなさい。 (1)X10点, 他8点×5

(1) 企業に関する**資料Ⅰ・Ⅱ**について，建人さんたちの会話文中の**X**に当てはまる内容を，「発行」と「効率」の語句を用いて書きなさい。また，**Y**に当てはまる語句を書きなさい。ただし，同じ記号には同じ語句が入る。[福岡県]

> 美鈴：**資料Ⅰ**から，会社企業の多くが株式会社の形態をとっていることがわかるね。
>
> 知美：なぜ，会社企業の多くが株式会社の形態をとっているのかな。
>
> 建人：それは，**資料Ⅱ**から，株式会社は 　　**X**　　 という利点があるからだよ。
>
> 知美：なるほどね。これに対して，出資者はどんな利点があるのかな。
>
> 建人：例えば，出資者は株主となって，持っている株式の数に応じて 　**Y**　 が支払われたり，株主総会で経営方針などについて議決したりすることができるよ。

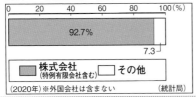

資料Ⅰ　会社企業の割合

株式会社（特例有限会社含む）92.7%　その他 7.3
(2020年)※外国会社は含まない　(統計局)

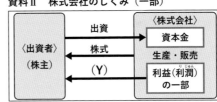

資料Ⅱ　株式会社のしくみ（一部）

〈出資者〉（株主）→出資→〈株式会社〉資本金
株式
生産・販売
(Y)←利益（利潤）の一部

X［　　　　　　　　　　　　　　　　　　　　　　　　　　］

Y［　　　　　　　　　　］

(2) 東京，名古屋，福岡などに設けられ，株式や債券の売買が行われる特定の施設を何というか，書きなさい。[青森県]　［　　　　　　　　　　　　　］

(3) 企業の社会的責任（CSR）の例として**誤っているもの**を，次の**ア～エ**から一つ選びなさい。[山梨県]

ア 環境を保護するために，植林活動を行う。

イ 新製品の販売を促進するために，新聞に広告を出す。

ウ 子どもたちを育成・支援するために，無償で出前授業の講師を派遣する。

エ 文化財を保護するために，修復・保存活動を支援する。　［　　　　］

(4) 次の条文がある法律を，下の**ア～エ**から一つ選びなさい。[21・東京都]

> ○労働条件は，労働者と使用者が，対等の立場において決定すべきものである。
>
> ○使用者は，労働者に，休憩時間を除き一週間について四十時間を超えて，労働させてはならない。

ア 男女共同参画社会基本法　　**イ** 労働組合法

ウ 男女雇用機会均等法　　**エ** 労働基準法　［　　　　］

(5) 豊かで健康な人生を送るために求められる「仕事と生活の両立」を表す語句を何というか，**カタカナ**で書きなさい。[沖縄県・改]　［　　　　　　　　　　　　　］

PART 6 ｜ 財政と国民の福祉

必ず出る！要点整理

金融のはたらき

❶ 金融のしくみと日本銀行

(1) **貨幣の役割**…価値の尺度，交換の手段，価値の貯蔵。

(2) **金融**…直接金融と間接金融。資金の融通を行う機関→銀行など。

　●**銀行のしくみ**…貸し出しと預金の**利子**の差が銀行の収入。

　●**通貨**…現金通貨と預金通貨。**電子マネー，キャッシュレス化。**
　　◗日本に流通している貨幣全体の約9割

(3) **日本銀行**…日本の**中央銀行**。政府（国）と銀行と取り引き。

　●**役割**…発券銀行，政府の銀行，銀行の銀行。

　●**金融政策**…**公開市場操作**で，物価や景気の安定を図る。

❷ 為替相場と円高・円安

(1) **為替相場**…自国通貨と外国通貨の交換比率。

〔重要！〕

　●**円高**…外国通貨に対して**円の価値が上がる**こと。

　●**円安**…外国通貨に対して**円の価値が下がる**こと。

財政のはたらき

❶ 財政支出

(1) **財政**…国（政府）や地方公共団体の経済活動。**予算**に基づき運営→1年間の財政の収入を**歳入**，支出を**歳出**という。

　●**役割**…社会資本・公共サービスの提供，所得の再分配，景気の安定化，市場経済における公正さの確保。

(2) **支出**…**社会保障関係費**，国債費，地方交付税交付金など。

よく出る！

日本銀行の金融政策
（公開市場操作）

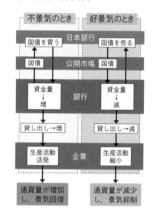

貿易における円高の影響

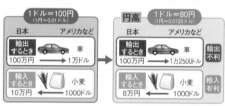

経済の三主体（家計・企業・政府）関係

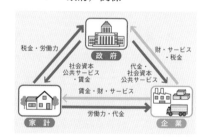

Q. 基礎力チェック問題

(1) 日本の中央銀行を何というか。　　　　　　　　　［　　　　　　　　　］

(2) 1ドル120円が1ドル100円になった場合，〔円高　　円安〕という。　［　　　　　　　　　］

(3) 1ドル100円が1ドル120円になった場合，〔円高　　円安〕という。　［　　　　　　　　　］

(4) 国や地方公共団体の支出を〔歳入　　歳出〕という。　　［　　　　　　　　　］

(5) 税金を納める人と負担する人が異なる税金を何というか。　［　　　　　　　　　］

好景気・不景気のときの金融政策と財政政策が重要！
社会保障は，財源と関連づけて押さえよう！

❷ 収入と税金，景気変動

(1) **収入**…税金（租税）や**公債金**など。

(2) **税金の種類**…直接税と間接税，国税と地方税。
▶ 税金を納める人と負担する人が異なる

重要！

●**税金の公平性**…所得税などで**累進課税**→所得格差の調整。
▶ 課税対象の所得が多くなるほど税率が高くなる

(3) **公債の発行**…税収の不足分を補うための借金→**国債**，地方債。

(4) **景気変動**…好景気（好況）と不景気（不況）の繰り返し。

(5) **財政政策**…国（政府）が行う景気を安定化させる政策。

　●**好景気のとき**…公共事業への支出を**減らし**，増税する。

　●**不景気のとき**…公共事業への支出を**増やし**，減税する。

		直接税	間接税
国税		**所得税** **法人税** 相続税など	**消費税** 関税 酒税　など
地方税	都道府県	（都）道府県 民税 自動車税 事業税	地方消費税 ゴルフ場利 用税 （都）道府県 たばこ税
	市（区）町村	市（区）町村 民税 固定資産税	市（区）町村 たばこ税 入湯税

▲ 主な税金の種類

国民の福祉

▶ 社会保障制度，これからの経済と社会

(1) **社会保障制度**…**生存権**を根拠に国が国民の生活を保障する制度。
　●**社会保険**…医療保険，年金保険，介護保険など。
　●**公的扶助**…生活困窮者に生活費などを給付。生活保護法。
　●**社会福祉**…高齢者や障がいのある人々，子どもへの支援。
　●**公衆衛生**…保健衛生対策→予防接種，上下水道の整備など。

(2) **社会保障制度の課題**…少子高齢化による財源の確保。
　●「**大きな政府**」…高福祉高負担。●「**小さな政府**」…低福祉低負担。

(3) **環境保全**…四大公害病→水俣病，イタイイタイ病，四日市ぜんそ
　く，新潟水俣病（第二水俣病）。環境庁の設置，公害対策基本法
　▶ 現在の環境省
　→**環境基本法**。
　●**循環型社会**…3R（リデュース，リユース，リサイクル）の推進。

くわしく！

自助・共助・公助と社会保障

・**自助**…自分で備える。
　→預貯金や民間保険など。
・**共助**…互いに支える。
　→健康保険や年金などの
　　社会保険。
・**公助**…国などが備える。
　→公的扶助，公衆衛生，
　　社会福祉。

エシカル消費

消費者が環境，社会，地域な
どに配慮した商品を選んで消
費すること。リサイクル商
品，地産地消，被災地の復興
支援のための商品，フェアト
レードの商品などがある。

解答はページ下 ✏

(6) 課税対象の所得が多くなるほど，税率を高くする税の制度を何というか。　[　　　　　]

(7) 不景気のとき，政府は［増税　減税］を行い，公共事業への支出を増やす。　[　　　　　]

(8) 社会保障制度の四つの柱のうち，生活保護はどの制度に含まれるか。　[　　　　　]

(9) 四大公害病の一つで，熊本県と鹿児島県で発生した公害病は何か。　[　　　　　]

(10) 公害対策基本法を発展させ，1993年に制定された法律を何というか。　[　　　　　]

財政と国民の福祉

1 　金融のはたらき

次の各問いに答えなさい。（7点×4）

(1) ある企業で1枚2,000円のTシャツを販売している。為替相場がⅠからⅡへ変化したとき，Tシャツのドルでの価格がどのように変わるか，次の文中の**P**について，適切なものを，**ア，イ**から一つ選びなさい。また，**X**に当てはまる適切な数字を書きなさい。[富山県・改]

> 　ⅠからⅡの変化は，**P**（**ア**　円高　　**イ**　円安）になったといえる。その影響で，Ⅰのとき20ドルで売られていたTシャツは，Ⅱのときには為替相場の変動だけを価格に反映すると，　**X**　ドルで売られることになる。

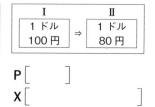

	Ⅰ	Ⅱ
	1ドル 100円	⇒	1ドル 80円

P [　　　　]

X [　　　　　　]

(2) 銀行について説明した次の文中の**Y**に当てはまる語句を**漢字2字**で書きなさい。また，**Z**に当てはまる文を，下の**A，B**から一つ選びなさい。[神奈川県]

> ①一般の銀行について：企業や家計などの資金の借り手は，銀行に対して借り入れた金額（元金）を返済するだけでなく，一定期間ごとに　**Y**　を支払わなければならない。元金に対する　**Y**　の比率を金利という。
> ②中央銀行について：日本の中央銀行は，　**Z**　など，さまざまな役割を果たしている。

A　日本国内で流通している紙幣（日本銀行券）を発行する

B　企業が不当な価格操作を行わないように監視する

Y [　　　　　　　　]

Z [　　　　]

2 　財政のはたらき

次の各問いに答えなさい。（8点×4）

(1) **資料Ⅰ**の**ア～ウ**には，「企業」，「家計」，「政府」のいずれかが当てはまる。「企業」に当てはまるものを一つ選びなさい。[群馬県]　[　　　　]

(2) 政府の財政政策について述べた次の文中の**X**に当てはまる語句と，**Y**に当てはまる文の組み合わせとして正しいものを，下の**ア～エ**から一つ選びなさい。[群馬県・改]

資料Ⅰ

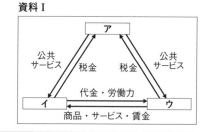

> 　一般的に不景気のときには，景気の回復をうながすために，政府は　**X**　を行い，企業や家計の　**Y**　。

ア　X－増税　Y－消費を増やそうとする　　　　**イ**　X－増税　Y－消費を減らそうとする

ウ　X－減税　Y－消費を増やそうとする　　　　**エ**　X－減税　Y－消費を減らそうとする

[　　　　]

(3) 直接税に当てはまるものを，次の**ア〜エ**から一つ選び
なさい。[和歌山県]

ア 関税　　　　**イ** 酒税
ウ 自動車税　　**エ** ゴルフ場利用税　[　　　]

資料Ⅱ

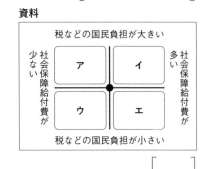
（財務省ホームページ）

よく出る！ (4) **資料Ⅱ**は，日本の税制度の一つを模式的に表したもの
である。**資料Ⅱ**のように納税者の支払い能力に応じて
課税されるしくみが取り入れられた理由を，「税の負担を」の書き出しで書きなさい。[福岡県]
[税の負担を　　　　　　　　　　　　　　　　　　　　　　　　　]

3 社会保障，環境保全

次の各問いに答えなさい。（8点×5）

(1) 社会保障と財政のあり方について，次の各問いに答えなさい。[福島県]
① 日本の社会保障制度の四つの柱のうち，公害対策や感染症の予防などにより，人々が健康
で安全な生活を送ることができるようにすることを何というか，書きなさい。
[　　　　　　　　　　　　　]

ハイレベル ② **資料**は，社会保障のあり方について，社会保障給
付費を横軸にとり，税などの国民負担を縦軸にとって，
図式化したものである。現在の状況を**資料**中の●の位
置としたとき，次の文で書かれていることを行うと，
●は**ア〜エ**のどこに移動するか，一つ選びなさい。

医療保険の保険料を引き下げて，医療機関で
支払う医療費の自己負担の割合を大きくする。

資料

税などの国民負担が大きい

| 少ない 社会保障給付費が | **ア** | **イ** | 多い 社会保障給付費が |
| | **ウ** | **エ** | |

税などの国民負担が小さい

[　　　]

(2) 介護保険に加入することになっているのは原則として何歳以上の人々か，次の**ア〜エ**から一つ
選びなさい。[大阪府]

ア 20歳以上　　**イ** 30歳以上　　**ウ** 40歳以上　　**エ** 50歳以上　[　　　]

ミス注意 (3) 次の**ア〜ウ**の法律について，制定された**年代の古い順**に並べなさい。[富山県]
ア 環境基本法　　**イ** 公害対策基本法
ウ 循環型社会形成推進基本法　[　　→　　→　　]

(4) 環境アセスメントについて説明した次の文中の**X**に当てはまる内容を書きなさい。[岡山県]

環境アセスメントとは，大規模開発が行われる場合，その開発が　**X**　する
ことである。

[　　　　　　　　　　　　　　　　　　　　　　　　　　　　　　　]

PART 7 | 地球社会と私たち

必ず出る！要点整理

国際社会と世界平和

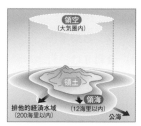

▲ 国家の領域と排他的経済水域

❶ 国際社会と国家

(1) **国際社会**…主権国家によって構成→**主権・領域・国民（人民）**。
　●**主権国家の原則**…**内政不干渉**の原則，**主権平等**の原則。

(2) **主権国家の領域**…領土，領海，領空。領海の外側に広がる海岸線から 200 海里の水域の**排他的経済水域**。公海→**公海自由**の原則。

(3) **国旗と国歌**…日本では「**日章旗（日の丸）**」と「**君が代**」。

(4) **国際社会のルール**…**国際慣習法**や**条約**などの国際法。国家間の争
　●国家間の長年のならわしで成立したきまり
いを法的に裁く機関として国際連合の**国際司法裁判所**がある。
　●**領土をめぐる問題**…**北方領土**，**竹島**，**尖閣諸島**。

❷ 国際連合のしくみとはたらき

(1) **国際連合**…**国際連合憲章**。世界の平和と安全の維持。
　●本部はアメリカのニューヨーク

(2) **しくみ**…**総会**は全加盟国で構成，**1 国 1 票**，多数決制。

　●**安全保障理事会**…**常任理事国**に**拒否権**。非常任理事国。
　●安保理　　　　●アメリカ，イギリス，フランス，ロシア，中国の 1 か国でも反対すると否決

　●**その他の機関**…経済社会理事会や専門機関など。

(3) **活動**…**平和維持活動（PKO）**，**SDGs** の採択。

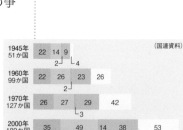

▲ 国連加盟国の推移

❸ 地域主義の動きと新興国の台頭

(1) **地域主義（地域統合）**…特定の地域でまとまって協力。
　●リージョナリズム
　●**主な地域主義**…**EU**，**ASEAN**，**APEC**，**TPP**，FTA，EPA。
　　　　　　　　　　　　アセアン　エイペック　●環太平洋経済連携協定

(2) **新興国の台頭**…**新興工業経済地域（NIES）**，**BRICS**。G20 の影響力。
　　　　　　　　　　　　　　　　　　　　　ニーズ　　ブリックス

(3) **世界の国々の経済格差**…発展途上国と先進国の間の**南北問題**，途上国間の格差の**南南問題**など。

よく出る！

国連の主な専門機関とその他の機関

UNESCO（ユネスコ）	国連教育科学文化機関
WHO	世界保健機関
UNICEF（ユニセフ）	国連児童基金
UNHCR	国連難民高等弁務官事務所

基礎力チェック問題

(1) 国家の構成要素は，主権，国民（人民）とあと一つは何か。　　［　　　　　］

(2) 国際連合の本部がある都市はどこか。　　［　　　　　］

(3) 全加盟国から構成される国際連合の主要機関を何というか。　　［　　　　　］

(4) 安保理の常任理事国のみがもつ，決議をさせない権利を何というか。　　［　　　　　］

(5) ヨーロッパの地域統合の組織であるヨーロッパ連合の略称は何か。　　［　　　　　］

国際社会と私たち

① 新しい戦争，核軍縮の動き

⑴ **地域紛争**…**冷戦**終結後に多発，民族や宗教の違いなどが原因。

⑵ **テロリズム（テロ）**…アメリカ同時多発テロなど。

⑶ **難民の発生**…迫害などで国外に逃れた人々。

　●**保護・救援**…国連難民高等弁務官事務所（UNHCR），<u>NGO</u>。
　　　　　　　　　　　　　　　　　　　　　　　　　　　　◉非政府組織

⑷ **核軍縮の動き**…<u>核拡散防止条約（NPT）</u>，**核兵器禁止条約**など。
　　　　　　　　　　◉1968年　廃絶　　◉2021年発効，日本は不参加

　●**地雷（対人地雷）の廃絶**…対人地雷全面禁止条約。

② 文化の多様性，地球規模の課題

⑴ **多様性の尊重**…**異文化理解**。他者との違いを認める寛容さ。

　●**人間の安全保障**…一人一人の生命や人権を大切にする考え方。

⑵ **地球環境問題**…**地球温暖化，酸性雨，砂漠化，熱帯林の減少**。

　●**地球温暖化**…**温室効果ガス**の増加で地球の平均気温が上昇。

　●**国際的な取り組み**…国連環境開発会議（地球サミット），地球温暖化防止京都会議。**京都議定書**から**パリ協定**へ。

⑶ **資源・エネルギー問題**…**化石燃料**から**再生可能エネルギー**へ。
　　　　　　　　　　　　◉石炭，石油，天然ガス　◉太陽光，風力，地熱，バイオマスなど

⑷ **貧困**…1日の生活費が1.9ドル未満の状態→**サハラ砂漠以南のアフリカ**で深刻。途上国を中心に飢餓の状態の人々も多い。

　●**自立に向けた支援**…**フェアトレード（公正貿易）**や**マイクロクレジット（少額融資）**の取り組み。

⑸ **持続可能な開発目標（SDGs）**…2015年に国連が採択。

⑹ **日本の国際貢献**…自衛隊の**平和維持活動（PKO）**への参加，**政府開発援助（ODA）**，**青年海外協力隊**など。

よく出る！

パリ協定の内容

2015年に採択されたパリ協定では，すべての参加国に温室効果ガスの削減目標の提出が義務づけられた。

📖 **用語**

マイクロクレジット（少額融資）

貧困層の人々に対して，無担保・低金利で少額のお金を貸し出すサービス。自立を進める支援策として，1970年代にバングラデシュで始まった。マイクロファイナンスともいう。

よく出る！

日本の国際貢献

・**政府開発援助（ODA）**
・青年海外協力隊
・国連の**平和維持活動（PKO）**
・アフリカ開発会議（TICAD）

解答はページ下 ✏️

⑹ 先進国と発展途上国の経済格差の問題を何というか。　　　　　[　　　　　　]

⑺ 1968年に［核拡散防止条約　核兵器禁止条約］が採択された。　[　　　　　　]

⑻ 京都議定書にかわる温室効果ガスの削減目標を目指す協定は何か。[　　　　　　]

⑼ 2030年までに達成を目指す「持続可能な開発目標」の略称は何か。[　　　　　　]

⑽ 日本が発展途上国へ行っている政府開発援助の略称は何か。　　[　　　　　　]

地球社会と私たち

1 国際社会

次の各問いに答えなさい。（10点×3）

⊙ ミス注意
(1) 次の文中の**X・Y**に当てはまる語句の組み合わせとして正しいものを，下の**ア～エ**から一つ選びなさい。［岩手県］

> 　国際法は，条約と国際慣習法の二種類に大別され，　**X**　の例としては，公海自由の原則がある。国家間の争いを法に基づいて解決するために，国際連合には国際司法裁判所が設置されているが，裁判を開始するには　**Y**　が必要である。

ア　**X**－条約　　　　　　**Y**－当事国による同意

イ　**X**－条約　　　　　　**Y**－安全保障理事会の承認

ウ　**X**－国際慣習法　　　**Y**－当事国による同意

エ　**X**－国際慣習法　　　**Y**－安全保障理事会の承認　　　　　　　　[　　　]

(2) 1968年に核保有国以外の国々が核兵器を持つことを禁じた条約が締結された。この条約名を何というか，書きなさい。［大分県］　　　　　　　[　　　　　　]

(3) 難民とは，どのような人々のことをいうか，難民となるに至った理由も含めて，簡潔に書きなさい。［和歌山県］

[　　　　　　　　　　　　　　　　　　　　　　　　　　　]

2 国際連合

次の各問いに答えなさい。（10点×4）

(1) 国際連合において，5か国の常任理事国と，10か国の非常任理事国とで構成される機関を何というか，次の**ア～エ**から一つ選びなさい。［山口県］　　　　[　　　]

ア　総会　　　**イ**　安全保障理事会　　　**ウ**　経済社会理事会　　　**エ**　国際司法裁判所

よく出る！
(2) 国際連合の主な機関の一つである(1)について，重要な決議案は5か国の常任理事国と10か国の非常任理事国の投票により，採択されるか決まる。**資料**は，ある決議案の投票結果を表したものである。採択に必要な9理事国の賛成投票があったにもかかわらず，この決議案は採択されなかった。その理由を，「**拒否権**」という語を用いて，簡潔に書きなさい。［和歌山県・改］

資料

	常任理事国	非常任理事国
賛成	3か国	6か国
反対	2か国	3か国
棄権	なし	1か国

[　　　　　　　　　　　　　　　　　　　　　　　　　　　]

(3) 国際連合で行われているさまざまな活動について，次の各問いに答えなさい。［滋賀県］

① 紛争後の平和の実現のために，停戦や選挙の監視を行う活動が行われている。この活動の略称を，下の**ア～エ**から一つ選びなさい。

ア　NGO　　　**イ**　WHO　　　**ウ**　IMF　　　**エ**　PKO　　　　　　[　　　]

ミス注意 ② ユニセフについて述べた文として正しいものを，次の**ア〜エ**から一つ選びなさい。

ア 世界遺産などの文化財の保護などを行っている。

イ 国と国との間の争いを法に基づいて解決する活動を行っている。

ウ 子どもたちの健(すこ)やかな成長を守るために教育支援(しえん)などを行っている。

エ 難民の受け入れを求めたり，支援したりする活動を行っている。 [　　　]

3 国際問題

次の各問いに答えなさい。（10点×3）

(1) 発展途上国(とじょう)では，NGO（非政府組織）などの機関によって，新しい事業を始めるために必要な少額のお金を，貧困層に無担保で貸し出す取り組みが行われている。このように，貧困層に少額の融資(ゆうし)を行い自立をうながす金融(きんゆう)を何というか，書きなさい。[和歌山県]

[　　　　　　　　　　]

ミス注意 (2) よりよい国際社会を実現するための取り組みを説明した次の文中の X に当てはまる語句を**カタカナ**で書きなさい。[富山県] [　　　　　　　　　]

> 発展途上国でつくられた農作物や製品を，その労働に見合う公正な価格で取り引きすることは 　　　　　 と呼ばれ，生産者の生活を支える取り組みとして注目されている。

ハイレベル (3) 次の**X〜Y**は，地球環境保全(かんきょう)と経済成長のかかわりについての課題解決に向けた考えをまとめたものである。それぞれの考えを，下の**資料**中の**a〜d**のいずれかに当てはめたときの組み合わせとして正しいものを，右下の**ア〜ク**から一つ選びなさい。[国立工業高専・商船高専・高専]

X
まずは発展途上国の各国ごとに経済成長を目指し，適切な地球環境保全を行うことができるまで経済力をつけるべきである。

Y
経済成長をしている国々が発展途上国に技術や資金を提供して，各国の状況(じょうきょう)に合わせて地球環境保全に優先的に取り組むべきである。

Z
多数の国が公正な話し合いを行い，合意を得たうえで地球環境保全と経済成長を両立させる方法を検討すべきである。

資料

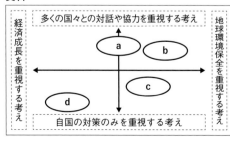

	X	Y	Z
ア	a	b	c
イ	a	c	d
ウ	b	c	d
エ	b	d	a
オ	c	a	b
カ	c	d	b
キ	d	a	c
ク	d	b	a

[　　　　]

アドバイス ☞ 横軸と縦軸それぞれにおいて，XYZが重視するのはどちらかを考える。

模擬学力検査問題

第 1 回

制限時間：	配点：	目標：
40 分	100 点	80 点

得点：

点

答えは決められた解答欄に書き入れましょう。

1

右の地図を見て，次の問いに答えなさい。

(3点×6，(6)完答)

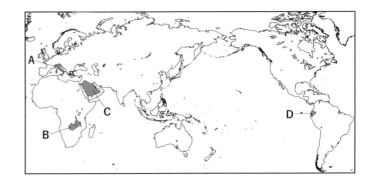

(1) 陸地を構成する 6 大陸のうち，右の地図中にかかれていない大陸が一つある。その大陸名を書きなさい。

(2) 地図中の **A～D** 国のうち，次の文に当てはまる国を一つ選びなさい。

> 国土を赤道が通ることから，スペイン語で「赤道」を意味する国名がつけられている。

(3) 右のグラフは，地図中の **A～D** 国のいずれかの首都の気温と降水量を表した雨温図である。当てはまる国を一つ選びなさい。

(4) 地図中の **A** 国は，ヨーロッパ連合（EU）に加盟している。ヨーロッパ連合（EU）の共通通貨を何というか，書きなさい。

(5) 右のグラフは，地図中の **B** 国の輸出品を表したものである。**B** 国のように，特定の鉱産資源の輸出にたよる経済を何というか，書きなさい。

(6) 右の資料中の **ア～エ** は，地図中の **A～D** 国のいずれかが当てはまる。地図中の **C** 国に当てはまるものを一つ選びなさい。また，そのように判断した理由を，宗教の面に触れながら，簡潔に書きなさい。

気温／降水量グラフ

年平均気温 15.6℃
年降水量 706.6mm

（2021 年版「理科年表」ほか）

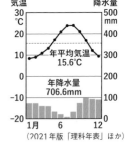

無機化合物 2.2

90.5 億ドル　銅 75.2%　その他 22.6

（2018 年）（2020/21 年版「世界国勢図会」）

主な家畜の飼育頭（羽）数

(2018年)

	牛（千頭）	豚（千頭）	羊（千頭）	鶏（百万羽）
ア	4172	1210	262	41
イ	5923	8492	7179	150
ウ	368	—	9409	195
エ	4057	1283	356	166

（注）「—」はまったくないことを示す（2020/21 年版「世界国勢図会」）

(1)	大陸	(2)		(3)	
(4)		(5)			

(6) 記号		理由	

2

右の地図を見て，次の問いに答えなさい。　　　　　　　　（2点×8）

(1) 地図中の**X・Y**の海流の組み合わせとして正しいものを，下の**ア〜エ**から一つ選びなさい。

　　ア　**X**－黒潮（日本海流）　**Y**－親潮（千島海流）
　　イ　**X**－対馬海流　　　　　**Y**－黒潮（日本海流）
　　ウ　**X**－親潮（千島海流）　**Y**－黒潮（日本海流）
　　エ　**X**－親潮（千島海流）　**Y**－対馬海流

(2) 地図中の**Z**の海岸にみられる，入り江と岬が入り組んだ海岸地形を何というか，書きなさい。

(3) 洪水や津波などの自然災害の被害予測地域や，避難所が記載されている地図を何というか，カタカナで書きなさい。

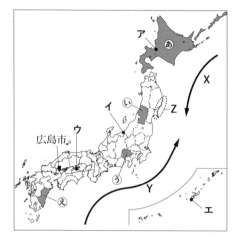

(4) 右のグラフは，地図中の**ア〜エ**のいずれかの都市の気温と降水量を表した雨温図である。あてはまる都市を一つ選びなさい。

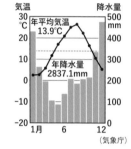

(5) 次の①・②の農業がさかんな都道府県を，地図中のあ〜えから一つずつ選びなさい。

　　① 扇状地で，水はけのよさをいかして，ぶどうやももの栽培がさかんである。
　　② 広大な畑で大型の農業機械を使って大規模農業を行い，てんさいやじゃがいも，小麦などを栽培している。

(6) 右の地形図は，地図中の広島市の様子である。次の各問いに答えなさい。

　　① 地形図上の**A－B**間の長さは3cmである。実際の距離は何mか，書きなさい。

　　② 地形図から読み取れる内容を，次の**ア〜エ**から一つ選びなさい。

　　ア　県庁から見て体育館は南西にある。
　　イ　原爆ドームは，二つの川にはさまれた位置にある。
　　ウ　広島城跡の西側の道路沿いには，高等学校がある。
　　エ　広島城跡の敷地内には，博物館と神社がある。

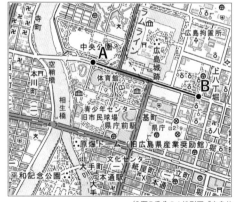

（2万5千分の1地形図「広島」）

(1)	(2)		(3)		(4)
(5) ①	②	(6) ①		m	②

3

右の年表を見て，次の問いに答えなさい。

(3点×6)

(1) 年表中のあ・いの中国の王朝名の組み合わせとして正しいものを，次のア～エから一つ選びなさい。

ア　あ－漢　い－隋　　イ　あ－魏　い－隋

ウ　あ－漢　い－唐　　エ　あ－魏　い－唐

(2) 次のア～エは，年表中のAの期間に起こったできごとである。古い順に並べ変えたとき，**3番目**に当てはまるものを一つ選びなさい。

ア　藤原道長・頼通父子のときに，摂関政治が全盛となった。

イ　中大兄皇子が中臣鎌足とともに蘇我氏をたおし，政治改革を始めた。

ウ　桓武天皇が今の京都市に都を移し，律令政治の立て直しをはかった。

エ　新しく開墾した土地の永久私有を認める墾田永年私財法が出された。

(3) 年表中のBと同じころに起こった世界のできごとを，次のア～エから一つ選びなさい。

ア　ローマ教皇が聖地エルサレムを取りもどすために，十字軍の遠征を始めた。

イ　ムハンマドが唯一神アラーのお告げを受けたとして，イスラム教を開いた。

ウ　イスラム勢力のオスマン帝国がビザンツ帝国（東ローマ帝国）を滅ぼした。

エ　バスコ＝ダ＝ガマがアフリカの喜望峰をまわり，インドに到達する航路を開拓した。

(4) 年表中のCについて，次の各問いに答えなさい。

①　応仁の乱以降は戦国時代となり，下剋上の風潮が広がった。下剋上について，「身分」の語句を用いて，簡潔に書きなさい。

②　このころの文化に関する資料として適切なものを，次のア～エから一つ選びなさい。

年	できごと
239	邪馬台国の女王があ中国に使いを送る
607	聖徳太子が小野妹子をい中国に派遣する
	⇕A
1086	白河上皇が院政を始める………B
1467	応仁の乱が起こる……………C
1543	鉄砲が伝来する……………D

ア（学研写真資料）　イ（正倉院正倉）　ウ（ピクスタ）　エ（絵・ゼンジ）

(5) 年表中のDについて，鉄砲が初めて伝えられた場所を，右の地図中のア～エから一つ選びなさい。

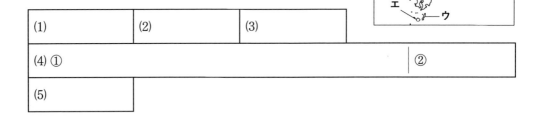

(1)	(2)	(3)	
(4) ①			②
(5)			

4 次のカードⅠ～Ⅳを見て，次の問いに答えなさい。 (2点×8)

Ⅰ　日本の開国と不平等条約
江戸幕府の大老　**X**　とアメリカ総領事の　**Y**　が**a**日米修好通商条約を結び，貿易を行うことになった。

Ⅱ　日清戦争とロシアとの対立
日清戦争に勝利した日本は，清から領土と賠償金を獲得したが，ロシアなどによる**b**三国干渉で一部を返還した。

Ⅲ　大正デモクラシーと大衆文化
大正時代，**c**米騒動の後，本格的な政党内閣が成立した。このころ，大衆文化とともに**d**新しいメディアが登場した。

Ⅳ　第二次世界大戦と日本の降伏
日本は，**e**満州事変の後，軍部の力が増し，戦争が始まった。1945年8月14日，　**Z**　宣言を受諾し，無条件降伏した。

(1) カードⅠ中の**X**・**Y**の人物名の組み合わせとして正しいものを，次の**ア～エ**から一つ選びなさい。

　ア　**X**－田沼意次　**Y**－ペリー　　　**イ**　**X**－井伊直弼　**Y**－ペリー

　ウ　**X**－田沼意次　**Y**－ハリス　　　**エ**　**X**－井伊直弼　**Y**－ハリス

(2) 下線部**a**は，日本にとって不平等な内容が含まれていた。貿易において不平等な点を，簡潔に書きなさい。

(3) 下線部**b**について，このとき返還した地域を，右の地図中の**ア～エ**から一つ選びなさい。

(4) 下線部**c**と関連のある世界のできごとを，次の**ア～エ**から一つ選びなさい。

　ア　フランス革命が起こり，自由・平等を唱える人権宣言を発表した。

　イ　ロシア革命が起こり，世界で初の社会主義政府ができた。

　ウ　第四次中東戦争の影響で，石油価格が上昇した。

　エ　アメリカで株価が大暴落し，世界中に広がる世界恐慌が起こった。

(5) 大正時代に始まった下線部**d**を，次の**ア～エ**から一つ選びなさい。

　ア　新聞　　　**イ**　テレビ放送　　　**ウ**　ラジオ放送　　　**エ**　インターネット

(6) 下線部**e**以降に起こった次の**ア～エ**のできごとを古い順に並べ変えなさい。

　ア　日中戦争が始まった。　　　　**イ**　二・二六事件が起こった。

　ウ　太平洋戦争が始まった。　　　**エ**　五・一五事件が起こった。

(7) カードⅣ中の**Z**にあてはまる語句を書きなさい。

(8) 右のカードは，カードⅠ～Ⅳのどの間のできごとか，書きなさい。

大日本帝国憲法が発布され，立憲制国家が成立した。

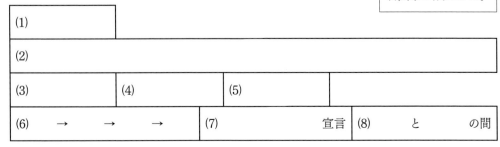

(1)				
(2)				
(3)		(4)	(5)	
(6)　　→　　→　　→		(7)　　　　　宣言	(8)　　と　　の間	

5

次の文を読んで，あとの問いに答えなさい。

> **A** 現代社会は，人・商品・お金・**a**情報が国境を越えて世界が一体化する**b**グローバル化が進んでいる。
>
> **B** 社会集団の中では，**c**効率と公正の見方・考え方を取り入れて，対立を解消して合意を目指すことが大切である。
>
> **C** 人権思想の発達において，**d**社会権が世界で初めて保障されたのは，1919年に制定されたドイツの ☐ **X** ☐ 憲法である。
>
> **D** 社会の発展により，**e**日本国憲法に明記されていない**f**新しい人権も主張されている。

(1) 下線部 **a** について，人間の知能の一部をコンピューター上で実現した人工知能の別名を，**アルファベット2字**で書きなさい。

(2) 下線部 **b** によって日本が影響を受けたものを，次の**ア～ウ**から一つ選びなさい。

　　ア 少子高齢化　　　**イ** 食料自給率の低下　　　**ウ** 国民の年金負担の増加

(3) 下線部 **c** について，次の各問いに答えなさい。

　　① 右の表は，ある中学校の3年生が参加するクラス別球技大会に向けて，体育館で練習するためのクラス別割り当て表である。この表は，どのような点で公正であるといえるか，簡潔に書きなさい。

金曜日に開催される球技大会に向けた体育館の使用割り当て表				
	月曜日	火曜日	水曜日	木曜日
5時間目	1組	2組	1組	3組
6時間目	3組	4組	2組	4組

　　② ものごとを決めるとき，多数決での採決で配慮すべきことを，「少数」の語句を用いて，簡潔に書きなさい。

(4) 下線部 **d** に当てはまる内容として**誤っているもの**を，次の**ア～エ**から一つ選びなさい。

　　ア 労働の機会を求めることができる権利　　　**イ** 教育を受ける権利

　　ウ 健康で文化的な最低限度の生活を営む権利　　　**エ** 自分の財産をもつ権利

(5) **C**の文中の**X**にあてはまる語句を書きなさい。

(6) 下線部 **e** が施行された年月日を，次の**ア～エ**から一つ選びなさい。

　　ア 1946年5月3日　　　**イ** 1946年11月3日

　　ウ 1947年5月3日　　　**エ** 1947年11月3日

(7) 下線部 **f** の一つである自己決定権を尊重するための，医師からの十分な説明を受けた上での同意を示すものを何というか，次の**ア～エ**から一つ選びなさい。

　　ア インクルージョン　　　**イ** インフォームド・コンセント

　　ウ ユニバーサルデザイン　　　**エ** ダイバーシティ

(1)		(2)		
(3) ①			②	
(4)		(5) 　　　　　憲法	(6)	(7)

6

右の図を見て，次の問いに答えなさい。 (2点×8)

(1) 下線部 **a** について，得票数に応じて政党の議席数を決める選挙制度を何というか，書きなさい。

(2) 下線部 **b** について，衆議院と参議院で異なる議決をした場合，両院協議会を開いても意見が一致しないときはどうなるか，簡潔に書きなさい。

(3) 下線部 **c** の仕事を，次の**ア**〜**エ**から二つ選びなさい。

ア 条約の締結 **イ** 国政調査権
ウ 予算の提出 **エ** 憲法改正の発議

議院内閣制のしくみ

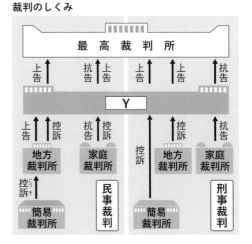

(4) 次の文は，内閣不信任の決議が可決された後について述べている。図中の**X**に当てはまる内容を簡潔に書きなさい。

> 衆議院で内閣不信任の決議が可決された場合，内閣は ☐**X**☐ か，総辞職しなければならない。

(5) 図のように，3回まで裁判が受けられる裁判のしくみを何というか，書きなさい。

(6) 図中の**Y**に当てはまる裁判所を書きなさい。

(7) 民事裁判について述べた文として**誤っている**ものを，次の**ア**〜**エ**から一つ選びなさい。

ア 個人や企業などの私人間の争いについての裁判を行う。

イ 国や地方公共団体などを相手にした行政裁判も民事裁判に含まれる。

ウ 裁判所に訴えた人を原告，訴えられた人を被告という。

エ 国民の中からくじと面接で選ばれた裁判員が参加する。

裁判のしくみ

(1)		(2)	
(3)		(4)	
(5)	(6)		(7)

模擬学力検査問題

第 2 回

制限時間:	配点:	目標:
40 分	100 点	80 点
得点:		
		点

答えは決められた解答欄に書き入れましょう。

1

右の地図を見て，次の問いに答えなさい。

((3)5点，他3点×5)

(1) Ⅰの地図中の北緯 40 度の緯線と同じものを，Ⅱの地図中の**ア～エ**から一つ選びなさい。

(2) Ⅰ・Ⅱの地図中の**X・Y**の山脈の組み合わせとして正しいものを，下の**ア～エ**から一つ選びなさい。

 ア **X**－アルプス山脈 **Y**－ロッキー山脈 **イ** **X**－ヒマラヤ山脈 **Y**－ロッキー山脈

 ウ **X**－ロッキー山脈 **Y**－ヒマラヤ山脈 **エ** **X**－ヒマラヤ山脈 **Y**－アルプス山脈

(3) 表は，**A**国のベンガルールと**E**国のサンフランシスコの時刻を表している。**E**国に本社があるコールセンターは，**A**国の会社に業務を任せるところも多い。表から読み取れるその理由を，簡潔に書きなさい。

サンフランシスコとベンガルールの時刻

	時刻	時刻
サンフランシスコ	18：00	07：00
ベンガルール	07：30	20：30

(4) **B**国について述べた文として**誤っているもの**を，次の**ア～エ**から一つ選びなさい。

 ア 人口は沿海部に集中している。

 イ 人口の約 9 割は漢族である。

 ウ 沿海部に経済特区を設置している。

 エ アジア NIES の一つである。

(5) 右のグラフは，**C**国の輸出品の変化を表している。グラフから読み取れる**C**国の産業の変化の特徴を，簡潔に書きなさい。

C国の輸出品の変化

1980 年
129.4
億ドル
| 石油 23.8% | 天然ゴム 16.4 | 機械類 10.7 | 木材 9.3 | 精密機械 3.8 | 8.9 | その他 30.9 |
パーム油

2019 年
2380.9
億ドル
| 機械類 42.0% | 石油製品 | 7.0 | 液化天然ガス 4.2 | パーム油 3.5 | その他 39.5 |

（2021/22 年版「日本国勢図会」ほか）

(6) 右の資料中の**ア～オ**は，地図中の**A**～**E**国のいずれかが当てはまる。**D**国に当てはまるものを一つ選びなさい。

	人口密度 （1km² あたり人） 2020 年	小麦の 生産量 （千 t） 2018 年	米の 生産量 （千 t） 2018 年	自動車の 生産台数 （千台） 2019 年
ア	4	31769	―	1917
イ	150	131441	212129	25721
ウ	98	―	2719	572
エ	34	51287	10170	10880
オ	420	99700	172580	4516

（2020/21 年版「世界国勢図会」）

(1)		(2)	
(3)			
(4)	(5)		(6)

2

次の地図を見て，あとの問いに答えなさい。

(2点×7，(2)(6)完答)

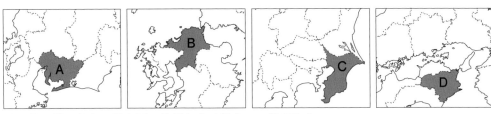

(1) A〜Dの県のうち，最も西の位置にある県を一つ選びなさい。

(2) A〜Dの県のうち，県名と県庁所在地名が異なる県が一つある。その県を選び，記号と県庁所在地名を書きなさい。

(3) 右の写真は，A県でさかんな電照菊（でんしょうぎく）の栽培（さいばい）の様子である。次の文中のXに当てはまる内容を，「値段」の語句を用いて，簡潔に書きなさい

(ピクスタ)

> 　夜間，菊に照明をあて続けることで，開花時期を遅（おく）らせて，秋から冬に出荷（しゅっか）することで　　X　　。

(4) B県の県庁所在地は，この地方の政治・経済・文化の中心地である。同じような役割を持つ都市を，次のア〜エから一つ選びなさい。

ア　京都市　　イ　仙台（せんだい）市　　ウ　横浜市　　エ　岡山市

(5) 次のア〜エのグラフは，A〜D県の工業生産額の内訳を表したものである。A県とC県に当てはまるものを，一つずつ選びなさい。

```
ア  34.4%        10.3 9.6    その他 45.7
    └輸送用機械  └食料品 └鉄鋼

イ  化学30.2%    23.7    7.8   その他 38.3
                └電子部品    └食料品

ウ  23.7%   化学17.8 13.2    その他 45.3
    └石油・石炭製品  └鉄鋼

エ  輸送用機械 55.0%          その他 33.9
            └電気機械 6.0  └鉄鋼 5.1
```
(2018年)(「データでみる県勢」2021年版)

(6) 右の図は，D県の課題を解決するための考えを整理したものである。□に当てはまる取り組みの例として適切なものを，次のア〜エから二つ選びなさい。

ア　古都の景観（はいりょ）に配慮した条例を定める。

イ　高齢者（こうれい）も働き続けることができる事業を起こす。

ウ　都市の郊外（こうがい）にニュータウンを造成する。

エ　高速情報通信網を整備し，Iターン移住者を増やす。

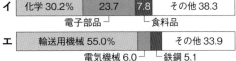

> D県の過疎化（かそ），高齢化（こうれい）の課題についてどのように解決したらよいか？
>
> 若い世代が流出している　→　地域活性化を進める
>
> <取り組み>
> □　や　□　など

(1)	(2) 記号	県庁所在地	市
(3)			(4)
(5) A	C	(6)	・

3 次のカードA～Cは，歴史上の人物が話した内容である。あとの問いに答えなさい。 (3点×6)

> **A** 私は，幕府の老中で，天保の改革を始めました。**a**物価を引き下げる政策や，**b**外国の情勢を知り外国船への対応の変更などを行いましたが，失敗に終わりました。

> **B** 私は，幕府の執権で，元の皇帝 **X** の服属要求を無視し，2度の襲来では御家人を指揮して元軍を退けました。

> **C** 私は，織田信長の後継者として，**c**社会のしくみを整えつつ，全国統一を完成させました。関白を辞めたあとも太閤と呼ばれて権力を握り続けました。

(1) A～Cの人物の組み合わせとして正しいものを，次のア～エから一つ選びなさい。
　ア　A－松平定信　B－北条時宗　C－徳川家康
　イ　A－水野忠邦　B－北条泰時　C－豊臣秀吉
　ウ　A－水野忠邦　B－北条時宗　C－豊臣秀吉
　エ　A－松平定信　B－北条泰時　C－徳川家康

(2) 下線部**a**について，Aの人物はどのような政策を行ったか，「株仲間」の語句を用いて，簡潔に書きなさい。

(3) 下線部**b**に関連するできごとについて述べた文を，次のア～エから一つ選びなさい。
　ア　洪秀全が太平天国を建国し，清に対する反乱が各地へ広まった。
　イ　イギリスとの戦争に敗れた清は，南京条約を結んだ。
　ウ　三民主義を唱える孫文を中心に，辛亥革命が起こった。
　エ　「扶清滅洋」を唱えて義和団が蜂起し，北京の外国公使館を包囲した。

(4) Xに当てはまる人物名を書きなさい。

(5) 下線部**c**について，Cの人物が出した法令の内容を，次のア～エから一つ選びなさい。
　ア　諸国の百姓たちが，刀・脇差・弓・槍・鉄砲その他の武具類を持つことを固く禁止する。
　イ　人を殺して盗みをした者は，引き回しの上に獄門とする。
　ウ　諸国の守護の仕事は，京都の御所の警備や，謀反・殺人などの取りしまりに限る。
　エ　大名は，毎年4月中に江戸へ参勤すること。

(6) 次の文で説明した文化が栄えたのは，A～Cの人物が活躍したどの時代のころか，A～Cから一つ選びなさい。

> 千利休が，茶の湯をわび茶と呼ばれる芸能として完成させた。

(1)	(2)		
(3)	(4)	(5)	(6)

4

右の年表を見て，次の問いに答えなさい。

(2点×8)

年	できごと
1867	a 大政奉還が行われる………… ↕ア
1894	日清戦争が起こる………… ↕イ
1904	日露戦争が起こる………… ↕ウ
1925	b 普通選挙法が成立する……… ↕エ
1945	c 戦後改革が始まる…………
1956	日本と　A　の国交が回復する
1965	日本と　B　の国交が回復する
1972	日本と　C　の国交が回復する
1985	男女雇用機会均等法が制定される
	X
1989	d 冷戦が終結する

(1) 下線部 a を行った江戸幕府の将軍を，次のア～エから一つ選びなさい。

 ア　徳川吉宗 イ　徳川綱吉
 ウ　徳川慶喜 エ　徳川家光

(2) 下線部 b と同時に制定された法律を，次のア～エから一つ選びなさい。

 ア　国家総動員法 イ　治安維持法
 ウ　労働組合法 エ　工場法

(3) 下線部 c で行われた政策について述べた文として**誤っているもの**を，次のア～エから一つ選びなさい。

 ア　満20歳以上の男女に選挙権が与えられた。
 イ　日本を経済面で支配していた三井・三菱などの会社を解体した。
 ウ　戦争犯罪人とみなした軍や政府の指導者を極東国際軍事裁判にかけた。
 エ　土地所有者に地価の3％の税金を現金で納めさせることにした。

(4) 次の①・②のできごとが起こった期間を，年表中のア～エからそれぞれ選びなさい。

 ①　官営の八幡製鉄所がつくられ，重工業中心の産業革命が発展した。
 ②　工業製品の輸出が急激に伸び，輸入超過国から輸出超過国になった。

(5) 年表中のA～Cの国の組み合わせとして正しいものを，次のア～エから一つ選びなさい。

 ア　A－中国　B－ソ連　C－韓国 イ　A－ソ連　B－韓国　C－中国
 ウ　A－韓国　B－ソ連　C－中国 エ　A－中国　B－韓国　C－ソ連

(6) 下線部 d に関係するできごとを報じた新聞記事の見出しとして正しいものを，次のア～エから一つ選びなさい。

  ア   **イ**   **ウ**   **エ**

米中枢に同時多発テロ	買いだめ　ペーパーパニック	湾岸戦争に突入	ベルリンの壁　開放

(7) 年表中の X の期間は，バブル経済と呼ばれる不健全な好景気が続いた。バブル経済とはどのような経済状態か，「**株式**」，「**土地の価格**」の語句を用いて，簡潔に書きなさい。

(1)	(2)	(3)
(4)①　　　　②		(5)　　　　(6)
(7)		

5

次のカードを見て，あとの問いに答えなさい。

（2点×8，(4)完答）

Ⅰ	**a** 地方公共団体の課題
	・人口減少の影響
	→ **b** 地方財政の悪化
	→地域経済の衰退

Ⅱ	日本の金融の課題
	・グローバル化の影響
	→ **c** 貨幣や支払いが多様化
	→ **d** 金融政策の効果

Ⅲ	社会保障の課題
	・少子高齢化の影響
	→ **e** 四つの柱の財源
	→ **f** 福祉社会の実現

(1) 下線部 **a** について，次の問いに答えなさい。

① 都道府県知事の被選挙権は，満何歳以上か，書きなさい。

② 有権者が 12 万人の市で，住民が議会の解散請求を求めて直接請求権を行使するとき，必要な署名数は最低何人か，書きなさい。

(2) 下線部 **b** について，自主財源に当てはまるものを，次の**ア～ウ**から一つ選びなさい。

ア 地方交付税交付金　　**イ** 国庫支出金　　**ウ** 地方税

(3) 下線部 **c** について，クレジットカードやスマートフォンなどを利用した，現金を使わない支払いのことを何というか，書きなさい。

(4) 右の図は，日本銀行が行う下線部 **d** で，公開市場操作と呼ばれるものを表している。不景気のときに日本銀行が行う流れは，**X**・**Y** のどちらかを選び，解答欄に合うように，金融政策について文を完成させなさい。

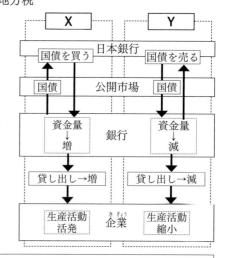

(5) 下線部 **e** について，次の文中の **A**・**B** に当てはまる語句を，**A** は**ア～ウ**から，**B** は**エ～カ**から，それぞれ一つずつ選びなさい

社会保障制度の四つの柱のうち，最低限度の生活費を保障する内容は，　**A**　に当てはまる。また，社会保険の一つである介護サービスなどは，社会全体で互いに支え合うことから，　**B**　の考えを大切にする必要がある。

ア 公的扶助　　**イ** 公衆衛生　　**ウ** 社会福祉　　**エ** 自助　　**オ** 共助　　**カ** 公助

(6) 下線部 **f** について，高福祉高負担を採用している国として**当てはまらない国**を，次の**ア～エ**から一つ選びなさい。

ア ノルウェー　　**イ** スウェーデン　　**ウ** アメリカ　　**エ** フランス

(1)①満　　　歳以上	②　　　　　人	(2)	(3)　　　　　　決済
(4) 記号　　　｜ 記述 日本銀行が国債を　　　　　　，市場に出まわる			
(5) **A**　　　｜ **B**		(6)	

6 次の会話文を読んで，あとの問いに答えなさい。 (2点×8)

> 先生：社会科の学習を振り返って，社会の見方や考え方に変化はありましたか。
> 太郎：私は，公民の経済で学習した ☐**X** について興味を持ちました。
> 先生：求める量に対して財や**a**サービスが不足した状態のことですね。
> 太郎：ええ，地理で学習した**b**資源・エネルギー問題と関連づけて考えていきたいです。
> 花子：私は，どの課題に対しても「効率と公正」の視点をもつようになりました。また，
> 　　　決まりが必要なことも，歴史や公民の学習からたくさんのことを学びました。
> 先生：それはよいことです。**c**国際社会の課題でも重要な視点です。**d**持続可能な社会
> 　　　を築いていくために，私たちができることは何があるか，考えを深めましょう。

(1) 右の図は，会話文中の**X**について整理したもので
ある。これを参考にして，**X**に当てはまる語句
を，**漢字3字**で書きなさい。

> ・ ☐**X** の高いもの→ダイヤモンド
> ・ ☐**X** の低いもの→空気

(2) 下線部**a**の購入として**誤っているもの**を，次の**ア～エ**から一つ選びなさい。
　　ア 美容室で髪を切ってもらう。　　**イ** 劇場でミュージカルを観劇する。
　　ウ 電車に乗って移動する。　　　　**エ** ネットショッピングで洋服を購入する。

(3) 下線部**b**について，近年の採掘技術の向上で開発が進んでいるエネルギー資源を，次の**ア～**
エから一つ選びなさい。
　　ア シェールガス　　**イ** バイオマス　　**ウ** 石炭　　**エ** 石油

(4) 下線部**c**について，右の表は世界平和のために設立
された国際機関を比較したものである。これを見て，
次の各問いに答えなさい。

	⑭国際連盟	国際連合
発足年	1920年	1945年
本部所在地	ジュネーブ	**Y**
表決	⑰全会一致	多数決
制裁措置	経済制裁	経済制裁と武力制裁

① 下線部⑭の設立を提唱したアメリカの大統領は
誰か，その人物名を書きなさい。

② **Y**に当てはまる都市名を書きなさい。

③ 下線部⑰の表決の短所の一つを，「時間」という語句を用いて，簡潔に書きなさい。

④ 国際連合の平和維持活動をアルファベットの略称で何というか，書きなさい。

(5) 次の文は，下線部**d**のために行う消費活動の一つである。これを何というか，書きなさい。

> 　フェアトレード商品など，消費者が環境や社会などに配慮した商品を選び，購入し
> て消費すること。

(1)		(2)	(3)	(4)①
②		③		
④		(5)		

わかるまとめと
よく出る問題で
合格力が上がる

社 会

編集協力：たくみ堂　勉強法協力：梁川由香　カバー・キャラクターイラスト：茂苅 恵

図版・イラスト：ゼム・スタジオ，木村図芸社，株式会社アート工房，株式会社サイドランチ

写真：出典は写真そばに記載。

アートディレクター：北田進吾　デザイン：畠中脩大・山田香織（キタダデザイン）・堀 由佳里

DTP：(株)明昌堂　データ管理コード 21-1772-0744(CC2020)

高校入試 — 合格

GOUKAKU

BON!

わかるまとめと
よく出る問題で
合格力が上がる

別冊

解答と解説

＊軽くのりづけされているので、外してお使いください。

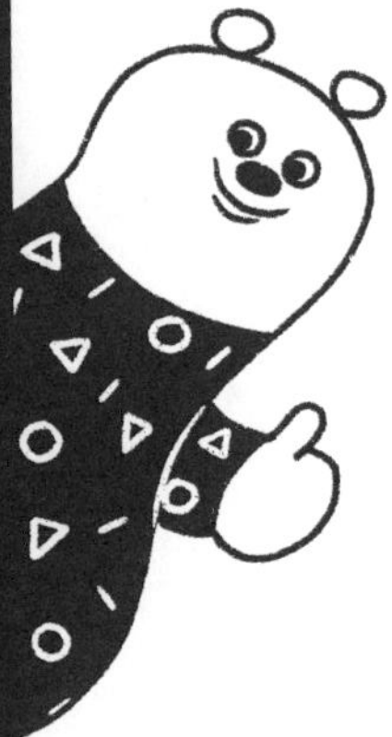

SOCIAL STUDIES

社会

Gakken

高校入試実戦力アップテスト

解答

1章　地理

<table>
<tr><td>PART 1　世界と日本の姿</td><td>p.10 - 11</td></tr>
</table>

1 (1) **インド洋**　(2) **本初子午線**　(3) **ア**
(4) **エジプト**
(5) **例** かつて，アフリカの大部分を植民地に
したヨーロッパの国々が緯線や経線を使って
引いた境界線を，現在も国境線として使って
いるから。
(6) **3月30日午後10時**　(7) **エ**
2 (1) **ア**　(2)① **イ**　② **例** 排他的経済水域が狭
くなることを防ぐ（ため）
3 **ウ**

解説

1 (1) **インド洋**は，ユーラシア大陸，アフリカ大陸，
オーストラリア大陸，南極大陸に囲まれた海
洋。

(2) **本初子午線**は，イギリスの首都ロンドンにある
旧グリニッジ天文台を通る。

くわしく 子午線とは，十二支で北を指す「子」
と，南を指す「午」を結んだ線のこと。

(3) 地図Ⅰは**メルカトル図法**で，**高緯度になるほど
実際の緯線は短くなる。**

(4) **エジプト**は，アフリカ州にある国。ナイル川流
域で，古代文明が栄えた。

(5) 右の地図のように，アフ
リカの国々は，経線と緯
線を利用した直線的な国
境線が多い。アフリカは，
ヨーロッパ諸国の植民地となった歴史がある。

▲エジプトの国境線

(6) 地図Ⅰの経線は15度間隔なので，経線Pは東
経30度。経線Qは西経45度となる。

ミス対策 時差の求め方
❶経度差を求める…本初子午線を基準に計算する。
東経と西経の場合は足し算で求める。
　（東経）30（度）＋（西経）45（度）＝75（度）
❷時差を求める…75（度）÷15（度）＝5（時間）
❸時刻を求める…B国は本初子午線をはさんで西に
あるので，3月31日午前3時から5時間遅らせる。

(7) 地図Ⅱは，**正距方位図法**。中心である東京とブ
エノスアイレスを結んだ直線が最短距離とな
る。

2 (1) 最西端の島と最東端の島の経度差は，約30度。
日本の標準時子午線は東経135度のみである
が，日の出の時刻は最西端と最東端で2時間ほ
どの違いが出てくる。

(2)① **X**の**沖ノ鳥島**は日本の最南端の島，**Z**の**竹島**
は島根県に属する日本固有の領土。現在，韓国
が不法に占拠している。
②沖ノ鳥島が水没すると，日本の**排他的経済水
域**が大きく減少することについて説明する。

くわしく 排他的経済水域は，沿岸国が域内の水産
資源や鉱産資源の権利を持つことを押さえておこう。

3 ①は岩手県，②は群馬県，③は兵庫県，④は愛
媛県。**兵庫県の県庁所在地は神戸市**である。

<table>
<tr><td>PART 2　さまざまな地域の暮らし</td><td>p.14 - 15</td></tr>
</table>

1 (1) **C**　(2) **イ**
2 (1)①衣服－**イ**　説明文－**C**
②衣服－**ウ**　説明文－**A**
③衣服－**ア**　説明文－**B**
(2) **ウ**
(3) 建物から **例** 出る熱が**永久凍土**をとかし建
物が傾くのを防ぐため。
(4) **イ**　(5) **例** イスラム教を信仰している人

解説

1 (1) **x**は，**w**，**y**，**z**にはない冷帯の数値が見られ
るので，**C**の北アメリカ大陸と判断できる。**z**
は「乾燥大陸」と呼ばれる**B**のオーストラリア
大陸，**y**は熱帯林が広がる**D**の南アメリカ大
陸，**w**は世界最大のサハラ砂漠が広がり，中央
部に熱帯林が広がる**A**のアフリカ大陸。

ミス対策 世界の主な気候帯の分布
・寒帯…北極，南極大陸周辺に広がる。
・冷帯（亜寒帯）…北半球の高緯度地域のみに分
布する。
・熱帯…赤道周辺に広がる。

(2) **a**は，南半球の都市なので，気温の折れ線グラ
フは6～8月に気温が低い**谷型**となる。谷型の
グラフは，**イ**と**エ**。**エ**は降水量が少ないので乾
燥帯の雨温図と判断できる。**a**は，アルゼンチ
ンのブエノスアイレスで，温帯の気候に属する
ので**イ**を選ぶ。

2 (1) ①はシベリア，②はサウジアラビア，③はアンデス山脈の高地。

(2) **a**のタコスはメキシコ料理，**b**のバゲットはフランスパン，**c**のフォーはベトナム料理。

(3) 永久凍土は，年中凍結している土壌であるが，近年は表面が解け出す地域が見られ，高床のアパートの柱を永久凍土の層まで打ちこむ構造になっている。

(4) **ヒンドゥー教**は，インドの国民の約8割が信仰。

(5) **図Ⅲ**から，北アフリカや西アジア，中央アジアに色がついていることから，**ハラルはイスラム教と関わりのあること**だと判断できる。

（ミス対策）ヒンドゥー教とイスラム教

ヒンドゥー教	・牛を神聖視し，牛肉を食べない。 ・ガンジス川で沐浴。
イスラム教	・教典「コーラン」に基づく生活。 ・1日5回聖地メッカに向かって礼拝，豚肉を食べない，酒を飲まない。

PART 3　アジア州・ヨーロッパ州　　p.18-19

1 (1) **イ**　(2) **ウ**　(3) **ア**　(4) **ア**
2 (1) **フィヨルド**　(2) **エ**　(3) **混合農業**　(4) **エ**
(5) 例 共通通貨の<u>ユーロ</u>の導入により，両替が不要になり，国境を越えた人々の移動が活発になった。

（解説）
1 (1) 文中の「アフリカ東岸から南アジア」は，海から大陸に向かって吹く風向きとなる。**ハリケーン**は，北アメリカ大陸と南アメリカ大陸に近い太平洋や大西洋で発生する熱帯低気圧。

（くわしく）季節風（モンスーン）の向き
・夏…海洋から大陸に向かって吹く。
・冬…大陸から海洋に向かって吹く。

(2) **A**のサウジアラビアはイスラム教徒，**B**のインドはヒンドゥー教徒が多い。**C**の**タイは仏教国**で，男性は一生に一度，仏門に入る（出家）習慣がある。

(3) **インド**は，かつてイギリスの植民地であったことから，今も**英語が準公用語**となっている。また，**数学の教育水準が高い。インドとアメリカ合衆国のシリコンバレーとの時差は約半日**ほどで，時差を活用したビジネスがさかん。

(4) 東南アジアの国々は，工業化が進んだことで，輸出品の第1位は**あ**の機械類。また，マングローブと呼ばれる森林を切り開いて，**えびを養殖**して，日本などへ輸出していることから，**い**は魚介類と判断できる。

2 (1) **フィヨルド**は，スカンディナビア半島のノルウェー沿岸で見られる地形。

（ミス対策）入り江と岬が複雑に入り組んだリアス海岸と間違えないようにしよう。

(2) **北大西洋海流**は，北大西洋を南西から北東へ流れる**暖流**なので，②の方向。**偏西風**は，一年を通じて**西から東へ**向かって吹く風なので，④の方向。

(3) ヨーロッパでは，地域ごとに特色ある農業が行われている。

（くわしく）ヨーロッパの主な農業

混合農業	・穀物栽培と家畜の飼育，家畜のえさを組み合わせて行う。
地中海式農業	・地中海沿岸で，ぶどうやオリーブの果樹栽培，冬に小麦を栽培。

(4) ノルウェーとイギリスは，**ゲルマン系言語**の人々が多く，主に**プロテスタント**を信仰。フランスは**ラテン系言語**の人々が多く，主に**カトリック**を信仰。また，**正教会**は，東ヨーロッパで**スラブ系言語**の人々が主に信仰している。

(5) 共通通貨の「**ユーロ**」を必ず書くこと。**EU（ヨーロッパ連合）**は，関税の撤廃など人（労働力，観光客），もの（商品，サービス），お金（資本）の移動を自由にするための政策を行っている。

PART 4　アフリカ州・北アメリカ州　　p.22-23

1 (1) ①**ウ**　②**レアメタル（希少金属）**
(2) ①**石油輸出国機構（OPEC）**　②**遊牧**
③ 例 かつてアフリカ州を植民地にしたヨーロッパの国々の言語を使っているから。
(3) 例 輸出の割合が最も高いカカオ豆の価格が不安定である
2 (1) **ア**
(2) 例 大型機械を用いて，広大な農地を少ない労働力で経営している。
(3) **イ→ウ→ア**　(4) **ヒスパニック**
(5) カナダ，アメリカ合衆国，メキシコの3か国は，例 貿易協定を結び，経済の面で結びつきを強めている。

解説

1 (1) ①アフリカ大陸で赤道が
通る位置は，右の地図の
通り。

（くわしく）緯度0度の赤
道と，経度0度の本初子
午線は，アフリカ大陸のギ
ニア湾で交差する。

▲赤道が通る位置

②**レアメタル**は，ニッケル，コバルト，マンガ
ンなど，埋蔵量が少なかったり，高度な精錬技
術が必要な，**希少価値の高い金属**のこと。

(2) ①**OPEC**には，西アジアや北アフリカ，南ア
メリカの産油国が加盟している。

②**遊牧**を行う人々は，定住しないため，移動に
便利なテントなどに住む。

③アフリカ州には多くの民族が暮らし，独自の
言語が多い。そのため，共通に使える言語とし
てかつて植民地支配をしていた国の言語を使用
している国が多い。

(3) **資料Ⅱ**から，コートジボワールの輸出品で最も
多い品目がカカオ豆であること，**資料Ⅲ**から，
カカオ豆の国際価格が年によって変動が激しい
ことを読み取る。

（くわしく）**アフリカ州の課題**

・モノカルチャー経済…特定の農作物や鉱産資源
の輸出に依存する経済。

・課題…天候不順による不作，国際価格の影響を
受けやすく，国の収入が不安定になりやすい。

2 (1) ロッキー山脈から東へ，乾燥した草原の**グレー
トプレーンズ**→大草原の**プレーリー**→**中央平原**
の順に広がる。

(2) **資料Ⅰ**から，アメリカ合衆国の農地は日本より
も広いが，農地面積あたりの農業就業人口が少
ないことを読み取る。また，**資料Ⅱ**の写真か
ら，大型機械で農作業をしている様子がわか
る。アメリカ合衆国では，**企業的な農業**が行わ
れていることを説明する。

(3) **ア**の地域はシリコンバレーと呼ばれる。

（くわしく）**アメリカ合衆国の工業都市**

・工業の中心地
…五大湖周辺
からサンベル
トへ。

(4) 近年のアメリカ合衆国の総人口のうち，約2割
が**ヒスパニック**（2016年）。

(5) カナダ，アメリカ合衆国，メキシコは北アメリ
カ州の国。この3か国間で，貿易を活発にする
ための協定が結ばれている。

PART5　南アメリカ州・オセアニア州 | p.26-27

1 (1) **アマゾン川**
(2) 例 焼いてできた灰を肥料として活用する
ため。
(3) Y－さとうきび　Z－例 原料になる植物
が大気中の二酸化炭素を吸収しているため，
大気中の二酸化炭素は増えない
(4) a－例 職を失った人が，働く機会を求め
る　b－スラム
2 (1) イ　(2) エ　(3) ウ　(4) a－ウ　b－ア
(5) 例 白人以外の移住を制限する政策を廃止
したので，アジアなどの出身者の割合が大き
くなった。

解説

1 (1) **アマゾン川**は，流域面積が世界最大の河川。熱
帯林を伐採し，アマゾン横断道路や，農地や牧
場の開発が進んだことで，森林資源が減少した。

(2) アマゾン川流域の**焼畑農業**は，森林の伐採と火
入れ→農作物の栽培，収穫→森林の成長，とい
うサイクルを長い時間をかけて繰り返してきた。

(3) Y…地図中の国はブラジル。**ブラジルでは，主
にさとうきびからバイオエタノールをつくる。**
アメリカなどでは，**とうもろこし**などからつくる。
Z…人為的に排出される二酸化炭素の量と，植
物が吸収する二酸化炭素の量の間で均衡がとれ
た状態（**カーボンニュートラル**）であることを
説明する。

（くわしく）**バイオ燃料の利点と課題**

利点	課題
・資源が枯渇しない ・カーボンニュートラル	・農地開発による環境破壊 ・食料用の生産が減少 し，価格高騰のおそれ

(4) a…アマゾン川流域の土地開発や，農業の大規
模化によって農場の仕事を失った人々が，**仕事
を求めて都市へ移動**してきた。

b…スラムは，簡単なつくりの家が密集し，上
下水道や電気などの設備が整っていない地域。

2 (1) **オーストラリアの人口分布は，南東部の沿岸に**

集中，首都キャンベラもこの地域に位置する。

(2) オーストラリア大陸の地形は，西部から中央部は砂漠，中央部から東部は大鑽井盆地が広がり，東部の沿岸部に山脈が連なる。

(3) **ア**…ニュージーランドは南半球にあるため，南の方が寒くなる。**イ**…東京の正反対の地点は南アメリカ大陸の沖になる。**エ**…**ニュージーランドは，日本と同じ，環太平洋造山帯**に含まれる。

(4) オーストラリアの輸出品は，羊毛から石炭などの鉱産資源へ変化している。

(5) **白豪主義の政策内容を説明し，資料Ⅲ**のグラフで割合が増えた世界の地域（アジア州またはオセアニア州）について触れた文章にする。

（ミス対策）南アフリカ共和国のアパルトヘイト（人種隔離政策）と間違えないようにしよう。

PART 6　地域の調査と日本の自然環境 | p.30-31

1 (1) ア
(2) 地域の変容 — 例畑や造成中だった土地に，住宅地がつくられた。
要因 — 例八千代中央駅が開業し，東京都（大手町）までの所要時間が短くなり，都心への移動が便利になった。

2 (1) イ　(2) イ　(3) ウ
(4) 例ハザードマップを確認する。
例水や食料を備蓄しておく。

（解説）
1 (1) **ア**の円グラフや帯グラフは割合を表すとき，**イ**の折れ線グラフは数量の変化を表すとき，**ウ**の棒グラフは数量を比べるときに使うとよい。
(2) **資料Ⅱ**の地形図を見ると，◯の地域は，「八千代中央駅」から道路が伸び，区画整理された住宅地が形成されている。都心と結ぶ交通網の発達により，通勤・通学に便利になったことを説明するとよい。

2 (1) 火山は，下の造山帯の地域に分布。
（くわしく）世界の二つの造山帯

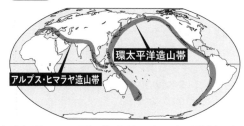

(2) 高知県の**Y**は夏に降水量が多い太平洋側の気

候。**ア**は年平均気温が高く，年降水量も多いので沖縄県の**Z**（南西諸島の気候）。**ウ**は年降水量が少ないので群馬県の**X**，**エ**は冬の降水量がとくに多いので新潟県の**W**（日本海側の気候）。

(3) **F**は三つの河川の河口に位置するため，堤防をつくり，洪水から集落や耕地を守る必要がある。このような場所は，岐阜県海津市の輪中で見られる。**ア**…**A**の方が三つの河川が一つになるため，流量が多くなる。**イ**…上流部にある**C**の森林を伐採すると，河に流れこむ水の量が増え，洪水の危険性が高まる。**エ**…奥行きの深い湾がある**G**の方が被害が大きくなる可能性が高い。

(4) 別解として，「**自宅の家具などに，転倒防止グッズを取りつける。**」，「**家族どうしで，地震が発生したときに安否確認ができる伝達手段を決めておく。**」などがある。「**安心・安全に避難できるルートを確認する。**」は，ハザードマップの確認と同じ意味になるので，注意する。
（くわしく）自助・共助・公助

PART 7　日本の人口・産業，交通・通信網 | p.34-35

1 (1) ア→ウ→イ
(2) 例医療が普及して死亡率が下がったが，出生率は高いままであった
(3) Uターン
2 (1) オ　(2) 原子力発電—イ　太陽光発電—エ
(3) イ　(4) X—エ　Y—ク
(5) 例地元の農産物や水産物を加工し，地域ブランドとして販売する取り組み。
(6) 例重量が軽い割に金額が高い。

（解説）
1 (1) 日本の人口ピラミッドは，**富士山型→つりがね型→つぼ型**と変化してきた。

（くわしく）人口ピラミッドの型

富士山型	・子どもが多く，高齢者が少ない。 ・発展途上国に多い。
つりがね型	・人口が停滞。
つぼ型	・子どもが少なく，高齢者が多い。 ・少子高齢化が進む国に多い。

(2) 死亡率より出生率が高いと，人口は増加する。

アジアやアフリカの発展途上国では人口増加が続いている一方で，日本では出生率が低下し，人口減少社会となっている。

(3) 生まれ故郷→都市部で生活→生まれ故郷という移動の形がアルファベットの「U」の文字に似ていることから，**Uターン**と呼ばれる。また，都市部で生まれて生活している人が，地方へ移住する場合は**Iターン**と呼ばれる。

2 (1) 液化天然ガスは，オーストラリアやマレーシアから輸入しているほか，豊富な鉱産資源のあるロシアや，シェールガスにより生産が伸びたアメリカからも輸入している。

(2) 原子力発電は，2011 年の東日本大震災で起こった原子力発電所の事故の影響を受けたことから，2008 年から 2013 年の数値が大きく減少している**イ**を選ぶ。太陽光発電は，電力量は少ないが，増加が著しい**エ**を選ぶ。

(3) **c** の電照菊は，開花時期を遅らせる工夫なので**抑制栽培**にあてはまる。

> （くわしく）　さまざまな農業
> ・促成栽培…出荷時期を早める。
> ・抑制栽培…出荷時期を遅らせる。
> ・近郊農業…大都市周辺で野菜や花を生産。

(4) **太平洋ベルト**に工業地帯・地域が連なっている。

(5) 第一次×第二次×第三次＝第六次。**第二次産業である加工**，**第三次産業である販売**の語句を用いて文章にする。

(6) **資料Ⅲ**から，成田国際空港で扱う輸出品の重量が軽く，金額は高いことを読み取る。

> （ミス対策）　貨物輸送の特色
> ・海上輸送…重くてかさばる貨物→石油，石炭。
> ・航空輸送…軽くて高価な貨物→電子部品など。

PART 8　九州地方，中国・四国地方　│ p.38 - 39

1 (1) ① 東シナ海　② エ　③ [例] **入荷量が少なく，価格が高い時期に出荷できる。**
④ 資料Ⅱ－**b**　資料Ⅲ－**f**
(2) **イ**
2 (1) ① 広島県－**イ**　愛媛県－**エ**
② X－**中国山地**　Y－**四国山地**　③ **エ**
(2) **ア**　(3) **イ**

（解説）

1 (1)① 東シナ海には，大陸棚が広がる。
② 火山活動で生じる**地熱**を利用する。国内の約

---

6 割の地熱発電所が九州地方に集中している。
③ **B** 県は宮崎県。**資料Ⅰ**から，他の県の入荷量が少ない 1 月から 4 月ごろに宮崎県産のピーマンが多く，平均価格も高くなっていることを読み取る。
④ **資料Ⅱ**から，割合が大きく減った **a** が金属，大きく増えた **b** が機械と判断できる。**資料Ⅲ**から，内陸部に分布が多い **f** が機械と判断できる。

(2) 福岡県は金属製品の出荷額等と出張・業務の宿泊旅行者数，宮崎県は，ブロイラー（食用鶏）の産出額の数値に着目する。

> （くわしく）　九州地方の各県の特色
> ・福岡県…地方中枢都市。北九州工業地帯（域）。
> ・佐賀県…筑紫平野，麦や大豆の栽培がさかん。
> ・宮崎県…鶏など畜産がさかん。
> ・沖縄県…観光業がさかん。

2 (1) ②・③ 中国山地は比較的なだらか，四国山地は険しく，この二つの山地にさえぎられた高松市などの瀬戸内の気候は，季節風の影響を受けず，年間を通して降水量の少ない気候となる。

(2) 瀬戸内工業地域は，石油化学コンビナートが形成され，他の工業地帯・地域よりも化学工業の割合が高い。

(3) **本州四国連絡橋**の完成により，中国地方や近畿地方の都市への移動時間が短縮され，買い物する人が増えたことで，四国地方の都市の小売業が衰退する**ストロー現象**がみられている。

> （ミス対策）　選択肢にあるドーナツ化現象とは，地価の高騰などで都心の人口が減り，郊外の人口が増えること。

PART 9　近畿地方，中部地方　│ p.42 - 43

1 (1) **明石市**　(2) **対馬海流**
(3) a －**リアス海岸**　b －**ア**
(4) **イ**　(5) **みかん**
(6) [例] **農産物を新鮮なうちに，近くの大消費地に出荷することができるから。**
(7) **ア**
2 (1) **赤石山脈**
(2) [例] **積雪の量が多く，農作業ができなかった**
(3) [例] **長野県の生産地は高地に位置し，夏季にレタス栽培に適した涼しい気候となるため。**
(4) **ウ**　(5) **ア**

解説

1 (2) **対馬海流**は，日本海側を北上する**暖流**である。

ミス対策 太平洋側を流れる**黒潮（日本海流）**と間違えないようにしよう。

(3) ◯ は志摩半島。全国にある代表的な**リアス海岸**については，右の地図で押さえておこう。真珠の養殖は志摩半島，たいの養殖は宇和海沿岸でさかん。

くわしく 主なリアス海岸

三陸海岸
若狭湾
大村湾
志摩半島
宇和海沿岸

(4) 近畿地方の南部にある**紀伊山地**で林業がさかん。**吉野すぎ**や尾鷲ひのきなどの木材を生産。

(5) **資料Ⅰ**から，和歌山県，愛媛県，静岡県が上位にあるので**みかん**と判断できる。

(6) **近郊農業**の特色について説明する。

(7) 工業生産額が大きい**ア**と**エ**のうち，米と畜産物の生産額が大きい**ア**が兵庫県と判断する。**エ**は大阪府，国宝・重要文化財の指定件数の多さから**イ**は京都府，**ウ**は奈良県となる。

2 (2) 北陸は世界有数の豪雪地帯。

くわしく 日本海側の冬の気候の特色

北西の季節風	冷たく湿った風 暖流の対馬海流	日本海側 冬の降水量が多い

(3) 長野県の高原では，夏の涼しい気候をいかしてレタスやキャベツの**抑制栽培**がさかんである。

(4) **a**は**イ**の自動車，**c**は**エ**の紙製品やパルプ，**d**は**ア**の石油化学コンビナート。

(5) 海水浴場が皆無な**イ**は内陸県の長野県，東京までの所要時間が最も短い**ウ**が静岡県で最も長い**オ**が富山県。残る**ア**と**エ**は新潟県か愛知県のどちらかとなり，スキー場の数が多い**ア**が雪の多い新潟県と判断できる。

PART 10 関東地方，東北地方，北海道地方 p.46-47

1 (1)**イ** (2)例 雨水を貯めておく (3)**ウ**
(4)例 高速道路が整備されていることで，効率的に製品の輸送ができるため。
2 (1)A－奥羽 B－やませ (2)**ア**
(3)エコツーリズム (4)**ウ**
(5)例 農家一戸あたりの耕地面積が広く，大型の機械を使っている。

解説

1 (1) **関東ローム**は，富士山などの火山が噴火した際の火山灰が堆積した赤土で，水がしみこみにくく，古くから畑作地として利用されてきた。

ミス対策 九州地方南部の**シラス台地**と間違えないようにしよう。

(2) 各地の都市の地下には，都市型水害に備えて雨水を一時的に貯める地下調整池や放水路が建設されている。

(3) 東京都へ通勤・通学する人口の割合は，茨城県で2.3%，埼玉県で12.9%，神奈川県で11.7%となり，埼玉県が最も割合が高くなる。

(4) **北関東工業地域**は，栃木県，群馬県，茨城県の高速道路のインターチェンジ付近に工業団地が造成され，工場の誘致が進み発展した。

ミス対策 臨海型と内陸型の工業地域

	交通網	輸送手段	工業
臨海型	港	船	石油化学，鉄鋼
内陸型	高速道路	自動車	自動車，電子部品

2 (1) **B**…やませの影響で，冷害になりやすい。

(2) **Y**県は岩手県で東北地方の各県の伝統的工芸品は，右の地図の通り。**イ**の会津塗は福島県，**ウ**の天童将棋駒は山形県，**エ**の津軽塗は青森県。

くわしく 東北地方の主な伝統的工芸品

大館曲げわっぱ
津軽塗
樺細工
南部鉄器
大館
弘前
盛岡
岩谷堂たんす
仙北
天童将棋駒
奥州
一関
天童
秀衡塗
会津塗
会津若松
宮城伝統こけし

(3) 設問文では，カタカナ7字の指定だが，別の呼び方として**エコツアー**もある。**資料Ⅱ**は世界自然遺産の知床。高架木道を敷いているのは，知床の植物を観光客が踏み荒らさないように守るためである。

(4) 東北地方は，日本の穀倉地帯で，稲作がさかんである。青森県の場合，田の面積796(km²)÷耕地面積1505(km²)×100＝52.890… となり，**Z**の項目の52.9%と一致する。

(5) **資料Ⅲ**から，全国平均と比べても北海道の農家一戸あたりの耕地面積の広さが読み取れる。**資料Ⅳ**から，広大な畑で大型機械を使った大規模農業の様子が読み取れる。

PART 1　文明のおこりと日本の成り立ち | p.50 - 51

---

1 (1) ウ　(2) ア　(3) ア　(4) 秦
2 (1) 旧石器時代　(2) 土偶　(3) イ
3 (1) ウ　(2) 邪馬台国
　　(3)①エ　②ⓐ－イ　ⓑ－大王　(4) 渡来人

解説

1 (1) 古代文明は，紀元前3000年ごろから，農耕に適した大河の流域で発生した。A～Dの地域の古代文明は，下の表にまとめたので，整理して押さえておこう。

（ミス対策）古代文明

文明	河川	特徴
エジプト	ナイル川	太陽暦，象形文字
メソポタミア	チグリス川，ユーフラテス川	太陰暦，くさび形文字
インダス	インダス川	インダス文字
中国	黄河，長江 ホワンホー チャンチヤン	甲骨文字

(2) **太陰暦**は月の満ち欠け，太陽暦は太陽の動きをもとにしてつくられた暦である。**甲骨文字**は，占いの結果を記録するために亀の甲などに刻んだもので，現在の漢字のもとになった。

(3) **イ**…**シルクロード**により，ローマへ中国の絹が運ばれた。**ウ**…ギリシャの説明。都市国家は**ポリス**と呼ばれた。**エ**…8世紀以降に発展した**イスラム世界**の文化の説明。

（くわしく）ローマの歴史
・紀元前3世紀初め…共和政が完成する。
・紀元前1世紀…地中海周辺地域を統一，帝政の開始。→約200年間，繁栄が続く。
・4世紀末…キリスト教がローマ帝国の国教となる。ローマ帝国が東西に分裂する。
・5世紀…西ローマ帝国がゲルマン人に滅ぼされる。

2 (1) 1946年，群馬県の岩宿の数万年前の地層から**打製石器**が発見された。打製石器とは，石を打ち欠いてつくられた石器で，狩りや採集の道具として使われていた。この発見により，日本にも**旧石器時代**が存在したことが確認された。

(2) **土偶**は，豊かな実りや家族の繁栄などを祈ってつくられたと考えられる，土製の人形。

（ミス対策）古墳時代に古墳の周りに置かれた**埴輪**と間違えないようにしよう。

(3) **磨製石器**は，表面を磨いた石器。**ア**の打製石器は旧石器時代からあり，**ウ**の青銅器や**エ**の鉄器は弥生時代に大陸から伝わった。

3 (1) **ア**は旧石器時代，**イ**は縄文時代，**ウ**は弥生時代，**エ**は奈良時代について述べた文。

（ミス対策）旧石器時代から弥生時代の日本の様子
・旧石器時代…大型動物の狩り，採集。
・縄文時代…小型動物の狩り，土器の使用。
・弥生時代…稲作の広まり，貧富の差，争い。

(2)「魏志」倭人伝とは，3世紀の中国の国の一つである魏の歴史書の中で，倭人に関する記述の部分。239年に，**邪馬台国**の女王**卑弥呼**が魏に**朝貢**したことが書かれている。

（くわしく）中国と周辺の国々の王との関係

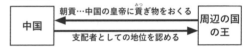

中国	朝貢…中国の皇帝に貢ぎ物をおくる → ← 支配者としての地位を認める	周辺の国の王

(3)①**銅鐸**は，つりがねを平たくしたような形をした青銅器。
②ⓐ稲荷山古墳は，埼玉県にある。ⓑ**大和政権（ヤマト王権）**は，近畿地方の豪族が連合してつくった強大な勢力で，その王は**大王**と呼ばれるようになった。

(4) **渡来人**は，**須恵器**や機織り，ため池をつくる土木技術，**漢字**や**儒学**，**仏教**などを伝えた。

PART 2　古代国家の歩み | p.54 - 55

---

1 (1) ウ　(2) ア　(3) 天武
2 (1) 大宝律令　(2) 平城京　(3) イ
　　(4) 仏教 [例]の力で　国家を [例]守ろうと考えたため。
3 (1) ウ　(2) [例]後一条天皇の祖父として，摂政に就こうとした。または，[例]孫の後一条天皇の摂政に就こうとした。
4 (1) 天平文化　(2) エ　(3) ア　(4) 紫式部

解説

1 (1) **聖徳太子（厩戸皇子）**は，6世紀末に，女性の推古天皇のもとで蘇我馬子と協力して，天皇中心の政治のしくみを整えた人物。**資料**は，604年に出された**十七条の憲法**で，仏教を信仰することや天皇の命令に従うことなど，役人の心構えを示した。

（くわしく）冠位十二階で才能や功績がある人物を役人に取り立てたことと合わせて覚えよう。

(2) 白村江の戦いは，663年に起こった。なお，**イ**は1185年に平氏が滅亡した戦い，**ウ**は1560年，**エ**は1575年に織田信長が活躍した戦い。

(3) **壬申の乱**は，天智天皇のあとつぎをめぐって起こった戦い。天智天皇の弟である大海人皇子が勝利し，即位して天武天皇となった。

2 (1) 701年は大宝元年。律は刑罰，令は国の制度や政治のきまり。

(2) 710年に**平城京**がつくられた。平城京がつくられてから平安京に移るまでの80年あまりを，**奈良時代**という。

(3) **調**は，絹や糸，綿，地方の特産物。**庸**は，都での労役の代わりに布を納める。

(4) 奈良時代の仏教は，国を守り繁栄させるものとして国の保護を受けていた。

3 (1) **桓武天皇**は，平城京から長岡京，さらに794年に**平安京**へ都を移した。

(2) 藤原氏は，**娘を天皇のきさきにし，生まれた子を次の天皇に立て**，天皇が幼いときは**摂政**，成人してからは**関白**として政治の実権を握った。

4 (1) 聖武天皇の天平年間に栄えた文化。

(2) **エ**の『**方丈記**』は，鎌倉時代に書かれた随筆。

(3) 空海は**ア**の真言宗，最澄は**イ**の天台宗を開いた。

(4) 『源氏物語』は仮名文字で書かれた長編小説。

ミス対策 **古代の文化**

飛鳥文化	・最初の仏教文化…法隆寺
天平文化	・国際色豊かな文化…東大寺の大仏，正倉院の宝物，『古事記』，『万葉集』
国風文化	・日本の風土に合った貴族の文化…寝殿造，大和絵，仮名文字

PART 3　武家政治の始まり | p.58 - 59

1 (1) ⓐ－**イ**　ⓑ－例 **娘を天皇のきさき** または，例 **娘を天皇のきさきとし，生まれた子を天皇** (2) **ア**
(3) 例 **元軍が，火薬の武器を使ったから。**
(4) 例 **領地を分割して，相続する方法。**
(5) 浄土真宗－**ウ**　禅宗－**イ** (6) **ウ**
2 (1) **ウ** (2) 例 **支配者としての地位**
(3) **ア，エ** (4) **応仁の乱** (5) **書院造**
(6) **分国法** (7) **ウ**

解説
1 (1) 1167年，平清盛は，武士として初めて太政大

臣となり政治の実権を握った。また，平安時代の藤原氏と同じように，娘を天皇のきさきにして朝廷との関係を強めた。

(2) **ア**は**御恩**，**イ**や**ウ**は御家人が行う**奉公**。

くわしく **将軍と御家人の主従関係**

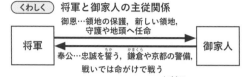

(3) 1274年と1281年の2度，元が襲来した。**資料Ⅲ**の左側が元軍。右側の一騎討ちをしようとしている日本の御家人に対し，元軍は集団戦法と火薬の武器を使っていることを読み取る。

(4) 御家人が亡くなると，領地は妻や子に分割して相続された。領地が増えず，分割相続が続くと，領地は縮小していくため，土地から得られる収入も減少し，生活が苦しくなっていった。

(5) 鎌倉時代の仏教について整理しておこう。

ミス対策 **鎌倉時代の新しい仏教の教え**

宗派	開祖	特徴
浄土宗	法然	念仏を唱える
浄土真宗	親鸞	
時宗	一遍	踊念仏
日蓮宗	日蓮	題目を唱える
臨済宗	栄西	座禅によりさとりを開く
曹洞宗	道元	

・簡単でわかりやすく，実行しやすいことから，武士や民衆に受け入れられた。

(6) **ア**の御伽草子は室町時代の絵入りの物語，**イ**の『日本書紀』は奈良時代の歴史書，**エ**の『枕草子』は平安時代に清少納言が書いた随筆。

2 (1) **ア**は江戸幕府，**イ**は鎌倉幕府，**エ**は律令制のもとでの朝廷の政治のしくみについて述べた文。

ミス対策 将軍の補佐役として，鎌倉幕府の**執権**と室町幕府の**管領**を間違えないようにしよう。

(2) 古代，**中国と周辺国の王との間で行われていた朝貢**と同じ関係。

(3) **イ**の飛脚は江戸時代の輸送に関わる職業，**ウ**の惣は室町時代の農村の自治組織。

(4) 室町幕府第8代将軍足利義政のあとつぎ問題と有力守護大名の対立から，**応仁の乱**が起こった。

(5) **書院造**には，畳，ふすま，障子などが取り入れられ，現在の和風建築のもとになった。

(6) 別解 「**家法**」でもよい。

(7) **石見銀山**は，現在の島根県に位置する。その跡地は**世界文化遺産**に登録されている。

1 (1) ⓐ－イ ⓑ－ア
(2) 例 香辛料の貿易を，イスラム商人などが握っていたから。 (3) ア
2 (1) 楽市 (2) 刀狩 (3) エ (4) 千利休
3 (1) 例 江戸から遠い地に配置されており，警戒される存在であった。
(2) 名称－武家諸法度 説明－例 将軍から1万石以上の領地を与えられた武士のこと。
(3) 薩摩藩－ウ 対馬藩－ア

解説

1 (1) ⓐキリスト教は，東のビザンツ帝国の正教会と，西ヨーロッパのカトリック教会に分かれていた。エルサレムは，ユダヤ教，キリスト教，イスラム教の聖地。

(2) 香辛料には，こしょうやクローブ，ナツメグなどがある。ヨーロッパの人々は，ムスリム（イスラム教徒）商人などを通さずに，直接アジアの産物を手に入れようとした。

（くわしく）大航海時代以前の貿易関係

(3) 宗教改革は，ドイツでルター，スイスではカルバンが始めた。カトリック教会は，イエズス会を中心に改革を始め，アジアやアメリカ大陸へ布教を行った。

（ミス対策）クロムウェルは，17世紀中ごろのイギリスのピューリタン革命で，議会側を指導した人物。

2 (1) 資料は，1577年に出された楽市令。織田信長は，商工業をさかんにするために，安土城下で楽市・楽座の政策を行った。

(2) 刀狩の目的は，一揆を防ぎ，百姓を田畑の耕作に専念させるため。

(3) エ…荘園領主は土地の権利を失ったので，誤り。

（くわしく）太閤検地による土地制度の変化

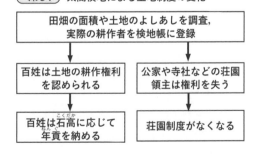

(4) 千利休は，室町時代から流行していた茶の湯を，質素な風情を楽しむ，わび茶と呼ばれる芸能に大成させた。

3 (1) 外様大名には，薩摩藩の島津氏や仙台藩の伊達氏などがいる。幕府への反抗を防ぐため，江戸や要地から離れた場所に配置された。

(2) 資料Ⅲにある「毎年4月中に江戸へ参勤すること。」は，第3代将軍徳川家光のときに加えられた，参勤交代の制度のこと。

(3) イの長崎は，幕府が直接治め，出島でオランダと，唐人屋敷で中国と貿易を行った。エの蝦夷地のアイヌの人々との交易は，松前藩が行った。

1 (1) イ (2) 例 一揆の中心人物がわからないようにする
(3) 工場制手工業（マニュファクチュア）
2 (1) 例 金の含まれる割合が低い小判がつくられた。 (2) 徳川吉宗－エ 松平定信－ア
(3) 例 株仲間に特権を与え，その代わりに営業税を取るため。 (4) 大塩平八郎
(5) 例 アヘン戦争で清がイギリスに負けたことを知ると，外国船を打ち払うことをやめ，まきや水を与えることとした。
3 (1) ウ (2) イ

解説

1 (1) ②の「天下の台所」と呼ばれたのは大阪なので，誤りである。

（くわしく）三都の繁栄
・江戸…「将軍のおひざもと」。政治の中心地。
・大阪…「天下の台所」。蔵屋敷。
・京都…都が置かれ，文化の中心地。

(2) 農民は，年貢の軽減や不正役人の交代を求めて百姓一揆を起こした。代表者は，重い罪で処罰されるため，円形に署名した。

(3) 大商人や地主が工場を建てて，人を雇って分業で大量の製品をつくるしくみが広がった。

（くわしく）江戸時代の工業の形態の変化

2 (1) 金の含まれる割合を減らすことで，小判の発行量を増やすことがねらいであったが，かえって物価の上昇を招き，インフレーションとなってしまった。

(2) **イ**は田沼意次が行った長崎貿易の振興，**ウ**は1635年に徳川家光が行った。

(3) **株仲間**は，商工業者の同業者組合。田沼意次は，年貢の増収だけでは財政は立て直せないと考え，商人の豊かな経済力を利用した。しかし，株仲間の特権を求めてわいろがさかんになり，政治が乱れた。

ミス対策 **江戸幕府の政治改革**

人物	改革の内容
徳川吉宗	・享保の改革…質素・倹約，新田開発，目安箱の設置，公事方御定書。
田沼意次	・商業重視の政策…株仲間の奨励，長崎貿易の振興。
松平定信	・寛政の改革…農村の復興，幕府の学問所で朱子学以外の講義禁止。
水野忠邦	・天保の改革…株仲間の解散，倹約令，薪水給与令。

(4) **大塩の乱**といい，1日でしずめられた。

(5) **資料Ⅱ**は異国船打払令で，日本沿岸に近づく，オランダ・中国（清）以外の外国船の砲撃を命じた。1840～42年，アヘンの密貿易をめぐり，イギリスと清の間で**アヘン戦争**が起こり，清が敗れた。この情報を知った幕府は，異国船打払令を緩和して，**資料Ⅲ**の薪水給与令を出して，外国船に燃料のまきや水を与えて追い返す方針に改めた。

3 (1) **ア**の本居宣長は国学を大成，**イ**の葛飾北斎は浮世絵を描いた，**エ**の近松門左衛門は人形浄瑠璃の台本を書いた。

(2) **蘭学**は，オランダ語で西洋の学問や文化を学ぶ学問。

PART 6　欧米の近代化と開国	p.70-71

1 (1) 人権宣言（フランス人権宣言）
(2) ①**イ**　②**エ→ア→ウ→イ**
(3) **P**－蒸気　ⓐ－**ア**　ⓑ－**イ**
2 (1) **ア，イ**　(2) 例 天皇を尊び外国勢力（9字）
(3) 国名－アメリカ（合衆国）　理由－例 アメリカは南北戦争の影響のため，アジアへの進出がしばらく止まったから。
(4) **カ**　(5) 大政奉還　(6) 戊辰戦争

解説
1 (1) 国民議会が発表し，自由・平等，国民主権，私有財産の不可侵などが唱えられた。

---

(2) ① 18世紀の貿易のときは，イギリスから**X**の銀が流出していたが，19世紀の**三角貿易**では，清がアヘンの代金として銀を支払うと，イギリスに戻り，大きな利益を得るようになった。
② **ア～エ**のできごとの流れは下の通り。

ミス対策 **アヘン戦争以降のできごと**

年代	できごと
1840	アヘン戦争が起こる（～42）（**エ**）
1842	江戸幕府が薪水給与令を出す（**ア**）
1853	ペリーが浦賀に来航する（**ウ**）
1858	日米修好通商条約が結ばれる（**イ**）

(3) **P**…水蒸気のエネルギーを動力にして機械を動かす。**ワットが蒸気機関を改良して**，生産力が高まった。さらに蒸気船や蒸気機関車も発明された。ⓐ**資本主義**は，資本家が労働者を雇い，利益を目指して生産する経済のしくみ。ⓑ**マルクス**は『**資本論**』を著し，労働者が団結して**社会主義社会**を実現しようと訴えた。

2 (1) 1854年に**日米和親条約**が結ばれ，**ア**の函館と**イ**の下田が開港した。一方，**日米修好通商条約**で開港した場所は，右の通り。

ミス対策 日米修好通商条約で開港した港

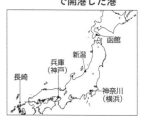

(2) 天皇を尊ぶ尊王論と，外国を追い払えという攘夷論が結びつき，**尊王攘夷運動**がさかんになった。

くわしく 「攘夷」の語句は，「夷狄（いてき）」（外国人の意味）と「打ち攘う（はらう）」（追い出すの意味）を組み合わせたもの。

(3) アメリカでは，奴隷制などをめぐり，北部と南部が争う**南北戦争**が，1861～1865年の間に起こっていた。この間，日本との貿易は，イギリスなどよりも出遅れてしまった。

(4) ①～③のできごとの流れは下の通り。

ミス対策 幕末のできごと

年代	できごと
1858	日米修好通商条約（③）
1864	四か国連合艦隊が下関砲台を占領（②）
1866	薩長同盟が結ばれる（①）

(5) 約260年間続いた江戸幕府が滅んだ。

(6) 旧幕府軍は，1869年，函館の五稜郭の戦いで降伏した。

1 (1) 土地・人民　(2) イ　(3) 文明開化　(4) エ
(5) ①エ　②例不平等条約を改正すること。
(6) 征韓論　(7) ア
2 (1) エ　(2) イギリス　(3) 例ロシアから賠償
金を得られない　(4) ア　(5) ウ　(6) ウ

解説

1 (1) 明治新政府は，中央集権国家をつくるために，
版籍奉還，そして**廃藩置県**を行った。

ミス対策　版籍奉還と廃藩置県

	版籍奉還	廃藩置県
実施年	1869 年	1871 年
藩	存続	廃止
内容	土地と人民を返上	藩を廃して県を置く

(2) 江戸時代までは米を税として納めていたが，国
家財政を安定させるために，土地の価格である
地価を基準にして，現金で納めることになった。

くわしく　明治維新の三大改革
・**学制**…1872 年。近代的な学校制度の基本。
・**徴兵令**…1873 年。満 20 歳の男子に兵役の義務。
・**地租改正**…地価の 3%の地租（税）を現金で納める。

(3) **文明開化**では，都市を中心に衣食住の洋風化が
進んだ。れんがづくりの洋風建物，馬車や人力車，
ガス灯，断髪や洋装，牛肉を食べる習慣など。

(4) **ア**の中江兆民はルソーの思想を紹介，**イ**の夏目
漱石は『坊っちゃん』などを著した小説家，**ウ**
の野口英世は黄熱病の研究を行った人物。

(5) ① 1871 年に**ドイツ帝国**が成立。
②幕末に外国と結んだ修好通商条約は，日本に
とって不利な不平等条約であった。

くわしく　不平等条約の内容
・相手国に領事裁判権を認める…外国人が日本で
犯罪を犯しても，日本の法律で裁けない。
・日本に関税自主権がない…海外から安い製品が
流入，日本製の製品に影響。

(6) **西郷隆盛**や**板垣退助**らを中心に，征韓論の意見
が高まった。1873 年に征韓論をめぐり，政府
が分裂したため，西郷らは辞職して政府を去った。

(7) **ア**の**伊藤博文**は，憲法調査のためにヨーロッパ
へ派遣され，ドイツなどの憲法を参考に憲法草
案を作成。1885 年に内閣制度が創設された と
きに，**初代内閣総理大臣**に就任した。

2 (1) 1894 年に起こった**エ**の甲午農民戦争で，朝鮮
が清に援軍を求めると，対抗して日本も兵を送
り，両軍が衝突して**日清戦争**が始まった。

(2) **資料Ⅰ**は，ロシアに共通の利害をもつ日本とイ
ギリスが**日英同盟**を結んだ風刺画。

くわしく　日清戦争から日露戦争への流れ

甲午農民戦争	→	日清戦争	→	三国干渉	→	日英同盟	→	日露戦争

(3) **下関条約**は日清戦争の講和条約，**ポーツマス条
約**は日露戦争の講和条約。

(4) 条約改正の流れは，下の通り。

ミス対策　条約改正のあゆみ

年代	できごと
1858	日米修好通商条約➡不平等条約
1871	岩倉使節団の派遣
1882	井上馨の欧化政策➡鹿鳴館
1886	ノルマントン号事件
1894	外務大臣の陸奥宗光が日英通商航海条約に より，領事裁判権の撤廃に成功
1911	外務大臣の小村寿太郎が関税自主権を完全 に回復➡条約改正の達成

(5) 日清戦争後に，輸出量が輸入量を上回った。

(6) ①～③のできごとの流れは下の通り。

ミス対策　明治時代の工業の発展

年代	できごと
1872	官営の富岡製糸場が設立（②）
1901	官営の八幡製鉄所が操業開始（①）
1906	南満州鉄道株式会社が設立（③）

PART 8　第一次世界大戦と日本　　p.78 - 79

1 (1) イ　(2) ①ウ　②例戦争が総力戦となり，
女性も戦争に貢献したから。　(3) イギリス
(4) 例第一次世界大戦の反省から，国際協調
が重視され，ワシントン会議などで世界的に
軍備の縮小を進める動きが強まったから。
2 (1) 記号－ウ　理由－例ドイツは，第一次世
界大戦で日本と戦ったので，貿易を行わなく
なったと考えられるから。
(2) 民本主義　(3) 原敬
(4) 例閣僚の大部分が衆議院の第一党である
立憲政友会の党員である。
(5) 例25 歳以上のすべての男性に与えられ
ることになったから。　または，例納税額
によって制限されなくなったから。　(6) ア

1 (1) **イ**の三国同盟は，1882 年に成立。

(2) ①**ウ**の**二十一か条の要求**は 1915 年のできごと。なお，**ア**は 1930 年代，**イ**は 1910 年，**エ**は 1940 年のできごと。

②**第一次世界大戦**は，国力のすべてを戦争に動員する総力戦となり，女性も兵器工場などで働いた。

(3) 日英同盟は，1902 年に結んだ同盟。

(4) 1921～22 年に開かれた**ワシントン会議**は，アメリカの呼びかけで軍縮問題を話し合うために開催された会議。海軍の主力艦の保有量を制限するワシントン海軍軍縮条約が結ばれた。

2 (1) 第一次世界大戦で，日本経済が好景気となり，**大戦景気**と呼ばれた。この時期，ドイツからの輸入がなくなったことで，薬品や肥料などの分野で国産化が進み，化学工業が発達した。

(2) **吉野作造**は，**民本主義**を唱え，普通選挙による政党中心の議会政治の実現を説いた。

（ミス対策）民主主義と間違えないようにしよう。

(4) **資料Ⅱ**から，外務・陸軍・海軍大臣以外の大臣は，**立憲政友会**の党員で占められ，**資料Ⅲ**から，立憲政友会が衆議院での議席数を最も多くもつ第一党であることが読み取れる。

（くわしく）衆議院で第一党となった立憲政友会総裁の原敬が，内閣総理大臣となった。

(5) 1925 年に**普通選挙法**が成立し，納税額の制限がなくなり，**満 25 歳以上のすべての男性に選挙権**が与えられた。

（ミス対策）日本の女性参政権は，第二次世界大戦後のできごとなので，間違えないようにしよう。

(6) 大正時代は，芥川龍之介のほかに，白樺派の志賀直哉や，プロレタリア文学の小林多喜二が活躍した。なお，**イ**は江戸時代の元禄文化，**ウ**は昭和時代，**エ**は江戸時代の国学で活躍した人物。

PART 9　第二次世界大戦と日本 | p.82 - 83

1 (1) a－**ウ**　b－**ア**　(2) **エ**
2 (1) ①ⓐ－**イ**　ⓑ－**イ**　②日本－**B**
　アメリカ合衆国－**D**　ドイツ－**C**
　(2) 例 政党内閣による政治が終わった。
　(3) 国家総動員法　(4) **ウ**　(5) **エ**
　(6) 例 武器をつくるための金属が<u>不足した</u>

---

1 (1) a…**ウ**の資料から，第一次世界大戦後にアメリカで自動車を所有する世帯が増えたことが読み取れる。b…**ア**の資料から，1929 年と 1932 年を比較すると，国民総生産や消費支出が大きく落ち込んでいることが読み取れる。

(2) **エ**のソ連の成立は，1922 年のできごと。

（くわしく）世界恐慌と各国の対応
・アメリカ…ローズベルト大統領がニューディール（新規巻き直し）政策を進める。
・イギリスやフランス…ブロック経済。
・イタリアやドイツ…ファシズムが台頭。
・ソ連…五か年計画を進めていたことにより，恐慌の影響を受けず，成長を続ける。

2 (1) ①資料Ⅰは，リットン調査団。ⓐ満州事変は，柳条湖事件をきっかけに起こった。なお，**ア**の盧溝橋は**日中戦争**のきっかけとなった場所である。ⓑ**ウ**の孫文の死後，**イ**の蔣介石が中国国民党を率いて，1927 年に国民政府をつくった。

②**国際連盟**は，第一次世界大戦後，アメリカ大統領の**ウィルソン**が提唱したことをきっかけに設立した組織。日本は，発足当時から加盟し，常任理事国であったが，満州国の承認をめぐって 1933 年に脱退を通告したので**B**。アメリカは，提唱国であったが，議会の反対があり加盟していないので**D**。ドイツは，第一次世界大戦の敗戦国であったので，途中から加盟し，ヒトラーが独裁政権を握ると脱退したので**C**。

(2) **五・一五事件**は，1932 年に海軍の青年将校が**犬養毅**首相を暗殺した事件。1924 年から 8 年間続いた政党政治が終わり，これ以降は軍人出身者が指導する内閣が多くなった。

(3) 議会の承認なしに行えることから，戦時体制が強化されていった。

(4) **東条英機**内閣は，1941 年 10 月から 1944 年 7 月まで。

(5) **ABCD 包囲網**は，**アメリカ(A)**，**イギリス(B)**，**中国(C)**，**オランダ(D)** による経済封鎖。

（ミス対策）戦争の流れ	
年代	できごと
1931	満州事変
1932	五・一五事件
1936	二・二六事件
1937	日中戦争
1938	国家総動員法
1939	第二次世界大戦
1940	日独伊三国同盟
1941	太平洋戦争
1945	ポツダム宣言を受諾

(6) 戦争の長期化で，軍需品の生産が優先された。

1 (1) 政府（国）が 例 地主のもつ小作地を買い上げて，小作人に安く売り渡したから。
(2) 例 財閥が解体されたこと。または，例 労働基準法が制定されたこと。
(3) 例 20歳以上のすべての男女に選挙権が与えられるようになったから。

2 (1) ①サンフランシスコ ②吉田茂 ③ア
④イ (2) ウ→ア→イ (3) ウ
(4) 記号－ c 正しい語句－ソ連 または，ソビエト社会主義共和国連邦 または，ソビエト連邦

解説

1 (1) **農地改革**により，多くの小作農が自作農となり，農村の民主化が進んだ。
(2) **財閥解体**は，三井や三菱など，戦前の軍国主義を経済の面で支えてきた財閥を解体した政策。このほか，**労働三法（労働組合法，労働基準法，労働関係調整法）の制定**や，**労働組合の結成**について書いてもよい。
(3) 女性の参政権が初めて認められた。

（くわしく） 戦後の民主化
・非軍事化…軍隊の解散，極東国際軍事裁判。
・政治の民主化…男女の普通選挙，日本国憲法。
・経済の民主化…財閥解体，農地改革。
・教育の民主化…教育基本法，男女共学。

2 (1) ①**サンフランシスコ平和条約**と同時に，**日米安全保障条約**が結ばれた。
③サンフランシスコ平和条約はソ連が調印しなかったため，1956年の**日ソ共同宣言**の調印により，ソ連との国交が回復した。
④高度経済成長は，1950年代後半から1970年代前半まで。**ア**は1945年，**ウ**は1989年，**エ**は1991年のできごと。
(2) 高度経済成長以降の流れは，次の通り。

（くわしく） 現代の社会・経済の流れ

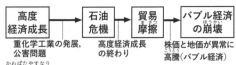

高度経済成長 → 石油危機 → 貿易摩擦 → バブル経済の崩壊
重化学工業の発展，公害問題｜高度経済成長の終わり｜株価と地価が異常に高騰（バブル経済）

(3) 川端康成はノーベル文学賞を受賞した小説家。インターネットの普及は1990年代。
(4) 1989年の**マルタ会談**では，アメリカの大統領とソ連の共産党書記長が**冷戦の終結**を宣言した。

3章　公民

1 (1) グローバル化 (2) エ (3) ア
(4) 例 核家族世帯が増加してきた。
(5) A－ウ　B－ア　C－イ

2 (1) ア，イ (2) ア (3) イ
(4) 例 空いているレジがないため無駄がなく効率がよく，また，並んだ順番に会計が済むため公正である。（45字）

解説

1 (1) グローブは，球体や地球を意味する語句。地球規模で世界が一体化すること。**グローバリゼーション**ともいう。

（くわしく） グローバル化の影響
・輸入農産物の増加➡日本の食料自給率の低下。
・交通網の発達➡感染症の世界的な流行。
・地球規模で解決する課題➡地球温暖化。

(2) グローバル化が進むと，同じ商品どうしの**国際競争**よりも，自国で得意とする産業に力を入れて，不得意な産業は他国にたよる**国際分業**を行うほうが効率がよく，産業の発展につながる。

（ミス対策） 産業の空洞化とは，企業の海外生産が進んだことで，国内の工場が閉鎖され，失業者が増加し，産業が衰退すること。

(3) ①は個人情報の流出，②はオンラインショッピングのことを説明しているので正しい。

（くわしく） 情報化の課題
・情報リテラシーを身につける…大量の情報の中から自分に必要な情報を選び，正しく活用する力。
・情報モラルを守る…情報発信の際は，誤った情報や他人に迷惑な情報を発信しない。

(4) **資料Ⅰ**から，一世帯当たりの人数が減っていることを読み取る。**核家族**とは，夫婦だけ，または親と未婚の子どもからなる家族。

(5) 日本の年中行事は，季節の変化とかかわりが深いものが多く，子どもの成長への願い，豊かな収穫を祈る行事などがある。**A**にあてはまる**ウ**の**節分**には，豆をまいて鬼を追い払う行事が行われている。**B**にあてはまる**ア**の端午の節句は，江戸時代に，武家社会で男子の成長や立身出世を願う行事として広まった。現在は，5月5日の「こどもの日」として子どもの成長を祝

う祝日となっている。

2 (1) **ウ**と**エ**は，効率について述べた文。

（ミス対策）**効率と公正**

効率	・最大の利益を得るために，時間や費用において，無駄を省くこと。
公正	・誰にとっても，手続き，機会や結果などの面において公正であること。

(2) **ア**は，時間の無駄がでないように，清掃場所に適切に人を配置できるかという，「効率」の考えを重視した案である。**イ**と**エ**は「機会の公正さ」，**ウ**は「結果の公正さ」に基づいている。

(3) 生徒**A**は全員が対等に意見を述べる「手続きの公正さ」，生徒**B**は時間の無駄を省く「効率」，生徒**C**は一部の人だけよい結果を得ることではなく全員が参加できる「結果の公正さ」に基づいている。

(4) スーパーやコンビニエンスストアのレジ，銀行の ATM，公衆トイレなどでは，**図Ⅱ**のような行列の並び方を採るところが多い。

（くわしく）効率と公正の考え方が見られる，身近な生活の例を押さえておこう。

PART 2　人間の尊重と日本国憲法　p.94 - 95

1 (1) **ウ** (2) **エ** (3) **ウ→イ→ア**
2 (1) ①**象徴** ②**ア**，**エ** (2) **エ** (3) **ア**
3 (1) **平等** (2) **ア**，**エ**
　　(3) ［例］**初めから誰でも使いやすい**（12字）
　　(4) **ウ** (5) **ア**

（解説）

1 (1) 国王による「人の支配」の場合は，右の図のようになる。**資料**は，法が上位にあり，国王も法に従う「法の支配」となる。

（ミス対策）**人の支配**

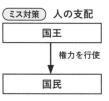

(2) 思想家について，下の表で整理しておこう。

（ミス対策）**人権思想を主張した思想家**

人物	出身	主著・主張
ロック	イギリス	『統治二論（市民政府二論）』基本的人権，民主政治の理論
ルソー	フランス	『社会契約論』社会契約説，人民主権
モンテスキュー	フランス	『法の精神』三権分立

2 (1) ②天皇の国事行為は，**内閣の助言と承認**に基づいて行う，形式的・儀礼的な行為。

（ミス対策）国務大臣の任命は，内閣総理大臣が行う。天皇の国事行為と間違えないようにしよう。

(2) 日本国憲法の基本原理の一つである**平和主義**は，憲法前文と**第9条**に明記されている。**自衛隊**が，第9条の「戦力の不保持」に違反するという意見もあるが，政府は②の文にある「**自衛のための必要最小限度の実力**」であり，「戦力」ではないとしている。

(3) 憲法の改正原案が国会に提出され，**各議院の総議員の3分の2以上の賛成**で可決されると，**憲法改正の発議**が行われる。その後，満18歳以上の国民による**国民投票で有効投票の過半数の賛成**が得られれば，憲法は改正される。

（ミス対策）国会の採決は，通常，出席議員の過半数で可決される。憲法改正は，それよりも慎重な手続きで行われることを押さえておこう。

3 (1) 憲法第14条は「**法の下の平等**」について明記。

(2) **ア**は生存権，**エ**は労働基本権，右の表で確認しておこう。なお，ほかは自由権。**イ**は精神活動の自由，**ウ**は経済活動の自由，**オ**は身体の自由。

（ミス対策）**社会権**

生存権	
教育を受ける権利	
勤労の権利	
労働基本権（労働三権）	団結権 団体交渉権 団体行動権

(3) **ユニバーサルデザイン**には，ピクトグラムとよばれる，見た目で何を表したかがわかる案内板などがある。

(4) 日照権は，**環境権**の一つ。高層ビルから，周囲の家の日当たりを守る。

(5) 批准した国に人権の保障を義務づけている。

PART 3　民主政治，国会・内閣　p.98 - 99

1 (1) **イ** (2) ［例］**議員一人あたりの有権者数**
　　(3) X - ［例］**投票率の低い若い世代の投票率を引き上げる**
　　Y - ［例］**これまで以上に若い世代の意見が政治に反映される**　または，［例］**これまで以上にいろいろな世代の意見が政治に反映される**
2 (1) **衆議院の優越** (2) **ア** (3) **エ**
　　(4) **aさん，bさん，dさん，gさん**（順不同）
　　(5) **内閣総理大臣**
3 (1) **ウ** (2) **議院内閣制** (3) **ア**，**エ**

解説

1 (1) 選挙の四原則は，次の通り。

> **くわしく　選挙の四原則**
> ・普通選挙…満18歳以上の男女に選挙権を保障。
> ・秘密選挙…無記名で投票。
> ・平等選挙…一人一票。
> ・直接選挙…選挙人が，候補者に直接投票。

(2) **一票の格差**とは，有権者の数によって一票の価値に不平等が生じること。

(3) **資料Ⅰ**から，選挙権が18歳以上の国民に保障されたことで，高校生や大学生が投票しやすい工夫をしていることに気づく。**資料Ⅱ**から，50歳代以上の投票率は約6割である一方，20歳代の投票率が低い点に着目する。

2 (1) **衆議院の優越**があるのは，衆議院の任期が参議院より短く解散もあるため，国民の意思をより的確に反映しやすいと考えられているから。

> **くわしく　衆議院の優越**
> ・衆議院の議決が重くみられるもの…法律案の議決，予算の議決，条約の承認，内閣総理大臣の指名。
> ・衆議院のみに認められるもの…予算の先議権，内閣の信任・不信任の決議権。

(2) **X**は1月に召集されたので**常会**，**Z**は衆議院総選挙の後に召集されたので**特別会**と判断。

> **ミス対策　国会の種類**
>
> | 常会 | ・毎年1回1月に召集，会期は150日間。 |
> |---|---|
> | 臨時会 | ・内閣が必要と認めたとき，またはいずれかの議院の総議員の4分の1以上の要求があったときに召集。 |
> | 特別会 | ・衆議院解散による総選挙の日から30日以内に召集。 |

(3) **エ**…国会は唯一の**立法機関**，法律を制定できるのは国会のみである。

(4) 次の通り，比例代表制のドント式での当選者の決め方を押さえておこう。

> **ミス対策　ドント式の当選者の決め方**
> ❶各政党が選挙で得た得票数を整数1，2，3…で割る。
> ÷1➡けやき党330　かえで党270　いちょう党180
> ÷2➡けやき党165　かえで党135　いちょう党90
> ÷3➡けやき党110　かえで党90　いちょう党60
> ❷定員4名を，その数字（値）の大きい順に議席を配分する。➡けやき党から2名，かえで党から1名，いちょう党から1名の名簿の上位候補者が当選。

(5) 総選挙後に召集された**特別会**では，まず内閣が総辞職し，**内閣総理大臣の指名の決議**を行う。

3 (1) **X**…内閣は，最高の**行政機関**。法律や予算に基づいて政治を行う。**Y**…内閣は，内閣総理大臣（首相）と**国務大臣**からなる。国務大臣の**過半数は国会議員**でなければならない。

(2) 内閣は内閣総理大臣とその他の国務大臣から組織され，内閣総理大臣と国務大臣の過半数は国会議員から選ぶ必要がある。

(3)「**小さな政府**」とは，国の仕事を安全保障や治安維持などの最小限にとどめた政府のこと。**ア**や**エ**のような**行政改革**は，「小さな政府」の状態にあてはまる。なお，社会保障を充実させる**イ**や，国家の規模を拡大する**ウ**は，「**大きな政府**」にあてはまる。

PART 4　裁判所・三権分立，地方自治 | p.102-103

1 (1) ①c　②X−控訴　Y−上告　③イ
　　(2) ①例 **内閣から独立**（6字）　②A
2 (1) X−ウ　Y−ア　Z−イ　(2) 番人
3 (1) 民主主義　(2) 条例
　　(3) Y−地方交付税交付金　理由−例 東京都に比べて歳入に占める地方税の割合が低いA県に対して，不足分を補い，地方公共団体間に財政の格差が生じないようにするため。

解説

1 (1) ①**資料Ⅰ**中の「裁判員席」から，この裁判は**裁判員裁判**であることが判断できる。裁判員裁判が行われるのは，重大な刑事事件の第一審のみなので，**資料Ⅱ**中の**地方裁判所**であることが判断できる。

> **くわしく　裁判員制度**
> ・満20歳以上の国民から，くじと面接によって選ばれた人が裁判員として参加する。
> ・裁判官と話し合い（評議），被告人が有罪か無罪か，どのような刑罰を科すかを決定する。

②**三審制**は，裁判を公正・慎重に行い，人権を保障して，裁判の誤りを防ぐために，原則として3回まで裁判が受けられる制度。

> **ミス対策** 第一審→第二審は控訴，第二審→第三審が上告。間違えないようにしよう。

③**ア**…この文は，民事裁判の説明。刑事裁判で，裁判所に訴えるのは検察官である。**ウ**…裁判員は，有罪・無罪を決めるほか，有罪の場合は，刑罰の内容も決める。**エ**…裁判官ではなく，検察官の役割である。

| くわしく | 民事裁判と刑事裁判 |

民事裁判		刑事裁判
原告	訴えた人	検察官
被告	訴えられた人	被告人
個人や企業間の利害の対立	扱う内容	被告人の犯罪行為を裁く

(2) ①国会や内閣は，裁判所に干渉してはいけない。

ミス対策 議院内閣制をとる国会と内閣は，関わりが深い。一方，裁判所が行う裁判は，中立・公正な立場で行われ，国会や内閣からの干渉を受けない。

②**A**は裁判官の身分保障で，憲法第76条に，**裁判官の独立**を明記。**B**の**国民審査**は，最高裁判所の裁判官の任命が適切であるかどうかを国民が直接投票で決める制度。

2 (1) **Y**…司法（裁判所）は，国会が定めた法律，内閣が定めた命令，規則，処分などが，憲法に違反していないか判断する（**違憲審査制**）。**Z**…**弾劾裁判所**は，ふさわしくない行為をした裁判官を辞めさせるかどうかを判断するために，国会に設置。

3 (1)「**地方自治は民主主義の学校**」は，地方自治が最も身近な政治参加の機会であることを表す。

(2) 法の構成から，条例は，上位にある憲法や法律に違反すると効力を持たない。法律の範囲内で，限られた地域で適用される。

| ミス対策 | 法の構成 |

憲法
法律
条例など

(3) **地方交付税交付金**は，地方公共団体間の財政格差をうめるために，国から配分される。東京都は人口が多いため，地方税による収入が多い。

PART 5　経済のしくみとはたらき | p.106 - 107

1 (1) **クーリング・オフ**　(2) **ウ**
(3) **製造物責任法（PL法）**
(4) 例**小売業者の仕入れにかかる費用が安くなり，消費者により安く商品を販売できる。**
(5) ①**均衡価格**　②**ア**
2 (1) 例**X－多くの出資者に株式を発行することで，資本金を効率よく集めることができる**
Y－配当（配当金） (2) **証券取引所**
(3) **イ**　(4) **エ**　(5) **ワーク・ライフ・バランス**

解説
1 (1) 訪問販売，電話勧誘販売，マルチ商法などの契約で適用される。

(2) 1960年代前半のアメリカ大統領はケネディ。「消費者の四つの権利」とは，①安全を求める権利，②知らされる権利，③選ぶ権利，④意見を反映させる権利。

(3) **製造物責任法（PL法）**により，製品の欠陥によって被害を受けた場合，企業の過失がなくても，企業に救済を求めることができる。

(4) 資料Ⅰのような流れを**流通**という。卸売業や小売業のしくみが複雑になると，費用（コスト）が多くかかる。

(5) ②「生産量が増加」とは，**供給量が増加**したことを意味し，**B**の供給曲線が「多い」の方へ移動した**ア**を選ぶ。

ミス対策 需要と供給
・需要量…消費者が買おうとする量。
・供給量…生産者が売ろうとする量。

| 需要量 |＞| 供給量 |➡希少性が高い➡価格は上昇
| 需要量 |＜| 供給量 |➡希少性が低い➡価格は下落

2 (1) 企業が活動するためには，多額の資金が必要である。**株式会社**は，少額の**株式**に分けて大勢の人から資金を集める点で，効率がよいといえる。出資者のことを**株主**といい，会社が利益をあげたときは，利益（利潤）の一部を**配当（配当金）**として受け取ることができる。

ミス対策 会社が倒産した場合，株主は，出資額の範囲内で損失を負担する有限責任，つまり，出資額以上の責任は負わないことも押さえておこう。

(2) 証券取引所で売買されている株式のことを上場株式という。上場株式を売買したい人は，証券会社を通じて証券取引所に注文を出す。

くわしく 株価は景気をはかるものさしの一つ。

(3) **企業の社会的責任（CSR）**とは，企業は利潤を求めるだけではなく，**ア**や**ウ**のような環境や地域への配慮，**エ**のような文化事業，製品の安全性や従業員の生活の安定など，積極的な社会貢献を行うこと。**イ**の広告は，利潤を得るための活動なのであてはまらない。

(4) 労働条件の最低基準を規定しているので，**エ**の**労働基準法**である。

(5) **ワーク・ライフ・バランス**を実現するために，育児や介護に関するさまざまな法整備や，多様な働き方ができるしくみが求められている。

1 (1) P－ア　　X－25
(2) Y－利子（利息）　Z－A
2 (1) ウ　(2) ウ　(3) ウ
(4) 税の負担を 例 公平（公正）にすることができるから。
3 (1) ①公衆衛生　②ウ　(2) ウ　(3) イ→ア→ウ
(4) 例 環境に与える影響を事前に調査

解説

1 (1) 文中の内容を図で表すと，右の流れのようになる。円高になると，輸出する商品は，外国での値段が上がり，不利となる。円安になると，輸出には有利になるが，輸入される商品の値段は上がる。

ミス対策 円高と円安
1 枚 2000 円のシャツが

1 ドル 100 円	⇒	1 ドル 80 円
2000÷100 ＝20 ドル		2000÷80 ＝25 ドル

円の価値が上がる→円高

(2) Y…銀行は，家計や企業に貸し出す際の**利子**と，預金している家計や企業に支払う利子の差を収入としている。Z…日本の中央銀行は，**日本銀行**で，**A の発券銀行**，一般の銀行にお金の貸し出しをする**銀行の銀行**，政府が管理するお金を預かる**政府の銀行**の役割がある。

2 (1) **ア**は公共サービスを**イ**や**ウ**に提供し，税金を納めてもらっているので「政府」。**イ**は**ウ**に労働力を提供し，**ウ**から賃金をもらっているので「家計」。**ウ**は**イ**に商品・サービスを提供し，**イ**から代金をもらっているので「企業」と判断。

(2) 政府は，税金や公共事業を通じて景気を安定させる**財政政策**を行う。

くわしく 景気の安定化と財政政策

	税金	公共事業への支出
好景気のとき	増税	減らす
不景気のとき	減税	増やす

(3) **直接税**は，税を負担する人と納める人が同じ。

(4) 所得税で**累進課税**がとられているのは，低所得者の税負担を軽く，高所得者の税負担を重くすることで，税の公平性を保つためである。

3 (1) ②「医療費の自己負担の割合を大きくする」ことにより，その分社会保障給付費が少なくなる。税などの国民負担が小さく，社会保障給付費が少なくなる**ウ**に移動する。

(3) **ア**は 1993 年，**イ**は 1967 年，**ウ**は 2000 年に制定された。

1 (1) ウ　(2) 核拡散防止条約
(3) 例 紛争や迫害などにより，住んでいた国や土地を離れざるをえなくなった人々。
2 (1) イ　(2) 例 拒否権を持つ常任理事国の反対があったため。　(3) ①エ　②ウ
3 (1) マイクロクレジット
(2) フェアトレード　(3) ク

解説

1 (1) **国際慣習法**とは，国家間の長年のならわしで成立したきまり。公海自由の原則のほかに，内政不干渉の原則などもあてはまる。

(2) **NPT** ともいう。

くわしく 核兵器に関する条約には，2017 年に国連で採択され，2021 年に発効した核兵器禁止条約があるが，日本は不参加。

(3) 宗教や民族，政治上の理由による迫害や，紛争，人権侵害などから他国へ逃れた人々のこと。**難民**の保護や救援活動は，**国連難民高等弁務官事務所（UNHCR）**や**非政府組織（NGO）**が行っている。

2 (1) **安全保障理事会（安保理）**は，世界の平和と安全の維持のための国連の主要機関。

(2) 常任理事国は**拒否権**を持ち，1 か国でも反対すると決定ができない。

くわしく 常任理事国は，アメリカ，ロシア，イギリス，フランス，中国の 5 か国。

(3) ①**ア**は非政府組織，**イ**は世界保健機関，**ウ**は国際通貨基金の略称。
②ユニセフ（UNICEF）は，国連児童基金といい，**ウ**の活動を行う。**ア**は UNESCO（国連教育科学文化機関），**イ**は国連の主要機関である国際司法裁判所，**エ**は国連難民高等弁務官事務所。

3 (1) 別解 「マイクロファイナンス」でもよい。

(2) 公正貿易ともいう。適正な価格で取り引きすることで，発展途上国の生産者が安定した収入を得られるしくみである。

(3) X は経済成長を重視する d の位置，Y は多くの国々との対話や協力を行いながら地球環境保全を重視する b の位置，Z は開発と環境保全の両立を考えていることから座標軸の中央にあり，国々の合意を目指すことから a の位置となる。

模擬学力検査問題

解答

第 1 回　p.116 - 121

1 (1) 南極大陸　(2) D　(3) A　(4) ユーロ
(5) モノカルチャー経済
(6) 記号…**ウ**　理由…例 C国（サウジアラビア）は豚を食べることを禁じるイスラム教徒が多いので，豚の飼育数がまったくないウと判断できるから。

2 (1) ウ　(2) リアス海岸　(3) ハザードマップ
(4) イ　(5) ① ⑤　② あ　(6) ① 750m　② エ

3 (1) イ　(2) ウ　(3) ア
(4) ① 例 下の身分の者が上の身分の者を実力でたおす風潮。　② エ　(5) エ

4 (1) エ　(2) 例 日本に関税自主権がなかった。または，例 輸入される品物にかける関税の税率を，日本が決めることができなかった。
(3) イ　(4) イ　(5) ウ　(6) エ→イ→ア→ウ
(7) ポツダム宣言　(8) IとIIの間

5 (1) AI　(2) イ　(3) ① 例 各クラスが 2 回ずつ練習できる。　② 例 少数意見を尊重する。
(4) エ　(5) ワイマール憲法　(6) ウ　(7) イ

6 (1) 比例代表制　(2) 例 衆議院の指名の議決が国会の議決となる。　(3) ア，ウ
(4) 例 10 日以内に衆議院を解散する
(5) 三審制　(6) 高等裁判所　(7) エ

(解説)

1 (2) D国はエクアドル。赤道は，アフリカ大陸のギニア湾岸から東南アジアのインドネシア，南アメリカ大陸のエクアドルやブラジルを通る。
(3) A国はイタリアで，首都ローマは，夏に降水量が少ない**地中海性気候**。
(5) B国はザンビア。輸出の約 75％は銅であることから，特定の鉱産資源に依存する**モノカルチャー経済**であることが読み取れる。
(6) C国はサウジアラビア。イスラム教の教えで，豚や酒の飲食が禁じられている。

2 (2) Zは三陸海岸。
(3) 防災マップともいう。
(4) 年平均気温が低く，冬の降水量が多いことから，北西の季節風の影響を受ける**日本海側の気候**。**イ**の新潟県上越市を選ぶ。

---

(5) ① は ⑤ の山梨県，② は あ の北海道。
(6) ①　3(cm) × 25000 = 75000(cm) = 750(m)。
② **ア**…北西が正しい。**イ**…原爆ドームではなく平和記念公園。**ウ**…高等学校は⊗。

3 (2) **イ**(645 年)→ **エ**(743 年)→ **ウ**(794 年)→ **ア**(11 世紀前半)の流れ。
(3) **ア**の十字軍の遠征は 11 世紀末から約 200 年間続いた。**イ**は 7 世紀初め，**ウ**は 15 世紀半ば，**エ**は 15 世紀末のできごと。
(4) ②室町時代の文化は，**エ**の書院造。**ア**は大仙（大山）古墳，**イ**は正倉院，**ウ**は姫路城。
(5) **ウ**の種子島。

4 (2) 法律の面では，相手国に領事裁判権を認める点。
(3) 下関条約で**イ**の**遼東半島**，**エ**の**台湾**を獲得。ロシアがドイツ，フランスとともに**三国干渉**を行ったことで，日本は遼東半島を清に返還した。
(4) 1917 年に**ロシア革命**が起こり，世界で初めての社会主義の政府ができた。日本やイギリス，アメリカなどは，社会主義の拡大を恐れて**シベリア出兵**を行った。**米騒動**は，シベリア出兵を見こして，商人が米を買い占めたことにより発生した暴動である。
(6) 満州事変(1931 年)→**エ**(1932 年)→**イ**(1936 年)→**ア**(1937 年)→**ウ**(1941 年)の流れ。
(8) 大日本帝国憲法の発布は 1889 年。

5 (2) グローバル化により，輸入農産物が増加し，国内で生産される農産物が減少した。
(3) ①　月曜日から木曜日まで，1 組から 4 組の練習が 2 回ずつできるようになっていることから，「機会の公正さ」が保たれているといえる。
(4) **エ**の財産権は，**自由権の経済活動の自由**。
(6) 日本国憲法は，1946 年 11 月 3 日に公布，1947 年 5 月 3 日（現在の憲法記念日）に施行。
(7) **ア**の**インクルージョン**とは，さまざまな人々が互いに個性を認め合い，支え合うこと。

6 (2) **衆議院の優越**は，内閣総理大臣の指名のほかに，法律の議決，予算の議決，条約の承認などがある。
(3) **イ**と**エ**は国会の仕事。
(4) 日本国憲法第 69 条に明記。
(5) **三審制**は，裁判を公正・慎重に行い，人権を保障するためのしくみ。
(7) **エ**の**裁判員制度**の対象は，刑事裁判の第一審のみなので誤り。

1 (1) ウ　(2) イ
(3) 例 アメリカの企業が夜の間に，時差が半日ほど違うインドの企業に業務を任せることができるから。
(4) エ　(5) 例 工業化が進んだ。　(6) ア

2 (1) B　(2) 記号…A　県庁所在地…名古屋市
(3) 例 高い値段で売ることができる
(4) イ
(5) Aエ　Cウ　(6) イ・エ

3 (1) ウ　(2) 例 株仲間を解散させた。　(3) イ
(4) フビライ＝ハン　(5) ア　(6) C

4 (1) ウ　(2) イ　(3) エ　(4)① イ　② ウ
(5) イ　(6) エ
(7) 例 株式と土地の価格が実態を超えて異常に高くなる好景気。

5 (1)① 満 30 歳以上　② 40000 人
(2) ウ　(3) キャッシュレス決済
(4) 記号…X　記述…例 日本銀行が国債を買うことで，市場に出まわるお金の量を増やす。
(5) Aア　Bオ　(6) ウ

6 (1) 希少性　(2) エ　(3) ア
(4)① ウィルソン　② ニューヨーク
③ 例 決定に時間がかかる。
④ PKO　(5) エシカル消費

解説

1 (1) 北緯 40 度の緯線は，日本の秋田県を通り，**Ⅱ** の北アメリカの地図では，サンフランシスコの北側を通る。

くわしく 日本と同緯度の場所を押さえておこう。

北緯 40 度

(3) 半日ほどの時差を活用して，仕事の引き継ぎを行うことで，24 時間対応できる。
(4) **B** 国は中国。**エ** のアジア NIES は，韓国，ホンコン，台湾，シンガポール。
(5) **C** 国はマレーシア。機械類に着目する。
(6) **D** 国はカナダ。人口密度が低いことや，気温が低く稲作にむいていないことから判断する。

2 (1) 最も西に位置するのは，**B** の福岡県。
(3) **A** は愛知県。渥美半島で電照菊の抑制栽培がさかん。

くわしく 促成栽培や抑制栽培は，他の産地の出荷が少ない時期に出荷できるよう調整している。

(4) 福岡市は九州地方，**イ** の仙台市は東北地方の**地方中枢都市**。ほかに，広島市や札幌市など。
(5) **A** の愛知県は，自動車などの輸送用機械に注目する。**C** の千葉県には石油化学コンビナートがあるため，石油・石炭製品と化学に着目する。
(6) **D** の徳島県では，上勝町で高齢者が働く「葉っぱ」ビジネス，神山町でサテライトオフィスの誘致などがさかん。

3 (1) **松平定信**は江戸時代に寛政の改革を行った。北条泰時は鎌倉時代に御成敗式目（貞永式目）を制定した。
(2) **水野忠邦**は，物価を抑えるため株仲間を解散させた。
(3) 1840～42 年の**アヘン戦争**で清が敗北したことを知ると，異国船打払令を緩和した。**ア** は 19 世紀後半，**ウ** は 1911 年，**エ** は 1900 年。
(5) **イ** は徳川吉宗が定めた公事方御定書，**ウ** は御成敗式目，**エ** は武家諸法度。

4 (2) 普通選挙法の成立の直前に，社会主義運動を取り締まる治安維持法が成立した。
(3) 第二次世界大戦後，戦後改革や GHQ の民主化改革により，**ア** の女性参政権の実現，**イ** の財閥解体，**ウ** の非軍事化，農地改革などを実施。
(4)① の八幡製鉄所の操業開始は 1901 年，② は第一次世界大戦中の**大戦景気**でのできごと。
(5) **A** は日ソ共同宣言，**B** は日韓基本条約，**C** は日中共同声明。
(6) **ア** は 2001 年の同時多発テロ，**イ** は 1973 年の石油危機（オイル・ショック），**ウ** は 1991 年の湾岸戦争に関するもの。

5 (1)② 有権者の 3 分の 1 以上の署名数が必要。
(4) 日本銀行の**金融政策**は，市場に出まわる通貨量を調整することで，物価や景気の安定を図る。
(5) **イ** の公衆衛生は感染症対策の予防接種や上下水道の整備，**ウ** の社会福祉は高齢者や障がい者，子どもなどを支援する制度。社会保険は**共助**，公的扶助や社会福祉などは**公助**の性格を持つ。
(6) アメリカは低福祉低負担。

6 (1) **希少性**が高いものは，価格が上がる。
(2) **エ** は財の購入にあたる。
(4)③ **全会一致**は，全員が納得するまで話し合うため，採決する時間がかかる。
(5) **エシカル消費**を通して，SDGs12「つくる責任 つかう責任」などの達成に貢献できる。